此书为“全国党建工作样板支部”培育创建单位建设成果

思想政治教育研究文库

高校基层党支部组织力建设策略研究与实践创新

孙红梅　主编

光明日报出版社

图书在版编目（CIP）数据

高校基层党支部组织力建设策略研究与实践创新 ／
孙红梅主编．-- 北京：光明日报出版社，2024. 8.
ISBN 978 - 7 - 5194 - 8190 - 2

Ⅰ. D267

中国国家版本馆 CIP 数据核字第 20245NR877 号

高校基层党支部组织力建设策略研究与实践创新

GAOXIAO JICENG DANGZHIBU ZUZHILI JIANSHE CELÜE YANJIU YU SHIJIAN CHUANGXIN

主　　编：孙红梅

责任编辑：刘兴华　　责任校对：宋　悦　乔宇佳

封面设计：中联华文　　责任印制：曹　净

出版发行：光明日报出版社

地　　址：北京市西城区永安路 106 号，100050

电　　话：010-63169890（咨询），010-63131930（邮购）

传　　真：010-63131930

网　　址：http：//book. gmw. cn

E - mail：gmrbcbs@ gmw. cn

法律顾问：北京市兰台律师事务所龚柳方律师

印　　刷：三河市华东印刷有限公司

装　　订：三河市华东印刷有限公司

本书如有破损、缺页、装订错误，请与本社联系调换，电话：010-63131930

开　　本：170mm×240mm

字　　数：233 千字　　印　　张：16. 5

版　　次：2024 年 8 月第 1 版　　印　　次：2024 年 8 月第 1 次印刷

书　　号：ISBN 978 - 7 - 5194 - 8190 - 2

定　　价：95. 00 元

编 委 会

主　　编　孙红梅

编写组成员　吴留戈　张　星　洪梦桐　谌章明

郑瑞涛　张欢欢　王　宇

目　录
CONTENTS

第一章

高校基层党支部组织力建设的背景与意义

引言

组织力是组织生命力的具体体现，是为实现政党纲领、目标和任务而将相关资源有效组织起来的能力。基层党组织的组织力强弱直接关系到党的创造力、凝聚力、战斗力、领导力和号召力，对党执政兴国具有重要影响。党的二十大报告指出：“坚持大抓基层的鲜明导向，抓党建促乡村振兴，加强城市社区党建工作，推进以党建引领基层治理，持续整顿软弱涣散基层党组织，把基层党组织建设成为有效实现党的领导的坚强战斗堡垒。”① 这一重要要求，突出强调基层党组织宣传党的主张、贯彻党的决定、领导基层治理、团结动员群众、推动改革发展的功能定位，为坚持党的领导、加强基层党组织建设指明了方向、提供了遵循。

基层党组织是党执政大厦的地基，地基固则大厦坚，地基松则大厦倾。② 要强化基层党组织整体功能，扎实做好抓基层、打基础的工作，充分发挥基层党组织的战斗堡垒作用和党员的先锋模范作用。提升基层党组织组织力，是新时代基层组织建设的必然要求。习近平总书记特别强调，

① 习近平．高举中国特色社会主义伟大旗帜为全面建设社会主义现代化国家而团结奋斗：在中国共产党第二十次全国代表大会上的报告［M］．北京：人民出版社，2022：67.

② 习近平．在全国组织工作会议上的讲话［M］．北京：人民出版社，2018：13.

越是情况复杂、基础薄弱的地方，越要健全党的组织，做好党的工作，确保全覆盖，固本强基，防止“木桶效应”。① 教育系统要以提升组织力为重点，健全基层组织、优化组织设置、理顺隶属关系、扩大基层党的组织覆盖和工作覆盖。推动各级各类学校基层党组织全面进步、全面过硬，使基层党组织成为师生最贴心、最信赖的组织依靠，成为学校教书育人的坚强战斗堡垒。②

随着高等教育的快速发展和国际化进程的加速，高校基层党支部面临着许多新的机遇和挑战。加强组织力建设，能够更好地发挥党支部的战斗堡垒作用，把党的组织优势转化为推动高校事业发展的优势。同时，这也是全面从严治党的必然要求，是提高党支部组织力、凝聚力、战斗力的关键所在。高校基层党支部作为党在高校的组织基础，承担着团结带领师生、推动学校发展的重要使命。只有不断加强组织力建设，才能更好地履行职责、发挥职能，为高校事业的发展提供坚强保障。

一、高校基层党支部的重要性和现状

（一）高校基层党支部的重要性

党支部是党的基础组织，是党组织开展工作的基本单元，是党在社会基层组织中的战斗堡垒，是党的全部工作和战斗力的基础，担负直接教育党员、管理党员、监督党员和组织群众、宣传群众、凝聚群众、服务群众的职责。③ 党的十八大以来，以习近平同志为核心的党中央高度重视党支部建设，要求把全面从严治党落实到每个支部、每名党员，推动全党形成大抓基层、大抓支部的良好态势。2018 年 10 月，中共中央印发了《中国共产党支部工作条例（试行）》，这是我们党历史上第一部关于党支部工作的基础主干法规，具有很强的指导性和时代感，为全面加强新时代党支

---

① 中共中央文献研究室．习近平关于全面从严治党论述摘编［M］．北京：中央文献出版社，2016：13.

② 教育部课题组．深入学习习近平关于教育的重要论述［M］．北京：人民出版社，2019：7.

③ 中国共产党支部工作条例（试行）［M］．北京：人民出版社，2018：4.

部建设提供了根本遵循。高校基层党支部在高等教育事业发展中有着举足轻重的地位。在新时代背景下，面对新的机遇和挑战，高校基层党支部应不断加强自身建设，创新工作思路和方法，提高组织力、凝聚力、战斗力。只有这样，才能更好地履行职责、发挥职能，为实现高等教育事业科学发展提供坚强的组织保证。

1. 落实立德树人根本任务

落实立德树人根本任务是高校基层党支部的重要职责。立德树人是高等教育的核心目标，也是高校基层党支部的根本任务。通过加强基层党支部的建设，可以更好地发挥党组织的战斗堡垒作用，推动高校教育教学的改革和发展，提高人才培养质量。同时，高校基层党支部是党在高校的政治核心，通过党的路线、方针、政策的宣传和执行，引导师生员工坚定共产主义信仰，坚守社会主义立场，维护党的领导；高校基层党支部是思想引领的核心，面对复杂的国内外形势和多元文化的影响，高校基层党支部通过加强思想政治教育，引导师生坚定理想信念，树立正确的世界观、人生观和价值观，培养德智体美劳全面发展的社会主义建设者和接班人。党支部通过开展主题党日活动、组织学习交流等形式，提高师生政治觉悟和思想认识，确保他们在思想上同党中央保持高度一致。

2. 推动学校事业发展

高校基层党支部是推动学校事业发展的重要力量。党支部紧密围绕学校中心工作，将党建工作与学校事业发展相结合。在学科建设、人才培养、科学研究等方面，党支部发挥党组织战斗堡垒作用和党员先锋模范作用，引领师生攻坚克难、开拓创新。高校基层党支部是服务师生的桥梁，党支部始终坚持群众路线，全心全意为师生服务，在教育教学、科研创新、生活关怀等方面，党支部了解师生需求，积极为他们排忧解难。党支部通过组织志愿服务、帮扶活动等，为师生提供实实在在的帮助，增强党组织的凝聚力和向心力，促进学校的和谐与稳定，推动学校各项事业的发展。高校基层党支部是校园文化建设的引领者，校园文化是高校的精神家园，对师生的成长和发展具有深远影响，党支部通过举办文化活动、传承红色基因等方式，弘扬社会主义核心价值观和中华优秀传统文化，在文化建设过程中，党支部注重创新形式和载体，鼓励师生积极参与，共同营造健康向上的校园文化氛围，为学校事业发展提供强大的精神动力。

3. 加强党的建设

高校基层党支部是加强党的建设的重要力量。通过加强基层党支部的建设，可以推动高校党组织的规范化、制度化建设，提高党组织的凝聚力和战斗力。高校基层党支部是组织建设的基石，党支部负责发展、管理和教育党员，为党组织注入新鲜血液。在组织建设方面，党支部严格按照党章和有关规定，建立健全的党员发展机制，确保党员质量。同时，党支部加强对党员的日常管理，严格组织生活、强化党员意识、提高党员素质。高校基层党支部是党风廉政建设的重要阵地。“先进的马克思主义政党不是天生的，而是在不断自我革命中淬炼而成的。”① 党风廉政建设是全面从严治党的必然要求，也是高校事业健康发展的重要保障。党支部加强对党员的党风廉政教育和纪律约束，引导他们树立正确的权力观和利益观。同时，党支部建立健全的监督机制，加强对权力运行的制约和监督。通过党风廉政建设，高校基层党支部能够保持清正廉洁的政治生态，树立良好的形象和威信。

（二）高校基层党支部建设的指导思想和基本原则

1. 指导思想

以马克思列宁主义、毛泽东思想、邓小平理论、“三个代表”重要思想、科学发展观、习近平新时代中国特色社会主义思想为指导，全面贯彻党的教育方针，坚持社会主义办学方向，落实立德树人根本任务，以提升组织力为重点，突出政治功能，把高校基层党支部建设成为宣传党的主张、贯彻党的决定、领导基层治理、团结动员群众、推动改革发展的坚强战斗堡垒。

① 中共中央关于党的百年奋斗重大成就和历史经验的决议［M］. 北京：人民出版社，2021：70.

2. 基本原则

坚持和加强党的全面领导，把牢党组织领导基层治理的鲜明政治导向；坚持强化政治引领，注重引导基层党组织在推动改革发展、加强基层治理中发挥战斗堡垒作用；坚持围绕中心、建设队伍、服务群众，推动党建工作与业务工作深度融合；坚持问题导向，注重改革创新，破解重点难点问题，积极探索新时代高校基层党支部建设新模式新路径；坚持从严从实，加强分类指导，注重典型引路，持续推进党支部标准化规范化建设。

（三）高校基层党支部的现状

高校基层党支部是党在高校中的战斗堡垒，是高校党建的重要组成部分。进入新时代，虽然基层组织建设已经取得了显著成效，但与党中央要求和群众期待相比，与复杂形势和艰巨任务相比，仍然存在着诸多薄弱环节，需要基层党组织坚持问题导向，抓住关键环节，讲政治、强功能，攻弱项、补短板，重创新、求实效，推动基层党组织的组织力不断提升，为实现党所确立的宏伟目标提供坚强的组织保障。当前，高校基层党支部建设取得了一定的成效，但仍存在一些问题，如部分党员理想信念不坚定，组织生活不规范，服务群众不到位，先锋模范作用不突出等。同时，随着高校教育改革和党建工作的深入推进，高校基层党支部建设也面临着新的机遇和挑战。

1. 高校基层党支部建设取得的成就

组织体系不断完善：高校基层党支部建设始终坚持以提升组织力为重点，不断加强组织体系建设。通过建立健全各项规章制度，规范组织运作和管理，形成了严密的组织体系，确保了党的路线方针政策在高校得以有效贯彻和执行。

思想引领作用凸显：高校基层党支部始终坚持用党的创新理论武装头脑，指导实践，推动工作。通过开展各种主题党日活动、组织学习交流会等，加强对师生员工的思想政治教育和引导，提高他们的政治觉悟和思想认识。同时，党支部还注重加强对青年学生的培养和教育，引导他们树立正确的世界观、人生观和价值观。

服务师生能力提升：高校基层党支部坚持服务育人的宗旨，积极为师生员工提供优质的服务。通过建立健全信息反馈机制和服务机制，及时了解师生员工的需求和诉求，积极为他们排忧解难，提供有针对性的帮助和服务。同时，党支部还注重加强与师生的沟通交流，增强他们对党支部的信任感和归属感。

社会服务功能增强：高校基层党支部还积极发挥社会服务功能，组织师生参与各种社会实践活动和志愿服务活动。通过开展支教、扶贫、科普宣传等形式多样的活动，将党的关怀和温暖送到基层群众中去，提高了党支部的社会影响力和凝聚力。

创新发展动力强劲：高校基层党支部积极探索创新发展之路，不断推进党建工作与高等教育事业深度融合。通过运用互联网、大数据等新兴技术手段开展工作，提高了工作效率和质量。同时，党支部还注重与其他组织的协同配合，形成工作合力，共同推动高校事业发展。

总之，高校基层党支部建设成就显著，为高等教育事业的发展和社会主义建设提供了坚强的政治保障和组织保障。在未来，高校基层党支部将继续加强自身建设，不断提高组织力、凝聚力和战斗力，为培养德智体美劳全面发展的社会主义建设者和接班人做出更大的贡献。

2. 高校基层党支部的现状及应对

（1）组织力建设有待加强

当前，一些高校基层党支部组织力不强，活动开展频率低、效果差。主要原因如下。一是支部设置不够合理。一些党支部规模过大或党员结构不够优化，导致组织管理困难，党员之间的交流和互动不足。同时，部分党支部没有根据学科、专业等实际情况进行合理设置，影响了党支部的凝聚力和组织力。二是党建活动与群众联系不够紧密。一些党支部在开展党建活动时，往往局限于党内活动，缺乏与群众的联系和互动，这导致党支部的服务对象和影响力有限，无法充分发挥党组织的桥梁纽带作用。三是党员身份意识淡薄。部分党员缺乏对自身党员身份的认同感和荣誉感，没有认真履行党员义务，发挥先锋模范作用。同时，一些党支部对党员的教育和管理不够严格，导致党员意识淡薄、缺乏组织观念和纪律性等。这些问题制约了高校基层党支部的建设和发展。

为提高高校基层党支部的组织力，各高校主要采取以下措施。

一是强化政治引领。通过加强理论学习、政治教育和思想引导，提高党员的政治觉悟和组织观念，确保党支部始终在政治上、思想上同党中央保持高度一致。二是健全组织制度。制定和完善党支部工作制度，明确组织架构、工作职责和议事规则等，规范组织生活和党内活动，提升党支部的组织管理水平和党员的组织纪律性。三是加强队伍建设。注重党员发展工作，严格入党标准和程序，加强党员教育和培训，提升党员队伍的整体素质和能力水平。同时，加强党务工作者队伍建设，提高他们的专业素养和工作能力，为党支部工作提供有力的人才支撑。四是创新活动方式。结合高校特点和实际情况，创新党支部活动方式和内容，通过开展主题党日、志愿服务、社会实践等活动，增强党支部的创造力和凝聚力，提高党员的参与度和组织归属感。五是密切联系群众。加强与群众的联系和沟通，积极听取群众意见和建议，关心群众需求和困难，发挥党支部的桥梁纽带作用。同时，通过开展服务群众、帮扶困难等活动，增强党支部的服务意识和能力，提升党支部的社会形象和影响力。六是严格考核评估。建立科学的考核评估机制，定期对党支部工作进行考核评估，及时发现问题和不足之处。同时，加强对考核结果的运用，将考核结果作为评先评优、晋级晋升等方面的重要依据，激励党支部和党员奋发有为、争创一流。

（2）制度建设不完善

首先，制度体系不健全。部分高校党支部缺乏系统、完整的制度体系，导致工作开展无章可循、无规可依，从而导致基层党支部的工作效率低下、工作质量不高。其次，制度执行不严格。一些党支部虽然制定了相关制度，但在实际工作中存在执行不力、监督不到位等问题，导致制度形同虚设。再次，制度更新不及时。随着高校党建工作的不断推进和外部环境的变化，部分党支部未能及时对制度进行修订和完善，导致制度与实际工作脱节。最后，制度宣传教育不足。部分党支部对制度的宣传教育不够重视，导致党员对制度内容不熟悉、不了解，从而无法有效遵守和执行。这些问题不仅影响了高校党支部的组织力和凝聚力，也制约了高校党建工作的深入开展。因此，加强高校党支部制度建设、完善制度体系、严格制度执行、及时更新制度内容、加强制度宣传教育，对于提高高校党建工作水平具有重要意义。

为加强基层党支部的制度建设，各高校主要采取以下措施。

第一，建立健全制度体系，根据党章和上级党组织的要求，结合高校实际情况，制定和完善党支部工作制度，包括组织制度、学习制度、考核制度等，确保各项工作有章可循、有规可依；第二，严格执行制度规定，强化制度意识，加强对党员的教育引导，使其充分认识到制度的重要性和必要性，同时，加强监督检查，对违反制度规定的行为及时进行纠正和处理，维护制度的严肃性和权威性；第三，创新制度管理方式，运用信息化手段，建立数字化、智能化的党支部管理平台，实现各项工作的动态跟踪、数据分析和科学管理，同时，探索制度落实的有效方式，通过开展主题党日、志愿服务等活动，增强党员的制度意识和执行力；第四，加强制度宣传教育，通过举办培训班、座谈会等形式，加强对党员的制度宣传教育，提高大家对制度的认知和理解，同时，利用校园媒体、网络平台等渠道，广泛宣传党的制度和政策，营造良好的制度文化氛围；第五，完善制度反馈机制，建立制度反馈渠道，鼓励党员积极提出意见和建议，及时发现和解决制度执行中存在的问题，同时，定期对党支部工作制度进行评估和调整，以适应高校发展的需要和党的要求。

（3）服务能力不足

首先，服务理念滞后，部分党支部仍停留在传统的“管理”思维上，缺乏主动服务意识，未能充分认识到服务师生、服务群众的重要性；其次，服务内容单一，一些党支部提供的服务内容相对单一，缺乏针对性和实效性，不能满足师生的多元化需求；再次，服务能力不足，部分党支部的服务能力有限，缺乏专业知识和技能，导致服务效果不佳，甚至可能给师生带来困扰；从次，服务机制不完善，部分党支部缺乏完善的服务机制，如服务流程不明确、服务标准不统一等，导致服务工作难以规范化和持续化；最后，服务动力不足，部分党员服务意识淡薄，缺乏主动性和创造性，未能充分发挥党员的先锋模范作用。

为提升基层党支部的服务能力，各高校主要采取以下措施。

一是加强服务意识教育，通过开展主题党日、党课、培训等活动，加强对党员的服务意识教育，使党员牢固树立服务理念，增强服务师生的自觉性和主动性。二是丰富服务内容，根据师生的多元化需求，提供有针对性的服务内容。例如，开展学业辅导、心理咨询、职业规划指导等服务，帮助师生解决实际问题。三是提高服务能力，通过培训、实践锻炼等方式，提高党员的服务能力。加强党员对相关领域知识的学习，提高专业技能和服务水平，确保服务工作能够取得实效。四是完善服务机制，建立完善的服务机制，明确服务流程、服务标准和服务要求等。加强与师生的沟通联系，及时了解需求和反馈意见，不断改进服务工作，提高服务质量和效率。五是激发服务动力，建立激励机制和评价机制，鼓励党员积极参与服务工作。对表现优秀的党员进行表彰和奖励，发挥榜样作用。同时，将服务工作作为党员考核评价的重要内容，激发党员的服务动力和积极性。通过以上措施的实施，可以有效提升基层党支部的服务能力，更好地满足师生的需求，增强党支部的凝聚力和影响力。

二、高校基层党支部组织力建设的背景与意义

（一）高校基层党支部组织力建设的背景

党的十九大报告明确指出，党的基层组织建设要以提升组织力为重点，这是党中央在新时代对党的基层组织建设提出的新部署、新目标、新定位、新举措，为全面加强党的基层组织建设指明了方向，增添了动力。高校基层党支部组织力建设是在当前高等教育改革和发展的背景下提出的，具有重要的现实意义和历史使命。随着高校教育体制改革的深入推进，高校基层党支部组织力建设面临着许多新的机遇和挑战。同时，随着经济全球化和社会信息化的加速发展，各种思想文化交流交融交锋更加频

繁，高校师生思想观念的多元化、价值取向的多样化趋势更加明显。因此，加强高校基层党支部组织力建设，对于坚持党的领导、加强党的建设、推进高等教育事业发展、维护高校稳定等方面都具有重要意义。

1. 高等教育快速发展带来的挑战

近年来，我国高等教育快速发展，高校规模不断扩大，学生人数不断增加，给高校基层党支部的组织力建设带来了新的挑战。一方面，高校基层党支部的数量不断增加，但质量参差不齐，一些基层党支部的组织力较弱，难以发挥应有的作用。另一方面，随着高等教育普及化，学生的思想观念、价值取向、行为方式等也发生了深刻变化，给高校基层党支部的思想引领、组织管理、服务育人等工作带来了新的挑战。在这样的背景下，高校基层党支部组织力建设显得尤为重要。

首先，加强高校基层党支部组织力建设是坚持党的领导、加强党的建设的必然要求。高校基层党支部是党在高校的最基层组织，是党在高校全部工作和战斗力的基础。只有加强高校基层党支部组织力建设，才能更好地发挥党支部的战斗堡垒作用，推动高校党建工作不断向前发展。其次，加强高校基层党支部组织力建设是推动高等教育事业发展的客观需要。高等教育事业的发展需要有一个坚强有力的领导核心来引领方向、凝聚力量。高校基层党支部作为高校领导核心的重要组成部分，必须通过加强组织力建设，提高自身的凝聚力和战斗力，为推动高等教育事业发展提供坚强的政治保障和组织保障。再次，加强高校基层党支部组织力建设是维护高校稳定、促进校园和谐的重要保障。随着高校师生思想观念的多元化和价值取向的多样化，维护高校稳定和促进校园和谐面临着许多新的挑战。只有加强高校基层党支部组织力建设，才能更好地发挥党支部的思想引领作用，引导师生树立正确的世界观、人生观和价值观，为维护高校稳定、促进校园和谐提供有力的思想保障和组织保障。最后，加强高校基层党支部组织力建设也是适应时代发展、应对新挑战的必然选择。当前，经济全球化和社会信息化的发展加速了各种思想文化的交流交融交锋，西方敌对势力对我国高校的渗透和侵蚀也日益加剧。在这样的形势下，加强高校基层党支部组织力建设显得尤为重要。只有通过加强党支部组织力建设，提高党支部的凝聚力和战斗力，才能更好地应对新的挑战和考验，确保高校始终成为培养中国特色社会主义事业合格建设者和可靠接班人的坚固阵地。

综上所述，高校基层党支部组织力建设是在当前高等教育改革和发展的大背景下提出的，具有非常重要的现实意义和历史使命。只有加强高校基层党支部组织力建设，才能更好地发挥党支部的战斗堡垒作用和党员的先锋模范作用，推动高等教育事业不断发展。

2. 新时代党的建设的新要求

新时代党的建设提出了新的要求，强调要以提升组织力为重点，突出政治功能，把基层党组织建设成为宣传党的主张、贯彻党的决定、领导基层治理、团结动员群众、推动改革发展的坚强战斗堡垒。这一要求为高校基层党支部的组织力建设指明了方向。具体来说，新时代党的建设要求高校基层党支部在思想引领、组织管理、服务育人等方面不断创新和提升，以适应新时代的发展需要。其中，提升组织力、突出政治功能是新时代党的建设的重要要求之一。对高校基层党支部来说，贯彻落实这一要求，是推动高校党建工作高质量发展的重要保障。

首先，高校基层党支部是党在高校的最基层组织，是党在高校全部工作和战斗力的基础。因此，高校基层党支部必须始终坚持正确的政治方向，坚定不移地贯彻执行党的路线方针政策，确保党的教育方针得到有效落实。同时，高校基层党支部还应该积极宣传党的主张、贯彻党的决定，加强对师生员工的思想政治教育和引导，推动形成良好的校风学风。其次，高校基层党支部还应该加强组织管理，建立健全各项规章制度，规范组织运作和管理。要加强对党员的教育管理，提高党员素质和能力，确保党员能够发挥先锋模范作用。同时，还应该加强对师生员工的组织管理，建立健全信息反馈机制和服务机制，及时了解师生员工的需求和诉求，积极为他们排忧解难，为其提供有针对性的帮助和服务。再次，高校基层党支部还应该注重服务育人，不断提高服务质量和水平。要深入了解师生的需求和诉求，积极为他们提供优质的教育教学服务和生活服务。同时，还应该加强对师生心理健康的教育和疏导，帮助他们解决心理问题和生活困难。通过这些服务措施，不仅能够增强师生对党组织的认同感和归属感，还能够提高他们的综合素质和能力水平。最后，高校基层党支部还应该不断创新和提升其工作方法和手段，以适应新时代的发展需要。要积极探索运用互联网、大数据等新兴技术手段开展工作，提高工作效率和质量。同时，还应该注重与其他组织的协同配合，形成工作合力，共同推动高校事业发展。

综上所述，新时代党的建设要求高校基层党支部在思想引领、组织管理、服务育人等方面不断创新和提升。只有贯彻落实这些要求，才能够更好地发挥党支部的战斗堡垒作用和党员的先锋模范作用，推动高校党建工作不断向前发展。

3. 高校基层党支部组织力建设还存在不足

当前，高校基层党支部在组织力建设方面确实存在一些问题和不足，这些问题和不足制约了高校基层党支部的组织力建设和发展。

首先，一些基层党支部书记缺乏领导经验和领导能力，难以有效地引领和指导支部成员开展工作。这可能导致工作方向不明确、工作效率低下等问题，影响支部成员的积极性和参与度。其次，一些基层党支部缺乏工作积极性和主动性，存在“等靠要”的思想，工作效率低下。这不仅影响了支部工作的推进，也削弱了党支部的战斗力和凝聚力。再次，一些基层党支部与其他部门沟通协调不够，存在各自为战、互不配合的现象。这不仅浪费了资源，也难以形成工作合力，制约了党支部作用的发挥。最后，一些基层党支部缺乏服务意识和服务能力，难以满足师生员工的需求，这导致师生员工对党支部的信任度和满意度下降，影响党支部的形象和声誉。

综上所述，加强高校基层党支部的组织力建设需要从多方面入手，包括加强基层党支部书记的培训和指导、制订科学合理的工作计划和考核机制、加强基层党支部与其他部门的沟通协调、提高基层党支部的服务意识和能力等措施，以有效地解决当前存在的问题和不足，推动高校基层党支部组织力建设不断发展和提升。

（二）高校基层党支部组织力建设的意义

高校基层党支部组织力建设意义重大。它有助于确保党的教育方针得到有效落实，提升党员素质和能力，发挥党支部的战斗堡垒作用。同时，这也是推动高等教育事业发展、维护高校稳定、促进校园和谐的重要保障。面对时代挑战，加强组织力建设是高校基层党支部的必然选择。

1. 增强党组织的凝聚力和战斗力

加强高校基层党支部的组织力建设，可以增强党组织的凝聚力和战斗力。通过加强思想引领、组织管理、服务育人等工作，可以激发基层党员干部的工作热情和奉献精神，增强其对党的信仰和忠诚。同时，通过加强组织力建设，可以促进基层党员干部之间的交流和合作，形成合力，共同推动学校发展。具体来说，增强党组织的凝聚力和战斗力可以提高基层党员干部的归属感和认同感、促进团队合作和协同发展以及激发创新和创造力等。

2. 推动党的方针政策落实

高校基层党支部是党的路线、方针、政策在高校基层的贯彻执行者。通过加强组织力建设，可以使基层党员干部更好地理解和执行党的方针政策，推动其在高校基层的贯彻落实。具体来说，加强组织力建设可以促进方针政策的学习和领会，提高政策执行的效果和质量以及推动方针政策的创新和发展等。同时，通过加强组织力建设还可以提高基层党员干部的政策水平和执行能力，确保其在执行党的方针政策时“不打折扣”。

3. 促进学校事业发展

高校基层党支部是推动学校事业发展的重要力量。通过加强组织力建设可以提高基层党员干部的工作能力和服务意识，更好地为师生员工服务，推动学校各项事业的发展。具体来说加强组织力建设可以促进教学科研水平的提升、学生工作质量的提升以及校园文化建设的推进等。同时加强组织力建设还可以促进学校内部资源的优化配置和管理效率的提高，为学校事业的持续发展提供有力保障。

4. 提高人才培养质量

高校作为人才培养的重要基地，其人才培养质量直接关系到国家的未来和发展。通过加强高校基层党支部的组织力建设可以提高基层党员干部的综合素质和能力水平，从而更好地为学生服务，推动学生全面发展。具体来说加强组织力建设可以增强学生的思想政治教育效果、促进学生创新创业能力的提升以及推动学生素质的全面拓展等。同时加强组织力建设还可以引导学生树立正确的世界观、人生观和价值观，培养其成为德智体美劳全面发展的社会主义建设者和接班人。

5. 加强党风廉政建设和反腐败斗争

高校基层党支部作为党的基层组织，其党风廉政建设和反腐败斗争是高校党风廉政建设的重要组成部分。通过加强组织力建设可以提高基层党员干部的廉洁自律意识和法治意识，增强其对党风廉政建设和反腐败斗争的认识和重视程度，从而推动高校党风廉政建设和反腐败斗争的深入开展。具体来说加强组织力建设可以促进党风廉政建设责任制的落实、推动反腐倡廉教育的深入开展以及加强对权力运行的制约和监督等。同时加强组织力建设还可以通过完善党内监督机制和制度建设等措施来预防和惩治腐败现象的发生，为高校的健康发展提供有力保障。

综上所述，加强高校基层党支部的组织力建设具有重要的现实意义和深远的历史意义。只有通过不断加强组织力建设，才能提高党组织的凝聚力和战斗力、推动党的方针政策落实、促进学校事业发展、提高人才培养质量以及加强党风廉政建设和反腐败斗争，从而为高校的改革发展和党的建设做出更大的贡献。展望未来，高校基层党支部应继续坚持以习近平新时代中国特色社会主义思想为指导，不断创新和提升组织力建设的理念和方法以适应新时代发展的需要，为推动高等教育事业的高质量发展贡献力量。

第二章

高校基层党支部组织力的概念与内涵

一、高校基层党支部组织力及其内涵

（一）党始终高度重视组织力建设

党的力量来自组织，党的全面领导、党的全部工作要依靠党的坚强组织体系去实现。基层党组织组织力强弱对党执政兴国具有重要影响。基层党组织是提升组织力的实施主体，党员和群众是提升组织力的实施客体，提升基层党组织的组织力，关键是要最大限度地把党员和群众有效组织起来。自中国共产党成立以来，组织力建设一直是党的重要工作之一。

早在1906年12月，列宁明确指出："工人阶级的力量在于组织。不组织群众，无产阶级就一事无成。组织起来的无产阶级就无所不能。"① 在党的早期组织中，党的组织力和领导力得到了初步体现。这些实践为后来的党组织建设提供了宝贵的经验启示。在中国共产党第二次全国代表大会上，通过了第一个《中国共产党章程》。这个章程对党员的入党条件、组织关系、党的组织结构等方面做出了明确的规定。这是党史上第一个正式的党章，为党的组织建设奠定了基础。这个章程的制定和实施，标志着党对组织建设的高度重视和自觉性。建党初期，毛泽东等人在湖南和上海等地建立了党组织，通过开展工人运动、学生运动等，加强党员之间的联系和互动，提高组织的凝聚力和战斗力。这些实践为后来的党组织建设提供

① 中共中央马克思恩格斯列宁斯大林著作编译局．列宁全集：第十四卷［M］．北京：人民出版社，1988：121.

了有益的借鉴。此外，党的早期组织还注重党员的思想政治教育和培训工作。通过举办各种形式的培训班、学习班等，加强对党员的思想引领和组织管理，提高党员的思想政治素质和组织纪律性。这些培训工作对于提高党员的觉悟和组织观念，增强组织的凝聚力和战斗力发挥了重要作用。总的来说，党的早期组织在组织力建设方面进行了许多有益的探索和实践。这些实践不仅为后来的党组织建设提供了宝贵的经验和启示，也使得党在革命和建设中能够不断壮大和发展，成为领导中国革命和建设事业的核心力量。

在抗日战争时期，党在抗日根据地中建立了广泛的群众组织，这是党加强组织力建设的重要实践之一。这些群众组织不仅在抗日战争中发挥了重要作用，也为后来的党组织建设积累了宝贵的经验。毛泽东最早将组织力这一概念运用于基层党建领域，他在 1938 年发表的《论持久战》中率先明确提出了政治组织力的概念，并把政治组织力作为决定中日两国战争胜负的重要因素加以分析和对比。① 在抗日根据地建设中，党注重发动群众、组织群众和武装群众。通过建立各种群众团体，如工会、农会、妇女会等，将广大人民群众团结在党的周围。这些群众团体在党的领导下，积极进行开展抗日宣传、组织抗日武装、运送物资等工作，为抗日战争的胜利做出了巨大贡献。同时，在抗日根据地建设中，我们党还注重建立抗日武装。通过组织和培训群众，形成了各种抗日武装力量，如民兵、游击队等。这些抗日武装力量在党的领导下，积极开展游击战争，打击日寇，保卫家园。他们的英勇斗争，不仅在抗日战争中立下了赫赫战功，也提高了党组织在人民群众中的威望和影响力。此外，在抗日根据地建设中，我们党还注重对党员和群众的思想政治教育。通过举办各种形式的培训班、学习班等，加强对党员和群众的思想引领和组织管理。这些培训工作不仅提高了党员和群众的思想政治素质，也增强了组织的凝聚力和战斗力。1943 年 11 月，毛泽东同志专门以“组织起来”为题做重要讲话，强调要“把

① 李风．试述提升新时代高校党支部组织力［J］．党史博采（理论），2018（7）：47-49.

群众力量组织起来，这是一种方针”①。总的来说，在抗日根据地建设中，我们党通过建立广泛的群众组织和抗日武装力量，加强了对群众的组织和领导。这些实践不仅为抗日战争的胜利做出了巨大贡献，也为后来的党组织建设积累了宝贵的经验。

在解放战争时期，党的组织工作发挥了至关重要的作用。为了确保战争的胜利，党加强了对军队组织和纪律的建设，确保军队在党的领导下保持高度的凝聚力和战斗力。首先，军队中的党组织得到了进一步的加强和完善。各级党组织在军队中建立起来，负责指导军队的政治工作，确保军队始终保持正确的政治方向。同时，党组织还注重对军队官兵的思想政治教育，提高他们的政治觉悟和组织纪律性。其次，党广泛发动群众、组织群众和武装群众，为战争的胜利提供了有力支持。各级党组织积极组织群众进行生产以支援前线，为军队提供充足的物资保障。“迅速发动群众创造战场”②，是中共中央于 1945 年发给东北局电报中所提及的。此外，党组织还领导群众进行各种形式的抵抗活动，牵制敌人的行动，为战争的胜利创造了有利的条件。这些组织工作不仅体现了党的组织力和领导力，也进一步巩固了党的群众基础。通过在战争中加强对群众的组织和领导，党赢得了人民群众的信任和支持，为后来的新中国建设奠定了坚实的基础。总的来说，解放战争中的组织工作是党的一项重要工作。通过加强军队的组织和纪律建设、广泛发动群众和组织群众，党为战争的胜利提供了有力的保障。这些实践不仅巩固了党的群众基础，也提高了党的组织力和领导力。

在社会主义建设时期，党的组织工作面临了新的机遇和挑战。为了推动社会主义事业的发展，党继续加强组织力建设，通过建立各种形式的群众组织和政治体系，提高人民群众的参与度和组织化程度。其中，“三支两军”工作是这一时期的一项重要实践。这项工作旨在通过支农、支工、支兵和军管、军训的方式，将人民群众组织起来，积极参与社会主义建

---

① 毛泽东．毛泽东选集：第三卷［M］．北京：人民出版社，1991：930.

② 毛泽东．毛泽东文集：第四卷［M］．北京：人民出版社，1996：72.

设。通过“三支两军”工作，党成功地将人民群众团结在党的周围，激发了他们的劳动热情和创新精神，为社会主义建设提供了强大的动力。此外，在社会主义建设时期，党还注重建立各种群众团体和政治组织，如工会、共青团、妇联等。这些组织在党的领导下，积极开展各种形式的宣传教育、组织管理和服务群众工作，提高了人民群众的政治觉悟和组织纪律性，为推动社会主义事业的发展提供了有力的支持。对此，邓小平曾明确提出“调动一切积极因素，团结一切可以团结的力量”① “用坚定的信念，把人民团结起来”② 等号召。总的来说，社会主义建设时期的组织工作是党的一项重要任务。通过加强组织力建设、建立各种形式的群众组织和政治体系，党成功地推动了社会主义事业的发展。这些实践不仅巩固了党的群众基础，也提高了党的组织力和领导力。

改革开放以来，随着经济社会的快速发展，党的组织工作也经历了许多变革和创新。在这一时期，党不断推进组织工作创新，提出了一系列新的理念和方法，以适应时代发展的需要。其中，“三个代表”重要思想是这一时期的重要指导思想。它强调党要始终保持先进性，走在时代的前列，不断加强党的组织力和领导力。这一思想为党组织工作提供了重要的理论指导和实践方向。此外，为了加强党与人民群众的联系，提高党的组织力和领导力，还开展了“党的群众路线教育实践活动”。这项活动旨在引导党员深入基层、了解群众需求、解决实际问题，增强党与人民群众的血肉联系。通过这一活动，党进一步巩固了群众基础，提高了组织力和领导力。此外，改革开放以来，党的组织工作还注重创新和改革。例如，在干部选拔任用方面，党推行了干部任用制度改革，注重选拔有能力的优秀人才担任领导职务。在基层组织建设方面，党加强了对基层组织的指导和管理，提高了基层组织的凝聚力和战斗力。总的来说，改革开放以来的组织工作是党的一项重要任务。通过不断创新和改革，党成功地加强了组织力和领导力，为推动经济社会发展提供了有力的保障。

---

① 邓小平．邓小平文选：第二卷［M］．北京：人民出版社，1994：203.

② 邓小平．邓小平文选：第三卷［M］．北京：人民出版社，1993：190.

党的十八大以来，党牢固树立大抓基层的鲜明导向，着力增强党组织的政治功能和组织功能，把基层党组织打造成适应新时代发展要求的坚强战斗堡垒——加强和改进农村、城市、企业、机关、学校、公立医院、科研院所、社会组织等领域基层党组织建设，加强离退休干部党的建设，推进党支部标准化规范化建设，持续整顿软弱涣散基层党组织；明确和压实党委（党组）全面从严治党主体责任，推动各级党委（党组）和党员领导干部把抓好党建作为最大的政绩，一以贯之推进组织体系建设，党的政治领导力、思想引领力、群众组织力、社会号召力不断增强。2018 年 7 月，习近平总书记在全国组织工作会议上强调，“党的力量来自组织。党的全面领导、党的全部工作要靠党的坚强组织体系去实现。进入新时代，开启新征程，我们必须更加注重党的组织体系建设，不断增强党的政治领导力、思想引领力、群众组织力、社会号召力，把党员组织起来，把人才凝聚起来，把群众动员起来，为实现党的十九大提出的宏伟目标团结奋斗”。这是党中央对新时代加强基层党组织建设提出的新目标、新定位和新要求，具有极其重要的现实意义。

在党史中有关组织力建设的文献也有很多，以下是一些重要的文献和事件。

《论持久战》是毛泽东于 1938 年所写，这篇著作对中国的抗日战争产生了深远的影响。在这篇文章中，毛泽东不仅提出了持久战的战略思想，还明确指出了组织力建设在战争中的关键作用。抗日战争不仅是军事力量的较量，更是人民意志和组织力的较量。只有通过广泛动员群众，加强组织力，使人民成为战争胜利的主力军，才能最终战胜日本侵略者。为了实现这一目标，毛泽东提出了一系列具体的组织和动员措施。他强调要建立广泛的统一战线，将各种力量团结起来共同抗日；同时，还要加强党的建设，提高党员的思想政治素质和组织纪律性，确保党对战争的领导作用。《论持久战》中的组织力建设思想，不仅对当时抗日战争的胜利起到了关键作用，而且对后来的社会主义建设和改革开放也产生了深远的影响。它告诉我们，只有紧紧依靠人民群众，加强组织建设，才能实现国家和民族的繁荣昌盛。

1939 年 10 月，毛泽东发表《共产党人〈发刊词〉》，总结了一段时期党的建设的基本经验，指出必须按照马列主义普遍真理和中国革命具体实际相结合的原则来建设党，提出党的建设的总目标、总任务是“建设一个全国范围的、广大群众性的、思想上政治上组织上完全巩固的布尔什维克化的中国共产党”①，强调了党的组织力建设的重要性。毛泽东认为，党的组织力和领导力是实现革命胜利的重要保障。只有通过加强党的组织建设和思想建设，提高党员的素质和能力，才能确保党的决策得到贯彻执行，使党组织成为战斗堡垒，带领人民群众战胜敌人。为了加强党的组织建设和思想建设，毛泽东提出了许多具体措施和方法。例如，他强调要重视党员的质量，注重选拔有能力和有素质的优秀人才担任领导干部；要加强党内教育，提高党员的政治觉悟和组织纪律性；要开展批评与自我批评，纠正党内错误思想和作风等。总之，《共产党人〈发刊词〉》中提出的关于党的组织建设的相关思想与措施，对于中国共产党的发展和壮大具有重要的指导意义。

延安整风运动是中国共产党历史上的一次重要思想教育及组织力建设运动。这次运动的目的是在全党范围内肃清非无产阶级思想，树立马克思主义的正确思想路线，并强化党的组织力和纪律性。整风运动始于 1942 年，历时三年。通过学习文件、自我批评、整改等方式，党内思想得到统一，组织纪律性得到加强。这次运动对提高党的组织力起到了显著作用，为抗日战争和解放战争的胜利奠定了坚实的基础。在整风运动中，党内的宗派主义、主观主义、形式主义等错误思想得到了纠正，党员的政治觉悟和组织纪律性得到了提高。通过整风，党内的团结统一得到了加强，党的组织力和战斗力得到了提升。此外，延安整风运动还强调了实事求是、密切联系群众、批评与自我批评等优良作风，这些作风至今仍是党的建设的重要内容。通过整风运动，党在思想上、政治上、组织上更加成熟，为后来的革命事业提供了有力的保障。总的来说，延安整风运动是党加强组织

---

① 毛泽东．毛泽东选集：第二卷［M］．北京：人民出版社，1991：602.

力建设的重要实践之一。这一经验对于今天的党建工作仍然具有重要的意义。

1945 年召开的党的七大，在党的组织建设历史上创造了多个“第一”，如第一次决定设立党组，第一次在党章中规定党员的权利和义务，第一次把党的基层组织战斗堡垒作用写入党章，第一次将党的性质明确写入党章，等等。在 1945 年的这次大会上，毛泽东再次强调了组织力建设的重要性。他指出，党的组织力是实现革命胜利和建设事业的根本保证，必须加强党的组织建设，提高党的组织力和战斗力。在正确的组织路线的指引下，领导干部的素质能力得到极大提高，全党达到空前团结，党先后取得了抗日战争的胜利和解放战争的胜利，领导人民在全国范围内建立了新生的政权。

刘少奇《在中国共产党第一次全国组织工作会议上的报告》是中共中央在 1951 年发布的一份重要文件，强调了加强党的组织工作的重要性。讲话中提到，中国共产党在“思想上和政治上的正确领导”“在组织上密切地联系着全国广大的人民群众”“这就是我们党具有无穷的不可战胜的力量的源泉。这就是我们党能够领导全国人民不断取得胜利的原因”①。同时，讲话还明确了各级党委组织部门在党内生活中的地位和作用，要求各级党委必须重视组织部的工作，并给予必要的支持和指导。为了贯彻执行这个决定，党中央进一步提出了加强党的组织工作的具体措施和方法。其中包括坚持民主集中制原则，健全集体领导制度，反对个人主义和官僚主义；加强对干部的管理和监督，严格执行纪律处分条例和报告请示制度；注重党员的质量和结构，保持党员队伍的先进性和纯洁性；加强基层组织的建设和管理，提高其战斗力和凝聚力；等等。这些措施和方法对于加强党的组织工作和提高党的组织力、领导力具有重要意义。

《中国共产党章程》作为党的根本大法，历次党章都强调了党的组织原则和组织制度，明确规定了党的组织体系和组织制度，为加强党的组织力提供了基本保障。在党章中，明确规定了民主集中制的原则，强调党组

① 中国共产党组织史资料：第九卷［M］. 北京：中共党史出版社，2000：56.

织必须遵循的制度要求，如“党禁止任何形式的个人崇拜”① “凡属重大问题都要由党的委员会集体讨论”等。这些规定为维护党的团结统一提供了重要保障。

《关于加强基层服务型党组织建设的意见》是中共中央在2014年发布的一份重要文件，强调了加强基层党组织建设的重要性，提出了提高基层党组织组织力和创新力的系列措施和方法。加强基层党组织建设是贯彻党要管党、全面从严治党方针的具体体现和有力举措，必将极大增强基层党组织的创造力、凝聚力、战斗力。② 也是推进国家治理体系和治理能力现代化的重大举措。③ 文件提出了一系列具体措施，如加强基层党组织领导班子特别是书记队伍建设，加强基层服务型党组织建设，加强组织领导等。这些措施旨在提高基层党组织的组织力、创新力和战斗力，使其成为推动发展、服务群众、凝聚人心、促进和谐的坚强战斗堡垒。通过加强基层党组织建设，可以更好地发挥基层党组织的核心领导作用，推动基层治理体系和治理能力现代化，为实现中华民族伟大复兴的中国梦提供坚实保障。总之，《关于加强基层服务型党组织建设的意见》的发布，对于加强基层党组织建设、推动全面从严治党向基层延伸、推进基层治理体系和治理能力现代化具有重要意义。

在党的建设历程的有关文献和事件中能够看出，我们党始终高度重视组织力建设，并将其贯穿于革命、建设和改革各个历史时期。通过不断加强组织力建设，我们党能够更好地发挥领导作用，广泛动员群众，取得革命和建设事业的胜利。

（二）高校基层党支部组织力及其内涵

高校基层党支部组织力是指高校基层党组织在贯彻落实党的路线方针政策和决策部署，以及在完成立德树人根本任务过程中所体现出来的能力。高校基层党支部组织力是高校党建工作的重要组成部分，是高校党组

---

① 中国共产党章程［M］. 北京：人民出版社，1992：17.

② 关于加强基层服务型党组织建设的意见［M］. 北京：人民出版社，2014：16.

③ 关于加强基层服务型党组织建设的意见［M］. 北京：人民出版社，2014：16.

织履行职责、发挥作用的重要保障。提升高校基层党支部组织力，有利于加强党对高校的领导，有利于推进高校基层党建工作创新，有利于培养德智体美劳全面发展的社会主义建设者和接班人。这种能力包括政治领导能力、组织覆盖能力、群众凝聚能力、社会号召能力、推动发展能力和自我革新能力等多方面。

1. 政治领导力，是指党支部认真贯彻执行党的各项路线方针政策，严格遵守党的政治纪律和政治规矩的能力。“政治领导力”是党的十九大提出的重要概念。对政党来说，政治是统帅，是灵魂，讲政治是马克思主义政党的根本要求。这就旗帜鲜明地提出了讲政治、提高政治能力的要求。我们党的政治领导力主要体现为党把控方向性、原则性、根本性问题的能力及其运作的效果，实际就是在这些问题上表现出来的政治定力、政治导向和政治引领力。政治领导力是衡量马克思主义政党领导力的重要尺度，也是确保我们党带领中国人民实现中华民族伟大复兴的政治保证。高校党支部要大力推进习近平新时代中国特色社会主义思想进课堂、进教材、进头脑。深刻领悟“两个确立”的决定性意义，进一步增强“四个意识”、坚定“四个自信”、做到“两个维护”，坚定不移在思想上、政治上、行动上同以习近平同志为核心的党中央保持高度一致。紧紧围绕坚持和发展中国特色社会主义这条主线，引导师生建设良好的政治文化，为巩固马克思主义在高校意识形态领域的指导地位发挥价值引领作用。

2. 组织覆盖力，是指党组织和工作有效覆盖基层单位和职工群众的能力，做到哪里有群众哪里就有党，哪里有党员哪里就有党组织，这是基层党组织的重要任务，也是检验其组织力的重要标准。第一，高校党组织的组织覆盖力体现在党组织的建设和完善上。高校应建立健全各级党组织，从学校党委到院系党组织再到基层党支部，形成完整的组织体系。同时，要加强党组织之间的协调与配合，确保党的路线方针政策得到有效贯彻执行。第二，高校党组织的组织覆盖力体现在党员的发展和教育上。高校党组织应积极开展党员发展工作，吸引优秀师生加入党组织，不断壮大党员队伍。同时，要加强党员教育管理，提高党员素质和能力，确保党员能够发挥先锋模范作用。第三，高校党组织的组织覆盖力体现在服务师生上。高校党组织应深入了解师生的需求和诉求，积极为他们排忧解难并提供有针对性的帮助和服务。通过解决实际问题，增强师生对党组织的认同感和归属感。第四，高校党组织的组织覆盖力体现在参与学校治理上。高校党组织应积极参与学校重大决策和管理工作，发挥政治核心作用。通过参与学校治理，确保党的领导和党的建设在高校实现全覆盖、全过程、全方位。第五，高校党组织的组织覆盖力还体现在制度建设和执行上。高校党组织应建立健全各项规章制度，规范组织运作和管理。同时，要加强对制度执行情况的监督检查，确保各项制度得到有效执行。高校党组织要不断提升自身组织覆盖力，为高校事业发展提供坚强政治保障。

3. 群众凝聚力，是党组织和党员通过自身组织体系和组织资源优势，凝聚群众、动员群众、服务群众，高质量完成其承担的职责任务和工作目标的能力。在实践中，高校党支部和党员可以通过以下几方面来提升群众凝聚力。一是强化宗旨意识，时刻牢记全心全意为人民服务的宗旨，把师生群众的利益放在首位，始终保持同人民群众的血肉联系；二是加强群众工作，深入基层、深入群众，了解群众所思所想所需，为群众提供有效的服务和帮助，切实解决群众的实际问题；三是改进工作作风，坚持实事求是、求真务实的工作作风，注重调查研究，尊重群众意见，让群众感受到党和政府的关怀和温暖；四是推进民主决策，充分听取群众意见和建议，推进民主决策，让群众参与到公共事务中来，增强群众的参与感和获得感；五是加强宣传教育，通过各种渠道和形式，加强宣传教育，提高群众的思想认识和政治觉悟，增强群众对党和政府的信任和支持。通过以上措施的实施，党组织和党员可以更好地凝聚群众、动员群众、服务群众，不断提升群众凝聚力，为实现党和政府的中心任务提供坚实的组织保障。

4. 社会号召力，是高校基层党组织的重要能力，指党支部通过对师生员工的引导和教育，激发他们的积极性、主动性和创造性，凝聚共识、汇聚力量，共同推动高校事业发展的能力。首先，高校党支部作为党的基层组织，具有政治上的先进性和组织上的严密性，这使得它在高校中具有天然的号召力。通过加强思想政治教育和意识形态工作，高校党支部能够引导师生员工坚定理想信念，增强“四个自信”，自觉践行社会主义核心价值观，为高校事业发展提供坚实的政治保障。其次，高校党支部通过加强组织建设，提升组织力，进一步增强号召力。通过优化组织设置、扩大组织覆盖、强化组织功能等措施，高校党支部能够将广大师生员工紧密团结在党的周围，形成强大的组织合力。同时，高校党支部注重发挥党员的先锋模范作用，通过树立先进典型、开展志愿服务等活动，激发师生员工的向心力和凝聚力。最后，高校党支部还通过加强与师生员工的联系和服务，提升号召力。高校党支部深入师生员工中间，了解他们的需求和诉求，积极为他们排忧解难，提供有针对性的帮助和服务。这种亲民、爱民、为民的工作作风，让师生员工切实感受到党的温暖和关怀，从而更加信任党、拥护党。通过加强思想政治教育、组织建设和服务师生员工等措施，高校党支部能够不断提升自身号召力，为高校事业发展提供坚实保障。

5. 推动发展力，是指党支部贯彻落实中央方针政策、上级党组织的安排部署，推动高校政治、文化、事业等全面协调可持续发展的能力。首先，高校党支部是高校基层组织的核心，是学校党委领导下的重要战斗堡垒。通过加强党支部的组织建设、思想建设和作风建设，充分发挥党支部的战斗堡垒作用，为学校事业发展提供坚实的组织保障。其次，高校党支部是学科建设和发展的重要推动力量。学科建设是高校事业发展的重要组成部分，党支部通过参与学科发展规划的制订和实施，能够为学科建设提供有力的政治保障和思想支持。同时，党支部还能够发挥组织优势，整合学科资源，推动学科交叉融合，提升学科整体实力。再次，高校党支部在提升教育教学质量方面具有重要作用。教育教学是高校的核心工作，党支部通过参与教学质量监控、教学改革和课程建设等活动，能够为提高教育教学质量提供有力支持。同时，党支部还能够发挥党员教师的先锋模范作用，推动教师队伍整体素质的提升。最后，高校党支部还通过服务师生、解决实际问题等途径，增强师生对党组织的认同感和归属感，激发师生的积极性和创造性，为学校事业发展注入强大动力。高校党支部要不断提升自身能力推动发展，为学校事业发展提供坚实保障。

6. 自我革新能力，勇于自我革命，是我们党最鲜明的品格，也是我们党最大的优势。中国共产党的伟大不在于不犯错误，而在于从不讳疾忌医，敢于直面问题，勇于自我革命，具有极强的自我修复能力。① 高校党支部自我革新能力是指高校党支部在面对新形势、新任务和新挑战时，能够积极主动地自我革新、自我完善、自我提高的能力。这种能力是高校党支部保持先进性和生命力的重要保障。首先，高校党支部自我革新能力体现在对新形势和新任务的敏感性和适应性上。随着时代的发展和社会的进步，高校党支部需要时刻关注国内外形势的变化，及时调整工作思路和方向，确保同党中央保持高度一致，并紧密结合高校实际，推动各项工作取得实效。其次，高校党支部自我革新能力体现在对自身问题的认知和解决上。高校党支部在工作中难免会遇到各种包括组织建设、思想政治教育、服务师生等方面在内的问题。高校党支部需要有自我反思和自我批评的精神，勇于正视问题，善于解决问题，不断改进工作方法和工作作风，提高工作效率和质量。再次，高校党支部自我革新能力体现在对创新思维的激发和运用上。创新是高校党支部保持活力和创造力的源泉。高校党支部需要支持和鼓励党员发挥创新精神，探索新的工作思路和方法，提高工作效率和工作质量。同时，高校党支部还需要营造良好的创新氛围，激发全党同志的创新热情和创造力。最后，高校党支部自我革新能力体现在对优秀传统的继承和发扬上。党的优良传统是高校党支部的宝贵财富，也是支部工作的重要支撑。高校党支部在自我革新的过程中，需要注重继承和发扬党的优良传统，保持党的纯洁性和先进性。总之，高校党支部的自我革新能力是高校党建工作的重要保障。

（三）高校基层党支部组织力的重要性

党的组织力是党建设和发展的重要保障。只有加强组织力建设，才能提高基层党支部的凝聚力、战斗力和影响力，确保党的路线方针政策在高

---

① 习近平．论党的自我革命［M］．北京：中央文献出版社，2023：172.

校的贯彻落实。具体来说，高校基层党支部组织力的重要性体现在以下几方面。

推动高校事业发展。高校基层党支部在推动高校事业发展中具有举足轻重的地位。作为高校的基层组织，它不仅是党的路线、方针、政策的传播者，更是高校各项事业发展的引领者和推动者。加强基层党支部的组织力建设，能够确保党支部更好地履行职责，发挥其在高校事业发展中的核心作用。通过组织力的提升，党支部能够更好地团结和带领广大师生，凝聚共识，形成推动高校事业发展的强大动力。此外，基层党支部还是高校党委与师生之间的桥梁和纽带，通过加强组织力建设，能够更好地反映师生的需求和意愿，为高校事业发展提供有力的群众基础。因此，加强基层党支部的组织力建设，是推动高校事业发展的关键环节。

提高党的执政能力。高校基层党支部是党在高校中的基础组织，对于提高党的执政能力和领导水平具有重要意义。通过加强基层党支部的组织力建设，可以提高党员的政治素质和思想觉悟，增强党组织的凝聚力和战斗力，从而更好地发挥基层党组织的作用，推动党的路线方针政策在高校的贯彻落实。同时，加强高校基层党支部组织力建设还可以推动人才培养工作的开展，培养更多优秀人才，为实现中华民族伟大复兴的中国梦提供坚实保障。因此，加强高校基层党支部组织力建设是一项非常重要的任务。

促进社会和谐稳定。高校作为社会的关键部分，是文化、知识与思想的交汇点，对维护社会稳定和促进和谐具有不可替代的作用。加强高校基层党支部的组织力，不仅可以确保党的政策、方针得到有效执行，更能发挥其在维护社会稳定中的“定海神针”作用。基层党支部能够深入了解师生员工的思想动态，及时化解可能存在的矛盾与冲突，为构建和谐校园提供坚实的组织保障。此外，通过党支部开展的活动，可以加强与社会各界的联系与合作，促进校园与社会的互动与融合，为社会的和谐稳定贡献高校的力量。因此，强化高校基层党支部的组织力，是促进社会和谐稳定的有效途径。

二、高校基层党支部组织力的特点与要素

高校基层党支部作为党的基层组织，在高校党建工作中具有举足轻重的地位。其组织力的特点与要素，不仅关系到高校党建工作的质量，更直接影响到高校事业的发展和党的执政能力。

（一）高校基层党支部组织力的特点

1. 鲜明的政治性

高校基层党支部是党在高校的基层组织，它担负着贯彻落实党的教育方针、培养德智体美劳全面发展的社会主义建设者和接班人的重要使命。鲜明的政治性是高校基层党支部组织力的根本特点，这是由党的性质和高校基层党支部的使命所决定的。首先，高校基层党支部作为党在高校的基层组织，必须始终坚持党的领导，坚决贯彻党的教育方针和各项决策部署。这是保证高等教育事业沿着正确方向发展的根本指南。其次，高校基层党支部要坚定政治方向，始终保持对马克思主义的信仰、对共产主义和中国特色社会主义的信念，始终保持对党和人民的忠诚。这是确保高校基层党支部始终保持先进性和纯洁性的关键。最后，高校基层党支部要保持政治定力，在面对各种风险和挑战时，始终保持清醒头脑，始终坚持正确的政治立场和政治方向。这是确保高校基层党支部在复杂多变的形势下始终保持坚强战斗力的基础。总之，鲜明的政治性是高校基层党支部组织力的根本特点，也是高校基层党支部履行使命、发挥作用的根本保证。只有始终坚持党的领导、坚定政治方向、保持政治定力，高校基层党支部才能成为推动高等教育事业发展的重要力量。

2. 紧密的群众性

高校基层党支部作为党联系广大师生的桥梁和纽带，必须始终坚持全心全意为人民服务的宗旨，以师生需求为导向，深入了解并解决师生的实际问题。通过为师生提供优质、高效的服务，党支部不仅能够获得师生的信任和支持，还能够增强自身的组织力和凝聚力。首先，全心全意为人民服务是党的根本宗旨，也是高校基层党支部的职责所在。党支部应将师生

的利益放在首位，积极回应师生的关切，解决他们在学习、工作、生活中遇到的问题。通过实际行动，师生感受到党支部的关怀和温暖，增强党支部的亲和力。其次，高校基层党支部要深入了解师生的需求。通过多种渠道和方式，如座谈会、问卷调查、个别访谈等，收集师生的意见和建议，更好地把握他们的需求。这有助于党支部更好地制订服务方案，提升服务效果。最后，高校基层党支部要为师生提供实实在在的服务。这不仅包括解决实际问题，如教学设施的改善、学生生活条件的提升等，还包括提供学业咨询、就业指导等服务。通过这些服务，党支部能够更好地满足师生的需求，提高他们的满意度和增强归属感。综上所述，高校基层党支部要赢得师生的信任和支持，增强自身的组织力和凝聚力，就必须始终坚持全心全意为人民服务的宗旨，深入了解师生需求，为师生提供实实在在的服务。

3. 高度的创新性

随着时代的飞速发展和高校教育改革的不断深入，高校基层党支部正面临着前所未有的新情况、新问题和新挑战。为了适应新形势、新任务的要求，党支部必须不断创新工作思路和方法，探索新的组织形式和工作机制，以保持基层党组织的生机与活力，推动高校事业不断发展。首先，创新是高校基层党支部应对新挑战的重要法宝。在新的历史时期，师生需求更加多样化、思想观念更加多元化，这要求党支部必须具备创新意识和创新能力，不断探索新的工作方式和方法。通过创新，党支部能够更好地适应时代发展的要求，提升自身的工作水平和效率。其次，创新是高校基层党支部保持生机与活力的源泉。只有不断创新，党支部才能始终保持与时俱进的精神状态，激发党组织的创造力和活力。通过创新，党支部能够吸引更多的师生参与其中，增强党支部的凝聚力和向心力。最后，创新是高校基层党支部推动事业发展的重要动力。在教育改革的大背景下，高校事业的发展需要基层党支部的有力支持。只有不断创新，党支部才能更好地发挥其战斗堡垒作用，为高校事业的发展提供强大的组织保障。综上所述，创新是高校基层党支部应对新挑战、保持生机与活力、推动事业发展的重要保障。党支部应积极探索新的工作思路和方法，努力提高自身的创新能力和水平，为高校事业的发展贡献力量。

4. 严格的纪律性

高校基层党支部作为党的基层组织，必须始终遵守党的纪律和规矩，这是确保党支部工作有序开展、维护党的团结统一的重要保障。首先，党的纪律和规矩是全体党员必须遵守的行为准则。它不仅包括党章、党的各项规章制度，还包括党的优良传统和工作作风。每一个党员都应深入学习党的纪律和规矩，时刻铭记在心，严格遵守，做到言行一致、令行禁止。其次，遵守党的纪律和规矩是维护党的团结统一的基础。只有全体党员都能够自觉遵守党的纪律和规矩，才能保证党组织的严密性和统一性，避免出现内部矛盾和分裂。在高校基层党支部中，应特别强调团结协作、相互支持的工作氛围，增强党支部的凝聚力和战斗力。最后，遵守党的纪律和规矩是增强党的创造力、凝聚力和战斗力的关键。一个有组织、有纪律的党支部，能够更好地发挥党员的先锋模范作用，推动各项工作的顺利开展。通过严格遵守党的纪律和规矩，党支部能够树立良好的形象，赢得师生的信任和支持，进一步提高党的执政能力和领导地位。综上所述，高校基层党支部必须始终坚持党的纪律和规矩，这是党支部工作有序开展，维护党的团结统一，增强党的创造力、凝聚力和战斗力的基础和保障。每一个党员都应深入学习党的纪律和规矩，严格遵守、自觉践行，为党的事业发展贡献力量。

（二）高校基层党支部组织力的要素

1. 党员素质

在高校基层党支部中，党员是构成党支部的基本单元，他们的素质直接决定了党支部的组织力。因此，提高党员素质是提升党支部组织力的重要途径。首先，坚定的政治信仰和较高的政治觉悟是每个党员必备的品质。在高校基层党支部中，党员必须始终同党中央保持高度一致，并深入学习和贯彻党的路线、方针、政策。只有这样，才能确保党支部的工作始终沿着正确的方向前进。其次，良好的思想道德品质是党员的基本要求。

党员应具备高度的道德责任感和自律意识，做到廉洁自律、以身作则。在高校基层党支部中，党员应成为师生的楷模，并树立良好的形象，以自己的实际行动践行社会主义核心价值观。此外，具备较高的业务能力和工作水平也是党员的基本素质要求。在高校基层党支部中，党员应在教学、科研和管理等工作中发挥先锋模范作用。他们应具备扎实的专业知识，不断提高自己的教学和科研能力，为高校事业的发展贡献力量。综上所述，高校基层党支部的组织力与党员的素质密切相关。只有不断提高党员的政治素质、思想道德素质和业务能力，才能真正发挥党支部的战斗堡垒作用，推动高校事业不断向前发展。

2. 组织架构

合理的组织架构是确保党支部高效运行的关键因素。健全的组织架构能够确保党支部工作有序、高效地开展，从而更好地发挥党支部的战斗堡垒作用。首先，建立健全基层党组织体系是基础。在高校中，应确保党的组织和工作在各个角落都有所覆盖，不让任何一个师生游离于党组织之外。通过建立完善的基层党组织体系，能够更好地团结和带领广大师生，共同推动高校事业的发展。其次，明确各级党组织的职责和工作内容至关重要。在健全的组织架构中，各级党组织应各司其职、权责清晰。这有助于形成分工合理、相互配合的工作机制，避免工作重叠或职责模糊的情况出现。通过明确职责，党支部能够更好地发挥各级党组织的优势，提高工作效率和质量。最后，加强基层党组织与学校其他组织的协同配合也至关重要。党支部应积极与其他组织沟通协调，形成工作合力。通过与其他组织的合作，党支部能够更好地整合资源、发挥优势，共同解决高校面临的各种问题和挑战。综上所述，合理的组织架构是确保党支部高效运行的关键。只有建立健全基层党组织体系、明确各级党组织的职责和工作内容，并加强与其他组织的协同配合，才能更好地发挥党支部的组织力，从而推动高校事业不断向前发展。

3. 工作机制

完善的工作机制是确保党支部工作有序、高效开展的重要保障。通过建立健全各项工作机制，党支部能够更好地发挥组织优势，推动各项工作顺利开展。首先，建立健全各项规章制度是基础。党支部应制定完善的规章制度，如“三会一课”制度、民主评议党员制度等，确保党支部工作规范化、制度化。通过严格执行这些规章制度，能够提高党支部工作的质量和效率，确保各项任务得到有效落实。其次，加强监督考核是关键。党支部应定期对各项工作进行检查和评估，确保各项任务落到实处。通过监督考核，能够及时发现和纠正工作中存在的问题，促进党支部工作的持续改进。同时，监督考核还能够激发党员的工作积极性和创造力，提高党支部的整体工作水平。最后，建立激励和约束机制是必要。党支部应通过激励和约束机制，激发党员的工作热情和创造力。例如，可以设立优秀党员评选、党员志愿服务等机制，鼓励党员发挥先锋模范作用。同时，也应建立相应的约束机制，对违反规章制度的党员进行批评教育或纪律处分，维护党支部的纪律性和权威性。综上所述，完善的工作机制是确保党支部工作有序开展的保障。党支部应建立健全规章制度、加强监督考核，并建立激励和约束机制，以确保党支部工作的顺利开展和高效运行。

4. 群众基础

高校基层党支部作为党的基层组织，必须始终坚持全心全意为人民服务的宗旨，与广大师生员工保持密切的联系和沟通，这是党支部工作的出发点和落脚点，也是增强党支部凝聚力和向心力的关键所在。首先，加强与群众的联系和沟通是高校基层党支部的重要职责。党支部应深入了解师生需求，关注他们的工作、学习和生活状况，切实为他们排忧解难。通过与群众的沟通，党支部能够及时掌握师生的思想动态和利益诉求，为制定更加精准有效的服务策略提供依据。其次，倾听群众的意见和建议是高校基层党支部工作的必然要求。在决策和执行过程中，党支部应广泛征求师生的意见和建议，充分尊重他们的参与权和表达权。这不仅能够增强决策的科学性和民主性，还能够让师生感受到党支部的尊重和关爱，进一步增强党支部的亲和力。解决实际问题、为群众谋福利是高校基层党支部工作的重要内容。党支部应将师生的利益放在首位，积极解决他们在工作、学习和生活中遇到的实际问题。通过解决实际问题，党支部能够赢得师生的信任和支持，进一步增强党支部的凝聚力和向心力。最后，积极引导群众参与党支部的各项工作是实现全民共建共治共享的重要途径。通过引导师生参与党支部的各项工作，能够激发他们的积极性和创造性，形成共同参与、共同治理的良好局面。这有助于增强党支部的组织力和战斗力，推动高校事业不断发展。综上所述，高校基层党支部必须始终坚持全心全意为人民服务的宗旨，注重加强与群众的联系和沟通，倾听群众的意见和建议，反映群众的利益诉求。同时，积极引导群众参与党支部的各项工作，形成共建共治共享的良好局面。

5. 品牌建设

在高校基层党支部的工作中，打造特色品牌活动和服务项目是提升党支部知名度和影响力的有效途径。通过这些品牌活动和服务项目，党支部不仅能够增强自身的组织力，还能够为高校的发展和师生的成长提供有力支持。首先，结合高校的实际情况和师生的需求，开展具有特色的主题党日活动是打造特色品牌的重要方式之一。例如，可以举办组织师生参观红色教育基地、开展志愿服务、举办知识竞赛等形式多样的主题党日活动。通过这些活动，能够激发师生的参与热情，增强党支部的凝聚力和向心力。其次，开展志愿服务是高校基层党支部服务师生的另一种重要方式。党支部可以组织师生参与各种形式的志愿服务活动，如支教、环保、关爱弱势群体等。通过志愿服务，党支部能够引导师生践行社会主义核心价值观，培养他们的社会责任感和奉献精神。最后，在打造特色品牌的过程中，党支部还应注重创新和完善品牌建设。这意味着党支部要不断探索新的活动形式和服务项目，以满足师生日益增长的需求。同时，党支部还应建立健全品牌维护和推广机制，确保品牌活动的持续开展和影响力的不断提升。通过不断创新和完善品牌建设，党支部在高校事业发展中的作用将得到更好的发挥。品牌活动和服务项目将成为党支部工作的重要组成部分，为高校的发展和师生的成长提供有力支持。综上所述，通过打造特色品牌活动和服务项目，高校基层党支部能够提升自身的知名度和影响力。

党支部应结合实际情况和师生需求，开展具有特色的主题党日活动和志愿服务，并注重创新和完善品牌建设。这将有助于增强党支部的组织力，推动高校事业不断向前发展。

综上所述，高校基层党支部组织力的特点与要素是一个有机整体。只有全面把握这些特点与要素，才能更好地发挥高校基层党支部在推动高校事业发展中的作用。在此基础上，我们还需要不断探索新的途径和方法，以不断提升高校基层党支部的组织力，为推动高等教育事业的发展和实现中华民族伟大复兴的中国梦做出更大的贡献。

第三章

高校基层党支部组织力建设的现状及问题

一、高校基层党支部组织力建设的现状和取得的成效

高校基层党支部组织力建设是高校党建工作的重要组成部分，是推动高校事业发展的重要保障。近年来，随着高等教育改革的深入推进和全面从严治党要求的落实，高校基层党支部组织力建设得到了广泛关注并不断加强。

（一）高校基层党支部组织力建设的现状

1. 组织架构不断完善

在组织架构方面，高校基层党支部展现出持续完善的态势。基本的架构包括党支部委员会和党小组，它们是党支部正常运作的核心。委员会负责决策和指导，而党小组则负责具体活动的组织和实施。但仅仅依靠基本的组织架构是不够的。为了更好地适应高等教育改革的新形势，许多高校都在尝试创新党支部组织架构。比如，根据学科特点或年级分布来设置党支部，这样不仅可以提高组织效率，还能增强组织与师生的紧密联系。这种创新形式的党支部，不仅在组织架构上更加灵活，还使得党支部工作更加贴近师生的实际需求。例如，学科类型的党支部可以更好地结合学科特点开展学术交流，促进学术创新；年级类型的党支部则能更好地关注学生的成长，为他们提供有针对性的指导和帮助。总的来说，高校基层党支部的组织架构在不断完善和创新中，力求更好地服务于高等教育改革和师生的全面发展。这种积极主动的变革，不仅增强了党支部的组织力，也使得

党支部在高校中的地位和影响力不断提升。

2. 制度建设逐步加强

高校基层党支部在制度建设方面，经过不断的努力和探索，已经形成了一套较为完备的制度体系。这一体系不仅确保了党支部工作的规范化、制度化，还为组织力的提升提供了坚实的支撑。首先，“三会一课”制度是党支部的基本制度之一。通过定期召开支部党员大会、支委会、党小组会以及上好党课，这一制度确保了党员能够及时学习党的理论知识，提高党性修养，同时也为党支部决策提供了组织保障。其次，民主评议党员制度是党支部对党员进行管理和监督的重要手段。通过定期开展民主评议，党支部可以对党员的表现进行全面评价，激励先进，督促后进，确保党员队伍的先进性和纯洁性。再次，组织生活会制度是加强党员思想政治教育的重要途径。通过组织生活会，党支部可以及时了解党员的思想动态和工作状况，帮助解决党员在思想、工作、生活中遇到的问题和困难。除了以上基本制度，各高校还结合实际情况制定了具有自身特色的党支部工作制度。例如，志愿服务制度鼓励党员积极参与志愿服务活动，发挥先锋模范作用；联系群众制度则要求党员深入群众，了解群众需求，为群众提供帮助和服务。这些制度的建立和完善，不仅规范了党支部的工作，提高了工作效率，还激发了党员的积极性和创造力。同时，使得党支部的各项工作更加贴近师生的实际需求，提升了党支部的组织力和影响力。未来，随着高等教育改革和全面从严治党要求的深入推进，高校基层党支部制度建设还需不断与时俱进，不断完善和创新。只有这样，才能更好地适应时代发展的需要，为高校事业的发展提供有力保障。

3. 工作内容日益丰富

高校基层党支部在工作内容上，不断与时俱进，紧跟时代步伐，积极拓展和丰富工作内容。这些工作的开展，不仅满足了师生日益增长的需求，更为党支部在高校中组织力和影响力的提升打下了坚实基础。在思想政治教育方面，党支部始终坚持以习近平新时代中国特色社会主义思想为指导，通过举办讲座、研讨会、读书会等活动，引导师生深入学习党的理论和路线方针政策，坚定理想信念，增强“四个自信”。在组织建设方面，党支部注重加强组织生活的规范化、制度化，通过定期开展组织生活会、民主评议党员等活动，加强党员之间的交流和沟通，增强党支部的凝聚力和战斗力。在作风建设和反腐倡廉建设方面，党支部坚决贯彻落实中央八项规定精神，加强作风建设，坚决反对“四风”问题。同时，加强反腐倡廉教育，引导党员树立廉洁自律意识，营造风清气正的良好氛围。此外，各高校还结合实际情况和师生需求，开展了具有特色的工作项目。例如，心理健康教育项目：通过举办讲座、提供心理咨询等方式，帮助师生缓解心理压力，提高心理素质；创新创业教育项目：通过提供创业培训、创业资金支持等措施，鼓励和支持师生进行创新创业活动。这些特色工作项目的开展，不仅丰富了党支部的工作内容，更提高了党支部的组织力和影响力。通过这些项目的实施，党支部能够更好地服务师生，满足他们的实际需求，从而赢得师生的信任和支持。

4. 队伍建设不断加强

高校基层党支部在队伍建设方面，始终坚持高标准、严要求，努力打造一支忠诚、干净、担当、能干的党员队伍。通过一系列措施的实施，队伍的整体素质和工作能力得到了显著提升，为党支部组织力的提升提供了有力的人才保障。首先，党支部要注重选拔优秀党员担任党支部书记。在选拔过程中，坚持德才兼备、以德为先的原则，注重选拔那些政治素质高、组织能力强、群众基础好的党员。同时，加强对党支部书记的培训和教育，提高其领导能力和管理水平，使其更好地履行职责。其次，党支部需加强对党员的教育培训工作。通过举办各种形式的培训班、座谈会等，组织党员学习党的理论知识、路线方针政策和决策部署，提高党员的政治觉悟和思想认识。同时，加强党员的业务能力培训，提高其服务师生、推动学校事业发展的能力。再次，党支部还积极探索建立激励机制和约束机制。通过评选优秀党员、表彰先进典型等方式，激发党员的工作热情和创造力；同时，加强对党员的监督和管理，对违纪违规行为进行严肃处理，保持党员队伍的纯洁性和先进性。这些措施的实施，不仅提高了队伍的整体素质和工作能力，还激发了党员的工作热情和创造力。党员们更加积极地参与到党支部的各项工作中，为党支部组织力的提升贡献自己的力量。未来，随着高等教育改革和全面从严治党要求的深入推进，高校基层党支部队伍建设还需不断加强和创新。只有这样，才能更好地适应时代发展的需要，为高校事业的发展提供有力的人才保障。

（二）高校基层党支部组织力建设取得的成效

高校基层党支部组织力建设在近年来取得了显著成效，为高等教育事业的发展提供了坚实保障。主要表现在以下几方面。

1. 党支部战斗堡垒作用的充分发挥

通过组织力建设，高校基层党支部更加坚强有力，战斗堡垒作用得到充分发挥。在思想引领、组织管理、服务师生等方面，党支部发挥了重要作用。在思想引领方面，党支部通过开展理论学习、宣传教育等活动，引导师生坚定理想信念，增强“四个自信”。在组织管理方面，党支部严格执行党的组织原则和各项规章制度，认真开展组织生活，加强对党员的管理和监督。在服务师生方面，党支部积极为师生办实事、解难题，并提供全方位的服务和支持。

2. 党员先锋模范作用的充分展示

高校基层党支部组织力建设还表现在党员先锋模范作用的发挥上。通过加强党员队伍建设，提高党员素质和能力，使党员在思想、学习、工作等各方面成为师生的表率。党员们在教学科研、管理服务等方面取得了优异成绩，为学校事业发展做出了重要贡献。同时，党员们积极参与志愿服务、社会实践等活动，展现了良好的精神风貌和社会责任感。

3. 服务师生能力的提升

高校基层党支部组织力建设还表现在服务师生能力的提升上。党支部始终坚持全心全意为人民服务的宗旨，积极为师生办实事、解难题。在教育教学、科研创新、生活服务等方面，党支部为师生提供了全方位的服务和支持。同时，党支部还积极关注师生的心理健康、家庭困难等问题，为师生排忧解难。通过服务师生的实践，党支部进一步增强了与师生的联系和感情，赢得了师生的信任和好评。

4. 参与学校事业发展的贡献

高校基层党支部组织力建设还表现在参与学校事业发展的贡献上。党支部作为高校基层组织的重要组成部分，在学校事业发展中发挥了重要作用。党支部积极参与教育教学改革、科研创新、校园文化建设等方面，为学校事业发展提供了有力支持。同时，党支部还积极引导师生关注社会热点问题，参与社会公益事业，为推动社会进步做出了积极贡献。

5. 制度建设和执行力的提升

高校基层党支部组织力建设还表现在制度建设和执行力的提升上。通过建立健全各项规章制度，如“三会一课”制度、民主评议党员制度等，确保了党支部工作的规范化、制度化。同时，加强制度执行情况的监督检查，确保各项制度得到有效执行。制度建设和执行力的提升，进一步规范了党支部的运作，提高了其工作效率和执行力。

6. 推动学校治理体系现代化的作用

高校基层党支部组织力建设还表现在推动学校治理体系现代化的作用上。党支部作为高校治理体系的重要组成部分，在推动学校治理体系现代化方面发挥了重要作用。通过参与学校决策、监督学校管理、反映师生诉求等方式，党支部为学校治理体系现代化做出了积极贡献。同时，党支部还积极探索新的治理模式和方法，推动学校治理体系不断完善和发展。

综上所述，高校基层党支部组织力建设取得的成效是多方面的，既体现在党支部的自身建设上，也体现在党支部在学校事业发展和社会进步中发挥的重要作用上。通过加强组织力建设，高校基层党支部进一步提高了其凝聚力、战斗力和执行力，为高等教育事业的发展和社会进步做出了更大贡献。未来，高校基层党支部还需继续加强自身建设，提高组织力、凝聚力和战斗力，为高等教育事业的发展和社会进步做出更大贡献。

二、高校基层党支部组织力建设面临的主要问题及其原因

（一）高校基层党支部组织力建设面临的主要问题

1. 思想引领不够

思想引领不够是高校基层党支部组织力建设中的一大难题。主要体现在以下几方面。首先，面对当今社会思想的多元化和网络信息的快速传播，部分师生对于马克思主义理论的学习和理解不足，导致思想上存在困惑和迷茫。而党支部在引导师生坚定理想信念、增强“四个自信”方面，未能充分发挥作用。其次，部分党支部在思想引领方面的主动性和创新性不够。他们往往只是按照上级指示开展工作，缺乏对师生实际需求的深入了解和积极回应。这种被动的工作方式导致党支部在师生中的形象和威信逐渐减弱。最后，一些党支部在开展思想引领工作时，方法过于单一陈旧，缺乏吸引力和感染力。例如，仅仅通过传统的集中学习、座谈交流等方式进行思想引领，而忽视了新媒体等现代手段的运用。高校基层党支部在思想引领方面存在的问题是多方面的，既有思想认识层面的原因，也有组织架构和运行机制方面的问题。为了加强高校基层党支部的思想引领作用，需要从多方面入手，提高党支部的组织力、凝聚力和战斗力。

2. 组织管理不严

组织管理不严是高校基层党支部组织力建设中的另一个突出问题。党支部在组织管理方面存在制度执行不力、管理松散等问题，导致党支部工作缺乏规范性和系统性。具体来说，部分党支部在组织管理方面缺乏科学、完善的规章制度，或者虽然有规章制度，但执行不力，导致工作开展无章可循，随意性较大。此外，部分党支部在组织生活中的形式主义、官僚主义现象也比较突出，党员间缺乏实质性的交流和讨论，导致组织生活流于形式，无法起到应有的作用。

3. 服务师生不实

服务师生不实是高校基层党支部组织力建设中的另一个问题。党支部在服务师生方面存在服务内容与师生实际需求脱节的现象，导致服务效果

不佳，师生满意度不高。具体来说，部分党支部在服务师生方面缺乏深入了解和积极回应，未能及时掌握师生的实际需求和困难。此外，部分党支部在服务内容上缺乏针对性和实效性，提供的服务与师生的实际需求不匹配，甚至存在形式主义的现象。

4. 参与学校发展不足

参与学校发展不足也是高校基层党支部组织力建设中的一个重要问题。党支部在学校事业发展中的参与度不够，未能充分发挥党支部的战斗堡垒作用。具体来说，部分党支部在参与学校决策、推动教育教学改革、促进科研创新等方面缺乏积极性和创造性，未能充分发挥党支部的组织优势和引领作用。此外，部分党支部在参与学校发展过程中缺乏科学、有效的机制和手段，导致其参与效果不佳。

（二）成因分析及措施

1. 制度建设不完善

制度建设不完善是高校基层党支部组织力建设面临的主要问题之一。缺乏系统、完善的规章制度，导致党支部工作在开展过程中无章可循，缺乏规范性和可持续性。

具体来说，制度建设不完善主要表现在以下三方面，首先，规章制度不健全。部分党支部缺乏完善的规章制度，或者规章制度内容陈旧、不适应新形势新要求，导致工作开展无据可依。其次，制度执行不力。即使有规章制度，部分党支部在执行过程中也存在不严格、不细致的问题，导致制度形同虚设。最后，制度更新不及时。随着高校环境和师生需求的变化，部分党支部的规章制度未能及时更新，导致制度与实际工作脱节。究其原因，制度建设不完善的问题主要源于对制度建设的重视程度不够，缺乏前瞻性和系统性思维。此外，部分党支部在制度建设过程中缺乏科学的方法和有效的手段，导致制度设计不合理、不完善。

为了解决制度建设不完善的问题，需要从以下三方面入手。一是加强制度设计：根据高校基层党支部的实际情况和工作需求，制定科学、合理的规章制度，明确工作职责、权利和义务。二是强化制度执行：建立健全制度执行机制，加强对制度执行情况的监督和考核，确保制度得到有效落实。三是及时更新制度：随着高校环境和师生需求的变化，及时对规章制度进行修订和完善，保持制度的先进性和适用性。总之，制度建设不完善是高校基层党支部组织力建设中的一大问题。只有加强制度建设，建立健全的规章制度体系，才能确保党支部工作有章可循、有据可依，推动高校基层党支部组织力建设的持续健康发展。

2. 教育培训不到位

高校基层党支部在教育培训方面存在一些问题，导致党员的素质和能力无法适应新时代的发展要求。具体来说，主要表现在以下三方面。第一方面，教育培训内容单一枯燥。部分党支部开展教育培训时，往往只注重理论知识的传授，缺乏实践操作和案例分析等内容，导致党员的学习兴趣不高、参与度低。第二方面，缺乏针对性和实效性。部分党支部未能根据党员的实际需求和工作需要制订相应的教育培训计划和方案，导致教育培训效果不佳。同时，也缺乏对培训效果的评估和反馈机制，难以及时发现和解决问题。第三方面，党员参与积极性不高。由于教育内容和方式的不合理，部分党员对于教育培训的兴趣不高，甚至出现抵触情绪。这不仅影响了党员的学习效果，也制约了党支部组织力和凝聚力的提升。究其原因，教育培训不到位的问题主要源于对教育培训的重视程度不够，缺乏系统性和科学性的规划和管理。此外，部分党支部在教育培训过程中缺乏创新思维和手段，未能紧跟时代步伐，满足不了党员的学习需求和发展需要。

为了解决教育培训不到位的问题，需要从多方面入手。首先，党支部应当加强对教育培训的重视和支持力度，建立健全的教育培训体系和制度，为党员提供全面、系统的学习机会和平台。其次，应当丰富教育培训的内容和形式，引入实践操作、案例分析等多元化元素，提高党员的学习兴趣和参与度。最后，应当建立完善的评估和反馈机制，及时发现问题并改进工作，确保教育培训的效果和质量。

3. 监督考核不严格

监督考核不严格是高校基层党支部组织力建设中的另一个问题。对党支部的考核缺乏有效的监督机制，导致工作落实不到位，影响了党支部的正常运作和发展。具体来说，监督考核不严格主要表现在以下三方面。一是缺乏科学、合理的考核指标。部分党支部在监督考核过程中，未能制定科学、合理的考核指标，导致考核结果不准确、不客观。二是考核方式单一。部分党支部采用传统的考核方式，缺乏对多元化考核方式的运用和创新，导致考核结果片面、不准确。三是考核结果运用不当。部分党支部在考核结束后，未能及时将考核结果反馈给被考核对象，也未能根据考核结果对其进行有针对性的指导和帮助，导致考核结果形同虚设。究其原因，监督考核不严格的问题主要源于对监督考核的重视程度不够，缺乏科学、有效的机制和手段。此外，部分党支部在监督考核过程中存在主观主义、形式主义等现象，导致考核结果失真、失实。

为了解决考核监督不严格的问题，需要从以下三方面入手。首先，建立健全的考核机制。制定科学、合理的考核指标和标准，明确考核方式和程序，确保考核结果准确、客观。其次，创新考核方式。采用多元化的考核方式，如民主评议、第三方评估等，提高考核结果的全面性和可信度。最后，强化考核结果运用。及时将考核结果反馈给被考核对象，并根据考核结果对其进行有针对性的指导和帮助，促进党支部工作的改进和提高。总之，考核监督不严格是高校基层党支部组织力建设中的一大问题。只有加强监督考核，建立健全的考核机制和标准，才能确保党支部工作落实到位，推动高校基层党支部组织力建设的持续健康发展。

4. 创新发展意识不强

创新发展意识不强是高校基层党支部组织力建设中的重要问题之一。在当今快速发展的时代，创新意识对于党支部的发展至关重要。然而，部分党支部仍然存在创新意识不足、未能与时俱进地开展工作等问题。具体来说，创新发展意识不强主要表现在以下三方面。第一方面，体现在工作方式陈旧。部分党支部仍然采用传统的工作方式，如单纯的文件传达、会议等形式，缺乏新颖、灵活的工作手段，导致工作效果不佳。第二方面，缺乏创新思维。部分党支部成员缺乏创新思维，习惯按照传统的方式和方法开展工作，不愿意尝试新的方法，导致工作缺乏创新性和突破性。第三方面，创新实践不足。部分党支部虽然有创新的想法和思路，但缺乏实践的勇气和决心，未能将创新付诸实践，导致创新停留在口头或纸面上。究其原因，部分党支部成员习惯于传统的思维方式和行为模式，缺乏与时俱进的意识和勇气。还有部分党员缺乏创新的意识和能力，对于如何进行有效的创新缺乏清晰的认识和实践的经验。另外也存在部分党支部缺乏良好的创新氛围和文化，缺乏鼓励和支持创新的机制和平台。

为了解决创新发展意识不强的问题，需要从以下几方面入手。一是更新思想观念。打破传统的思维方式和行为模式，树立与时俱进的创新意识，敢于尝试新的思路和方法。二是提升创新能力。加强创新培训和教育，提高党支部成员的创新意识和能力，培养具备创新能力的人才队伍。三是营造创新氛围，建立鼓励和支持创新的机制和平台，营造良好的创新氛围和文化，激发党支部成员的创新热情和创造力。四是加强实践探索。将创新的想法和思路付诸实践，勇于尝试新的工作手段和方法，不断总结经验教训，推动党支部工作的创新和发展。总之，创新发展意识不强是高校基层党支部组织力建设中的一大问题。只有加强创新意识、提升创新能力、营造创新氛围、加强实践探索，才能推动高校基层党支部工作的创新和发展，从而适应新时代的发展要求。

第四章

高校基层党支部组织力建设的策略与方法

组织力是组织生命力的具体体现。基层党组织组织力强弱直接关系到党的创造力、凝聚力、战斗力、领导力和号召力，对党执政兴国具有重要影响。党支部组织力主要是指党支部凭借自身组织体系和组织资源优势，凝聚动员党员群众，高质量完成其承担的职责任务和工作目标的能力，主要包括政治领导力、组织覆盖力、群众凝聚力、社会号召力、发展推动力和自我革新力等，提升高校基层党支部组织力，可以采用优化组织设置、加强队伍建设、完善制度机制、创新活动载体、加强工作保障等策略和方法。

一、提升高校基层党支部政治领导力的策略与方法

习近平总书记在党的十九大报告中强调，“党的政治建设是党的根本性建设，决定党的建设方向和效果”①。加强党的政治建设，目的就是坚定政治信仰、强化政治领导、提高政治能力、净化政治生态，实现全党团结统一、行动一致。党的基层组织是政治组织，是党在社会基层组织中的战斗堡垒，是党的领导延伸到基层的重要载体。提升基层党组织的政治领导力，就是要发挥党的政治优势，把党的全面领导落实到各类社会基层组织。提升高校基层党支部政治领导力是高校党建工作的重要任务之一，对于加强高校党的建设、推动高校事业发展具有重要意义。针对高校基层党

① 习近平．决胜全面建成小康社会 夺取新时代中国特色社会主义伟大胜利：在中国共产党第十九次全国代表大会上的报告［M］. 北京：人民出版社，2017：62.

支部在政治领导力方面存在的问题，提出以下策略与方法。

1. 加强理论学习，提高政治素养。高校基层党支部应加强对马克思主义、毛泽东思想、邓小平理论等党的基本理论的学习，深入学习党的路线方针政策和决策部署，提高党员的政治素养和思想觉悟。同时，应加强对时事政治的学习和了解，增强党员的政治敏锐性和判断力。

2. 加强组织建设，提高组织力。高校基层党支部应加强组织建设，建立健全的党组织体系和工作机制，明确工作职责和要求，确保党支部工作有序开展。同时，应加强党员队伍建设，严格党员管理，提高党员素质和组织纪律性。

3. 强化政治意识，坚定政治立场。高校基层党支部应强化政治意识，始终保持政治上的清醒和坚定，确保党支部工作始终沿着正确的方向前进。坚定政治信仰，就是要坚持用党的科学理论武装头脑，坚定执行党的政策路线，坚决站稳政治立场，坚持党性原则，坚决维护党的利益和形象。

4. 加强思想政治工作，提高政治领导能力。要树立党的一切工作到支部的鲜明导向，注重把思想政治工作落到支部。① 要认真学习马克思主义基本理论，特别是习近平新时代中国特色社会主义思想。学会运用马克思主义立场、观点和方法观察和解决问题，把理想信念建立在对科学理论的理性认同上，建立在对历史规律的正确认识上。教育引导广大师生解决好世界观、人生观、价值观这个总开关问题，自觉做共产主义远大理想和中国特色社会主义共同理想的坚定信仰者和忠实践行者，立志肩负起中华民族伟大复兴的时代重任。

5. 加强制度建设，完善政治领导机制。高校基层党支部应加强制度建设，建立健全的政治领导机制和工作制度，明确工作流程和规范。同时，应加强对制度执行情况的监督和考核，确保制度得到有效执行。

6. 创新工作方式方法，提高政治领导效能。高校基层党支部应创新工

---

① 关于推进“两学一做”学习教育常态化制度化的意见［M］. 北京：人民出版社，2017：13.

作方式方法，积极探索适应时代发展的新途径和新手段。例如，可以利用互联网和新媒体平台开展宣传教育、组织活动等工作，提高工作效率和影响力。

7. 营造良好氛围，促进政治生态建设。基层党支部应营造良好的政治氛围和文化氛围，促进政治生态建设。通过加强宣传教育、开展主题活动等形式，引导党员树立正确的价值观和道德观念。同时，要加强对不良风气的监督和整治，营造风清气正的政治生态。

总之，提升高校基层党支部政治领导力是一项长期而艰巨的任务，需要党支部全体成员共同努力。通过强化理论武装、坚持正确的政治方向、加强制度建设、创新工作方式等策略的落实以及注重思想教育、加强组织建设、强化实践锻炼等方法的实施，可以有效提升高校基层党支部的政治领导力。这将有助于推动高校党建工作的深入开展，为培养德智体美劳全面发展的社会主义建设者和接班人提供坚实保障。

二、提升高校基层党支部组织覆盖力的策略与方法

提升基层党支部组织覆盖力，就是要推动党的组织有效嵌入各类社会基层组织，党的工作有效覆盖各类社会群体，为坚持和落实党的领导、发挥基层党组织战斗堡垒作用和党员先锋模范作用奠定坚实基础。提升高校基层党支部组织覆盖力是高校党建工作的重要目标之一，旨在扩大党支部的组织和影响力，推动党的方针政策和决策部署在高校得到更好的贯彻落实。针对高校基层党支部组织覆盖力存在的问题，提出以下策略与方法。

1. 加强组织建设，完善组织体系。高校基层党支部应加强组织建设，建立健全的组织体系，确保党的组织和工作全覆盖。要完善组织架构，明确工作职责，规范工作流程，确保各项工作有序开展。同时，要注重培养优秀党员骨干，选拔有能力、有担当、有作为的干部担任领导职务，提高党支部的组织力和战斗力。

2. 创新组织形式，激发组织活力。高校基层党支部应创新组织形式，打破传统模式，建立适应时代发展的新型组织体系。可以根据实际情况，

采取多种形式的组织形式，如“教师党支部+科研团队”“学生党支部+社团组织”等，促进党的工作与高校中心工作深度融合。同时，要注重利用现代信息技术手段，建立网络化、信息化、智能化的新型党组织，提高工作效率和覆盖面。

3. 注重工作创新，提高工作效率。高校基层党支部应注重工作创新，不断探索适应时代发展的新思路、新方法、新手段。要创新工作内容和方式，注重实际效果和影响力，提高工作效率和质量。同时，要注重利用新媒体等现代信息技术手段，拓展工作渠道和平台，扩大党组织的覆盖面和影响力。

4. 强化服务意识，全心全意为师生服务。高校基层党支部应强化服务意识，坚持以人为本，全心全意为师生服务。要深入了解师生的需求和困难，积极为师生排忧解难，增强师生的获得感和幸福感。同时，要注重引导师生参与社会实践和志愿服务等活动，增强师生的社会责任感和奉献精神。

5. 积极参与社会实践，增强社会责任感和使命感。高校基层党支部应积极参与社会实践，增强社会责任感和使命感。可以通过开展志愿服务、社会调查、文化交流等活动，引导师生关注社会问题，积极参与社会建设。同时，要注重加强与社会的联系和互动，拓展党的工作领域和平台，提高党组织的外部影响力和社会认可度。

6. 加强培训和教育，提高党员素质和能力。高校基层党支部应加强对党员的培训和教育，提高党员素质和能力。可以通过开展党课、讲座、培训班等形式，加强对党员的理论武装和其实践能力培养。同时，要注重加强对党员的思想教育和政治引导，增强党员的组织观念和纪律意识。

7. 建立健全的考核评价机制，激发党员积极性和创造力。高校基层党支部应建立健全的考核评价机制，对党员的工作表现进行全面、客观、公正的考核评价。通过对考核评价结果的运用，激励党员发挥模范带头作用，激发其积极性和创造力。同时，要加强对考核评价结果的反馈和指导，帮助党员认识不足、改进提高。

综上所述，提升高校基层党支部组织覆盖力需要从多方面入手。通过加强组织建设、创新组织形式、注重工作创新、强化服务意识、积极参与社会实践、加强培训和教育以及建立健全的考核评价机制等策略和方法的实施，可以有效提升高校基层党支部的组织覆盖力。这将有助于推动高校党建工作的深入开展，为培养德智体美劳全面发展的社会主义建设者和接班人提供坚实保障。

三、提升高校基层党支部群众凝聚力的策略与方法

提升基层党支部群众凝聚力，就是要使基层党支部深深植根于社会基层组织和广大人民群众之中，坚持党的根本宗旨不动摇，贯彻党的群众路线不偏离，把党的主张变成群众的自觉行动，组织引领群众听党话、跟党走。提升高校基层党支部群众凝聚力是高校党建工作的重要目标之一，要牢固树立群众观念，加强马克思主义群众观教育，引导基层党支部和党员干部站稳群众立场，增强党支部的群众基础，提高师生对党支部的信任和支持。针对高校基层党支部群众凝聚力存在的问题，提出以下策略与方法。

1. 强化思想引领，坚定理想信念。高校基层党支部应加强对师生的思想引领，引导他们坚定理想信念，增强“四个意识”、坚定“四个自信”、做到“两个维护”。要深入开展对中国特色社会主义和中国梦的宣传教育，弘扬社会主义核心价值观，提高师生的政治觉悟和思想认识。通过思想引领，增强师生的政治认同和情感认同，为提升群众凝聚力打下坚实的思想基础。

2. 加强群众工作，深入了解群众需求。高校基层党支部应加强群众工作，通过多种形式和渠道了解师生的需求和困难，关注师生的切身利益。同时，应深入基层，与群众保持密切联系，及时掌握群众的思想动态和诉求。通过加强群众工作，深入了解群众需求，提高师生对党支部的信任和支持。

3. 强化服务意识，提高服务能力。高校基层党支部应强化服务意识，

始终坚持服务师生、服务发展的宗旨。通过多种形式和渠道了解师生的需求和困难，及时进行引导和帮助。同时，应提高服务能力，积极拓展服务内容和形式，满足师生的实际需求和发展需要。通过强化服务意识、提高服务能力，增强党支部的凝聚力和影响力。

4. 加强宣传教育，提高师生政治觉悟。高校基层党支部应加强对师生的宣传教育，深入宣传党的路线方针政策和决策部署，提高群众的政治觉悟和思想觉悟。同时，应加强对师生的思想政治教育，引导他们树立正确的世界观、人生观和价值观。通过加强宣传教育，提高群众政治觉悟，增强党支部的凝聚力和影响力。

5. 加强组织建设，提高组织力。高校基层党支部应加强组织建设，建立健全的党组织体系和工作机制，明确工作职责和要求，确保党支部工作有序开展。同时，应加强党员队伍建设，严格党员管理，提高党员素质和组织纪律性。通过加强组织建设，提高组织力，增强党支部的凝聚力和影响力。

6. 加强党风廉政建设，树立良好形象

高校基层党支部应加强党风廉政建设，树立良好的形象和风气。要加强对党员的教育和管理，严格遵守党的纪律和规定。同时，要加强对权力的监督和制约，防止权力滥用和腐败现象的发生。通过加强党风廉政建设，增强师生的信任感和认同感，提高党支部的群众凝聚力和号召力。

7. 创新工作方式方法，增强工作实效性。高校基层党支部应创新工作方式方法，积极探索适应时代发展的新途径和新手段。例如，可以利用互联网和新媒体平台开展宣传教育、组织活动等工作，提高工作效率和影响力。同时，应加强对群众工作的研究和探索，不断改进和优化工作方式方法，增强工作实效性。

总之，提升高校基层党支部群众凝聚力需要从群众工作、服务意识、宣传教育、组织建设和方式方法创新等方面入手。通过加强群众工作、强化服务意识、加强宣传教育、加强组织建设和创新工作方式方法等措施的实施，可以增强党支部的群众基础和凝聚力，推动高校事业的发展。

四、提升高校基层党支部社会号召力的策略与方法

提升基层党支部社会号召力，就是要发挥基层党支部的组织优势、组织力量、组织功能，做好组织群众、宣传群众、凝聚群众、服务群众的工作，最大限度地把群众组织起来，最广泛、最有效地动员一切力量，把中国特色社会主义的制度优势充分发挥出来。提升高校基层党支部社会号召力是高校党建工作的重要目标之一，旨在增强党支部的社会影响力，引领和推动社会进步。针对高校基层党支部社会号召力存在的问题，提出以下策略与方法。

1. 加强思想引领，发挥社会主义核心价值观的引领作用。高校基层党支部应加强对师生社会主义核心价值观的培育和践行，引导师生树立正确的价值观念和道德观念。同时，应积极宣传党的理论和路线方针政策，提高师生的思想觉悟和政治素养，增强党支部的思想引领力。

2. 积极参与社会实践，增强社会责任感。高校基层党支部应积极参与社会实践，组织师生参与志愿服务、社会调查等活动，增强师生的社会责任感和奉献精神。同时，应引导师生关注社会发展，为推动社会进步贡献力量，增强党支部的社会影响力。

3. 加强对外交流合作，扩大社会合作范围。高校基层党支部应加强对外交流合作，与其他高校、企事业单位、社会组织等建立合作关系，共同开展学术研究、文化交流和社会服务等活动。通过加强对外交流合作，扩大党支部的社会合作范围，增强党支部的社会号召力。

4. 创新宣传方式，提高社会知名度。高校基层党支部应创新宣传方式，利用互联网、新媒体等渠道，加强对党支部的宣传和推广。例如，可以制作宣传视频、微信公众号文章等，向社会展示党支部的成果和风采。通过创新宣传方式，提高党支部的社会知名度，增强党支部的社会号召力。

5. 建立健全的激励机制，激发师生的积极性和创造力。高校基层党支部应建立健全的激励机制，鼓励师生积极参与社会实践、志愿服务等活

动，激发他们的积极性和创造力。同时，应加强对优秀师生的表彰和奖励，树立榜样和标杆，引导师生向先进学习，增强党支部的感召力。

6. 加强与社会组织和团体的联系与合作。高校基层党支部可以与社会组织、团体等建立联系与合作关系，共同开展各类公益活动和社会服务项目。通过与社会组织和团体的合作，不仅可以提高党支部的社会影响力，还可以共同推动社会发展和社会进步。

7. 注重培养和引导积极分子的发展。高校基层党支部应该注重培养和引导积极分子的发展，加强对入党积极分子的培养和教育。通过举办培训、讲座等活动，提高积极分子的政治觉悟和组织纪律性。同时，党支部还应该加强对积极分子的引导和管理，激发他们的政治热情和社会责任感。

总之，提升高校基层党支部社会号召力需要从思想引领、社会实践、对外交流合作、宣传方式创新、激励机制建立、与社会组织和团体的联系与合作以及对积极分子的培养和引导等方面入手。通过这些措施的实施，可以增强党支部的社会影响力，引领和推动社会进步。同时，也有助于提高高校的社会声誉和影响力，推动高校事业的发展。

五、提升高校基层党支部发展推动力的策略与方法

提升基层党支部发展推动力，就是要坚持改革发展推进到哪里，党的基层组织就跟进到哪里，将基层党组织的组织资源转化为推动发展资源，组织优势转化为推动发展优势，组织活力转化为推动发展活力。基层党支部组织能力强不强，抓重大任务落实是试金石，也是磨刀石。① 提升高校基层党支部发展推动力是高校党建工作的重要目标之一，旨在增强党支部的发展动力和创新能力，推动高校事业持续发展。针对高校基层党支部发展推动力存在的问题，提出以下策略与方法。

1. 加强组织建设，提高组织执行力。高校基层党支部应加强组织建

---

① 习近平．在全国组织工作会议上的讲话［M］．北京：人民出版社，2018：14.

设，建立健全的党组织体系和工作机制，明确工作职责和要求，确保党支部工作有序开展。同时，应提高组织执行力，加强对党员的管理和监督，确保各项决策部署得到有效执行。通过加强组织建设和提高组织执行力，为党支部的发展提供有力保障。

2. 强化创新意识，激发创新活力。高校基层党支部应强化创新意识，鼓励党员勇于尝试新的思路和方法，推动党支部工作的创新和发展。同时，应营造良好的创新氛围和文化，激发党员的创新意识和创造力。通过创新实践，推动党支部工作的创新和发展，增强党支部的发展推动力。

3. 加强学习培训，提高党员素质。高校基层党支部应加强学习培训，提高党员的理论水平和实践能力。通过举办培训、讲座等活动，帮助党员掌握新知识、新技能，提高他们的综合素质和创新能力。同时，应注重培养党员的学习习惯和学习能力，鼓励他们不断学习和进步。

4. 加强实践探索，积累发展经验。高校基层党支部应加强实践探索，积极参与各类实践活动和社会服务项目，积累发展经验。通过实践探索，发现和解决问题，总结经验教训，不断完善和优化党支部工作。同时，应注重实践成果的总结和推广，发挥先进典型的示范引领作用。

5. 加强资源整合，优化发展环境。高校基层党支部应加强资源整合，充分利用各种资源为党支部的发展提供支持。例如，可以利用校内外的人才、资金、技术等资源，加强与相关部门的合作与交流，实现资源共享和优势互补。同时，应优化发展环境，为党员的成长和发展提供良好的条件和平台。

6. 建立健全的考核评价机制，激发发展动力。高校基层党支部应建立健全的考核评价机制，对党支部的各项工作进行科学、合理的考核评价。根据考核评价结果，及时发现问题和不足，提出改进措施和建议。同时，应注重激发党员的发展动力和积极性，鼓励他们为党支部的发展贡献力量。

7. 注重人才培养，加强后备力量建设。高校基层党支部应注重人才培养，加强后备力量建设。通过选拔优秀人才、培养积极分子等措施，为党支部的发展提供人才支持。同时，应加强对年轻党员的培养和教育，提高他们的政治觉悟和组织纪律性。通过人才培养和后备力量建设，为党支部的发展注入新的活力和动力。

总之，提升高校基层党支部发展推动力需要从组织建设、创新意识、学习培训、实践探索、资源整合、考核评价机制、人才培养和后备力量建设等方面入手。这些措施的实施，可以增强党支部的发展动力和创新能力，同时，推动高校事业持续发展。

六、提升高校基层党支部自我革新力的策略与方法

提升基层党支部自我革新力，就是要以正视问题的自觉、以刀刃向内的勇气、以改革创新的精神，着力解决自身建设中存在的突出问题，推动基层党支部和党员干部自我净化、自我完善、自我革新、自我提高。提升高校基层党支部自我革新力是高校党建工作的重要目标之一，旨在激发党支部的内在活力和创新精神，推动党支部工作不断向前发展。针对高校基层党支部自我革新力存在的问题，提出以下策略与方法。

1. 加强思想引领，树立创新意识。高校基层党支部应加强对党员的思想引领，引导他们树立创新意识，勇于突破传统思维和框架的束缚。同时，应鼓励党员积极探索新的工作思路和方法，推动党支部工作的创新和发展。通过思想引领和创新意识的树立，激发党支部的自我革新力。

2. 建立健全的制度体系，保障自我革新。高校基层党支部应建立健全的制度体系，为党支部的自我革新提供制度保障。例如，可以制定创新奖励制度、容错纠错机制等，鼓励党员勇于尝试和探索新的工作方式和方法。同时，应加强对制度执行情况的监督和检查，确保各项制度得到有效执行。

3. 加强学习培训，提高创新能力。高校基层党支部应加强学习培训，提高党员的理论水平和业务能力。通过举办培训、讲座、研讨会等活动，帮助党员掌握新知识、新技能，提高他们的综合素质和创新能力。同时，应注重培养党员的学习习惯和学习能力，鼓励他们不断学习和进步。

4. 加强实践探索，积累创新经验。高校基层党支部应加强实践探索，积极参与各类实践活动和社会服务项目，积累创新经验。通过实践探索，发现和解决问题，总结经验教训，不断完善和优化党支部工作。同时，应注重对实践成果的总结和推广，发挥先进典型的示范引领作用。

5. 营造创新氛围，激发创新活力。高校基层党支部应营造良好的创新氛围和文化，激发党员的创新意识和创造力。通过举办创意征集、创新竞赛等活动，鼓励党员发挥想象力和创造力，提出新的工作思路和方法。同时，应尊重和保护党员的创新成果，建立创新成果转化机制，推动创新成果的落地和转化。

6. 加强反思总结，持续改进提升。高校基层党支部应对党支部工作进行全面深入的分析和总结，发现问题和不足，提出改进措施和建议。通过反思总结，不断优化和改进党支部工作，推动自我革新和发展。同时，应注重总结成功经验和做法，形成可复制可推广的工作模式和经验。

7. 加强监督评价，促进自我革新。高校基层党支部应建立健全的监督评价机制，对党支部的自我革新工作进行科学、合理的监督评价。根据监督评价结果，及时发现问题和不足，提出改进措施和建议。同时，应注重发挥监督评价的激励作用，鼓励党员积极参与自我革新工作，促进党支部工作的持续发展。

总之，提升高校基层党支部自我革新力需要从思想引领、制度保障、学习培训、实践探索、氛围创新、反思总结、监督评价等方面入手。这些措施的实施，可以激发党支部的内在活力和创新精神，推动党支部工作不断向前发展。同时，也有助于提高高校的社会声誉和影响力，推动高校事业的发展。

第五章

高校基层党支部组织力建设案例分析与实践探索

综述："三力"筑堡垒　党建引领促发展

2022 年 3 月北京信息职业技术学院（北京市电子工业党校）马克思主义学院党支部成功入选第三批"全国党建工作样板支部"培育创建单位，建设周期为两年。在学校党委的坚强领导下，马克思主义学院党支部全面落实教育部党建示范创建和质量创优建设要求，以强化政治建设、突出问题导向、提升党建质量、推动事业发展为宗旨，落实立德树人的根本任务，服务支撑学校"三全育人"；以标准化建设为牵引，以提升组织力为着力点，以创新基层党建工作方法为建设重点，促进党建工作与学校事业深度融合。

一、建设目标

深入学习贯彻党的二十大精神和关于加强高校党建工作的重要论述，贯彻落实第二十七次全国高校党的建设工作会议精神，落实《中国共产党普通高等学校基层组织工作条例》《中国共产党党员教育管理工作条例》，依据新时代党的建设总要求和新时代党的组织路线，强化党对高校的全面领导，增强高校基层党组织政治功能，推进党建工作和学校事业发展深度融合。党支部将重点围绕"双创"工作重点任务指南，以强化政治建设、突出问题导向、发挥典型示范、提升党建质量、推动事业发展为宗旨，落实立德树人的根本任务，发挥教育管理监督党员和组织宣传凝聚服务师生员工的作用；坚持质量抓标准，以标准化建设为牵引，以提升组织力为着力点，创新活动方式，增强党员队伍的生机活力；以严格“三会一课”、创新基层党建工作方法为建设重点，注重实效做出特色，促进党建工作规范化、科学化。按计划分步骤开展培育创建工作，为同类院校提升基层党建质量和水平提供参考和借鉴，为高校基层党支部全面进步、全面过硬发挥示范引领作用。

结合高职院校特点，坚持问题导向，重点从提升政治领导力、提升群众凝聚力和提升发展推动力三方面着手，提升基层党建组织力。

二、建设任务

（一）提升政治领导力建设

丰富“三会一课”学习组织形式，利用全国各地，特别是京津冀地区优质党建教育资源和“微时代”党建新特点，构建“互联网+”背景下党建教育新模式，打造“线上线下、两地两网”生动的党建理论学习阵地。线下“两地”是指开发和整理革命传统和爱国主义红色教育基地及反腐倡廉教育基地资源，为基层党组织提供学习实践场所指南，在党员、群众及学生中广泛弘扬植根包括红船精神、井冈山精神、长征精神、延安精神、西柏坡精神、大庆精神、“两弹一星”精神等在内的共产党人精神谱系，体现社会主义核心价值观的思想灵魂。线上“两网”包括两方面工作。一是努力做到支部建在网上，党员连在线上，打造网上党支部建设。二是依托我校校园网、“学校在线”教育教学平台，打造线上党员学习阵地，建设开发“党建与思政”数字展馆建设项目；牢牢掌握党对意识形态的领导权，创建微时代基层党支部微信公众号实用运营指南，推动党支部成为宣传党的主张、贯彻党的决定、团结动员群众、推动改革发展、传播社会文明进步、传递校园精神文化的坚强阵地。

1. 理论研究赋能党支部政治领导力建设。马克思主义学院党支部在样板党支部培育创建过程中，围绕党支部政治领导力建设开展多方位理论研究，为提升政治领导力建设提供理论支撑。

聚焦党支部组织力建设理论和实践研究。2022 年度，在学校党委的支持下，北京信息职业技术学院成立马克思主义学院党建研究中心和党建样本支部建设工作室，发挥科研引领作用，由党支部书记主持的基层党建课题《高职院校基层党支部自身组织力自诊量表的研制及实效性预期研究》获得校级课题评审二等奖。在提升基层党建组织力，特别是坚持问题导向，突出从提升政治领导力、提升群众凝聚力和提升发展推动力三方面着手开展的理论和实践探索取得积极成果，公开发表研究成果论文 5 篇，为有效促进基层党建工作与学校事业深度融合方面提供借鉴和参考。

聚力“红色电子文化”理论和实践研究。“红色电子文化”建设是样板党支部建设的重要成果之一。马克思主义学院聚力“红色电子文化”，开展了一系列的理论研究和实践应用探索。多次组织不同规模的红色电子文化研讨会，深入挖掘和研究红色电子文化，在校内外产生了一定的影响。由马克思主义学院申报的“红色电子文化融入高职思政课教学模式研究”获批校级重点课题立项；2022 年 3 月获批中国职业技术教育学会党建研究会课题“高职院校红色电子文化育人模式研究”（课题编号：DJ202217）立项并已顺利通过验收。2022 年 7 月，成立了红色电子文化研究工作室，专门负责研究红色电子文化融入思政课的教学实践探索，逐渐形成了特色鲜明、系统完善的课程体系，研究成果进一步转化为教学资源应用于思政课教学。2022 年 7 月暑期，课题组教师与 19 名学生组建了寻访红色电子足迹小队，并作为学校重点项目推荐参加了 2022 年“青年服务国家”首都大中专学生暑期社会实践活动。

探索习近平新时代中国特色社会主义思想“三进”工作的全要素模式。作为马克思主义中国化最新成果，习近平新时代中国特色社会主义思想是全面建设社会主义现代化国家、全面实现中华民族伟大复兴的行动指南，高职院校习近平新时代中国特色社会主义思想“进教材、进课堂、进头脑”（以下简称“三进”）工作的有效开展具有重要现实意义，也是样板支部建设中加强政治领导力的一项重要研究成果，是学校重点立项课题。立项从教材建设、课堂教学、第二课堂、社会实践、党政管理、线上活动六个有效实践路径出发，进而在实践路径的基础上形成了学校党政合动、师生互动、内外联动、上下融动、评改复动、同向同行六方面的机制，最终在机制建设的基础上形成了“三进”工作的全要素模式，为学校立德树人“大思政”格局建设奠定了坚实基础，发表研究成果论文5篇，为学校出台《北京信息职业技术学院（北京市电子党校）“三进”工作实施方案》提供决策支撑。

马克思主义学院党建研究中心建设是样板支部建设的任务之一，自2022年秋季学期成立以来，紧密围绕“双创”工作重点任务，不断促进党建工作规范化、科学化，为提升组织力注入活力。研究中心发挥理论学科和师资队伍优势，在建设期间取得了丰富的建设成果，获批多项省部级课题及校级重点课题，其中教育部人文社科专项研究课题1项、中国职教会党建工作委员会立项课题1项、市委党校重点调研课题1项、市委党校重点调研课题结题2项、北京市“十四五”规划课题1项、北京市电控党建创新立项1项、校级重点及一般课题多项立项，为学校党的建设研究提供智力支撑。同时发挥名师的作用，为学校科研课题开题提供辅导讲座。发挥“传帮带”作用，促进青年教师教科研能力的提升。

2. 数字赋能党支部政治领导力建设。随着新一代信息技术的迅猛发展，党的建设和信息技术融合成为时代课题，结合学校特点和优势，党支部严格按照新时代高校党建示范创建的要求，坚持立德树人根本任务，着力发挥政治引领作用，积极探索智慧党建的多种方式，并取得丰硕成果。

创新党建教育新模式，完成“马克思主义学院资源云平台”建设项目，利用平台开发了“党建园地”。校园数字“党建园地”分为六大板块：京津冀爱国主义教育基地、京津冀廉政教育基地、习近平系列重要讲话数据库、党支部工作规范和党支部工作流程图等。其中，习近平系列重要讲话数据库收集了人民网汇编的涵盖政治、社会、文化、生态、党建等七大领域的习近平总书记系列讲话内容，为党员教师们加强党性修养、学习贯彻习近平新时代中国特色社会主义思想提供了丰富的思想理论资源。

数字赋能新时代基层党建，完成“党建与思政数字展馆”建设项目。马克思主义学院党支部充分利用数字化资源，强化数字赋能，提升基层党建智慧化精细化水平，将数字技术引入样板党支部建设，为全校师生全面、立体学习党的光辉历程和党建文化提供了一个崭新的云端平台。

3. 新媒体赋能党支部政治领导力建设。高校宣传思想工作承担着为中国特色社会主义事业培养合格建设者和接班人的神圣使命，要牢牢把握意识形态工作主导权，强化理论武装、着眼铸魂聚力，基层党建工作必须准确把握新形势和总体要求，认识新常态、适应新常态、引领新常态。党支部在实践中积极探索新时代宣传思想工作的有效途径，推出“新媒体运营指南”，有效助推党支部学习教育效果的实现，有助于二级学院党团组织、教育教学队伍、团队组织文化建设、家校互通交流、外树学院形象等方面的快速融合与发展，通过对网络新媒体的使用，发挥其在师生意识形态引领方面的重要作用，也促进了学习型、服务型、创新型党支部的建设。党支部总结提炼形成二级学院官方微信运行使用指南，为各二级学院的宣传思想工作提供借鉴。更好地推动和促进新媒体在宣传党的政策主张、坚持立德树人为根本、服务学校中心工作、加强师生社会主义核心价值观教育引领、促进部门间融合发展、传递榜样精神等方面都发挥出积极作用。

（二）提升群众凝聚力建设情况

密切联系群众，向群众宣传党的政策，了解群众对党员、党的工作的批评和意见，了解群众诉求，维护群众的正当权利和利益，做好群众的思想政治工作，凝聚广大群众的智慧和力量，打造符合职业院校特点的“双带”工作格局。“双带”指“党建带群建”及“党建带团建”工作，确保做到党的工作覆盖全体师生。党建带群建，依托党委和工会力量，在基层党支部中探索党小组与工会小组共建，通过关爱帮扶机制、“心连心一家亲”、我与时代共成长、学生最喜爱的“四有”好老师评选、思政课教师与各院系结对共建等系列举措，在大学生思想政治教育、思政课程与课程思政同向同行方面发挥推动作用；党建带团建，依托各级党组织、马克思主义学院、共青团、学生处、党建与思政研究会等力量，探索基层党支部与团支部共建，通过青年业余党校、形势政策宣讲团、红色社团文化活动、红色暑期社会实践活动等长效机制的建立，推动党的工作覆盖全体学生。

1. 以党建带群建提升基层党建组织力。构建“党建带工建”双长效机制，激发党员先锋模范作用的发挥。通过多年党支部建设实践探索，建立起“合格党员任务清单”长效机制、党小组组长兼任工会小组长双长效机制，并在校内及系统内进行经验推广；构建“关爱帮扶”长效机制，凝心聚力推动发展。坚持党的群众路线，全心全意为师生服务，工作走在群众前面，努力做到让师生群众满意；构建“党建带团建”长效机制，落实立德树人根本任务。以党建带团建，探索实施构建“二级学院党员兼任班级思政辅导员”“思政教师兼任各二级学院思政辅导员”的长效机制，是落实立德树人根本任务，发挥党支部的思想引领作用和党员的先锋模范作用而开展的一项有益措施；加强党建与思想政治教育队伍建设。凝聚思想政治教育合力，提升育人质量和工作水平，组建马克思主义学院党建与思政研究中心、辅导员理论研学服务中心等，是新时期遵循工作规律，加强党建与思政队伍建设，形成思想政治教育合力的一项有力措施。

2. 服务“三全育人”，党支部创新实践“六步工作法”。党支部在服务学校大思政格局的构建中，探索实践党支部思想引领“六步”工作法，构建了结对共建、理论提升、资源开放、业余党校、学习培训、主题活动六项服务机制，为学校“三全育人”工作格局构建提供强大思想、政治和组织保障。2023 年度该工作法获评北京电控优秀党支部工作法。

3. 建立“校领导”讲思政课长效机制。校领导讲思政课是新时期加强党对思政课的全面领导，全面推动立德树人根本任务落实，加强思想政治理论课改革创新的一项重要战略举措，学校党委高度重视，形成党委领导班子与思政课教师“同备课、同上课、同听课、同研讨、同交流”的协同育人长效机制，全体校领导每学期均走进课堂为大学生讲授“形势与政策课程”。

4. 创新“四史”教育的“五个一”立体化教育模式。为进一步落实中共中央“四史”教育的重要指示批示精神，以思政课建设的“八个相统一”要求为遵循，党支部充分发挥战斗堡垒作用，发挥思想政治理论课主渠道作用，探索创新“五个一”立体化教育模式，加强对师生的价值塑造和思想引领。经过近年来的创新与实践，逐步形成了理论与实践相结合，融合线上与线下、校内与校外有机统一的“五个一”立体化教育模式。

（三）提升发展推动力方面

开展党建工作评价体系研究，通过“亮身份、树榜样、做先锋、聚民心”系列品牌项目建设，激励党员立足岗位建功立业。在亮身份、树标准、践承诺中唤醒党员意识；在新时代“四有”好老师先锋示范岗评选活动中激发党员自觉；在“聚民心 解民意”谈心谈话活动和志愿服务中凝聚群众，赢得群众信任。结合深入高职院校的调研及实施方案的经验，探索适合高职院校的党员积分制评价的一般办法和不同类型的党支部的评价标准和评价方式，形成“以积分制管理提升高职院校基层党支部组织力的途径和方法”的成果。通过对实验对象的评价对比分析，完善高职院校基层党支部组织力的评价标准。

1. 探索实施党员积分制管理，不断提升发展推动力。多年来探索以“先锋引领工程、担当奉献工程、凝心聚力工程”为支撑的党建工作体系及党员评价研究，其中党员积分制管理的实施，为不同类型的党支部提升发展推动力提供量化考核解决方案，党支部党建创新立项《高职院校基层党支部党员积分制管理模式研究》在中国共产党成立100周年之际，入选北京电控十大优秀党建创新项目。

2. 发展推动力水平不断提升，取得积极成效。坚强有力的党支部是学校高质量发展的强力“助推器”，充分发挥党员的先锋模范带头作用，不断激发党员投身学校特高校建设事业的积极性、主动性和创造性，在思想政治理论课改革创新中展现新作为，彰显新担当。2022年度党支部获得学校先进党支部称号；2023年马克思主义学院党支部获得北京电控优秀基层党组织称号；教师团队屡创佳绩，以学校特高校建设为契机，教学改革取得丰硕成果。完成课程体系、教学体系与教学模式的建设，为学校五育并举育人体系及“四位一体”课程集群建设提供强大支撑。2022年度，先后获得北京市教学成果奖一等奖1项，校级教学成果奖2项；国家级在线精品课程1门，北京市职业教育在线精品课程2门并入选国家智慧教育平台、北京市学分银行优质在线通识课程；连续3年荣获北京市职业技能大赛教师教学能力比赛一等奖；荣获全国第六届大学生讲思政课一等奖2项；荣获北京市“挑战杯”大学生创新创业大赛金奖；培养北京市青年骨干教师2名；获批多项国家级及市级课题。在学校教学创新团队、互动课堂50强、优质课评选中都名列前茅。

3. 开展东西部帮扶，自觉担负起党和人民赋予的时代重任。连续4年助力脱贫攻坚，为新疆石河子工程职业技术学院、新疆生产建设兵团第三师图木舒克职业技术学校开展远程思政课教学，累计授课442学时，获益学生达万人次。援疆任务自启动以来，得到了教育部教师工作司、新疆兵团教育局的一致肯定。2021年7月接受中国教育电视台《梦开始的地方》专栏采访，重点介绍了新疆远程授课帮扶案例。2021年起，学校获批教育部教师工作司“东西协作帮扶平台建设研究”立项，党支部依托名师工作室，为帮扶地区提供精品课资源、线上教研、远程直播授课，获益教师已超过五千人次。项目实施4年以来，与帮扶地区实现了从“协作帮扶”到“携手发展”的过渡。

三、发挥辐射带动作用

在样板支部建设过程中，党支部不断总结凝练成熟有效的党建工作机制体制，深入挖掘基层党建工作方法和典型案例，大力培育师生思想政治工作品牌和育人载体，形成可复制、可推广的典型经验。

（一）标志性成果

1. 提升政治领导力方面，注重理论研究与实践探索相结合，突出问题导向，为党支部政治领导力建设提供解决方案，依托党建工作载体和方法的创新实践，为提升政治领导力建设注入活力，使党支部成为教育、管理及监督党员的有力阵地。形成可推广的成果有《习近平新时代中国特色社会主义思想“三进”全要素模式创建》《弘扬伟大建党精神，创新“四史”教育模式》《“一三四”工作法：大力弘扬中国共产党人精神谱系》《党支部思想价值引领“六步工作法”：服务学校大思政工作格局》《“学思践悟”四步工作法：高校党史立德树人创新与实践 》《阶梯式育人法：传承校史文化 践行产业报国》《“4+2 双向互促”工作法：数字赋能党建与思想政治教育》《文化铸魂聚合力：新媒体助力师生精神文化阵地建设》《“立美育德”工作法：美育与思政融合育人》等。

2. 加强群众凝聚力建设方面，通过多年实践，已形成马克思主义学院服务学校发展的若干典型案例和工作法，努力实现党的工作覆盖全校师生，为党支部提升群众凝聚力提供解决方案，使基层党支部成为宣传师生、服务师生的有力阵地。形成可推广的成果有《“双带”工作法：推动党的工作覆盖全体师生》《“结对共建”法：激发全员干事创业的组织文化氛围》《“五协同”工作法：助力落实校领导讲思政课机制》《“5443”工作法：落实好党员谈心谈话制度》《“六字诀”工作法：思政研究中心引导教师躬耕教坛、创新科研》《“五用五帮”工作法：创建“导师工作室”打造高质量思政课堂》《青春向党 强国有我：探索中国式现代化历史进程中的青年先锋力量》《产业赋能 追光追梦：青年社会实践 探寻产业发展之路》《蓝天逐梦 红心向党：青年探寻航天精神密码》等。

3. 在加强发展推动力建设方面，激发党员干事创业的内生动力，探索党建工作体系建设及党员评价研究。其中党员积分制管理、星级党员评选等措施，为不同类型的党支部提升发展推动力提供量化考核解决方案，使党支部真正成为组织师生、凝聚师生的有力阵地。形成可推广的成果有《党员“积分制”管理法：以拼搏为美，向行动致敬》《“星级党员”评价法：锻造新时代党员先锋队伍》《“递进式”党建工作法：聚力高质量发展》《“361”工作法：把党建优势转化为发展动力》《“融会贯通”工作法：提升党支部参与决策与监督能力》《“五力三步”工作法：党建引领推进师德师风建设》《“1+4”工作法：助力党支部群众凝聚力建设》《东西部帮扶：攻坚克难 自觉担负起党和人民赋予的时代重任》等。

（二）辐射作用发挥

2022年7月学校党委安排党支部书记孙红梅录制样板支部建设专题宣传视频，在学校党建网“党建学习园地”中开展宣传，为全校党支部建设和发展提供经验借鉴和参考。2022年9月在来自北京市16所高职学院和20所中职院校的党务干部、基层党组织书记培训班上，做教育部第三批“全国党建工作样板支部”培育创建交流及基层党建工作经验交流。2022年12月，在北京高职院校党建育人研讨会上做样板支部建设的经验分享。2022年6月、11月期间，在学校组织进行国家双高校项目中期验收、北特高建设终期验收中，《党建样板开新局 踔厉笃行促发展：以组织力建设推进党建工作和学校事业发展深度融合》作为加强党的建设成果入选典型案例评审。2022年10月在马克思主义学院成立一周年总结大会上，党支部书记孙红梅向校领导及与会嘉宾汇报了样板支部建设进展情况，学校党委在听取汇报后，对样板支部一年来的建设成果予以肯定并提出建设性意见，要求党支部继续发挥好示范带动作用。2023年5月，以“高质量党建引领思政课高质量发展”为主题的全国高职高专院校马克思主义学院书记院长论坛在顺德职业技术学院举办。来自全国14个省、自治区、直辖市的高职院校马克思主义学院负责人和教师代表等100余人参加活动。我校马克思主义学院党支部作为全国第三批“样板支部”培育创建单位应邀参加了论坛并做经验交流。2023年7月11日前线客户端推送专刊《“三力”筑堡垒，党建引领促发展》的报道，介绍了北京信息职业技术学院马克思主义学院全国党建样板支部建设经验。2023年7月23日，教育部思政司“高校组织育人创新中心”（华中师范大学）微信公众号专期推送——“双创”风采，北京信息职业技术学院马克思主义学院全国党建样板支部建设经验。建设期间，在教育部思政网育人号“样板支部建设”专栏发表建设成果宣传报道36篇。

本章提供的“典型案例”和“工作法”是样板支部建设期间，建设团队梳理和总结近年来党支部建设经验的研究和实践成果，希望对同类高校党支部组织力建设有所启发和借鉴。

1. 党支部思想价值引领“六步工作法”：服务高校大思政工作格局

一、实施背景

（一）理论依据

党的二十大报告指出，“全面贯彻党的教育方针，落实立德树人根本任务，培养德智体美劳全面发展的社会主义建设者和接班人”①，为高校思想政治工作指明了方向，提供了根本遵循。习近平总书记指出，“要把立德树人融入思想道德教育、文化知识教育、社会实践教育各环节，贯穿基础教育、职业教育、高等教育各领域，体现到学科体系、教学体系、教材体系、管理体系建设各方面，培根铸魂、启智润心”②。

习近平总书记强调：“要用好课堂教学这个主渠道。”“其他各门课都要守好一段渠、种好责任田，使各类课程与思想政治理论课同向同行，形成协同效应。”③ 高校要善用“大思政课”的教育逻辑，因事而化、因时而进、因势而新，积极探索思想政治工作体系融入人才培养体系的方法路径，有力推动高校思想政治工作进入新阶段。

---

① 习近平．高举中国特色社会主义伟大旗帜 为全面建设社会主义现代化国家而团结奋斗：在中国共产党第二十次全国代表大会上的报告［M］．北京：人民出版社，2022：34.

② 国务院研究室编写组．十三届全国人大四次会议《政府工作报告》辅导读本（2021）［M］．北京：人民出版社，2021：319.

③ 习近平．习近平谈治国理政：第二卷［M］．北京：人民出版社，2017：378.

2016年12月，习近平总书记在全国高校思想政治工作会议上指出，“要坚持把立德树人作为中心环节，把思想政治工作贯穿教育教学全过程，实现全程育人、全方位育人，努力开创我国高等教育事业发展新局面”①。

“全程育人”涵盖高校育人的全过程，包括学校教育教学和学生在校成长成才两个部分。要充分利用和发挥好课堂教学的育人功能，“理直气壮”地开好思政课，推动理论思想政治课的改革创新。同时，注重其他课程的渗透，形成协同效应，充分挖掘各类课程教育教学中的隐性教育元素——思想政治教育，提高教师队伍整体素质。“全方位育人”涵盖高校育人的各种途径和有效资源，无论教学、管理还是服务，每一环节都要相互配合，优化育人环境，针对学生需求，全方位开展思想政治教育工作，培养德智体美劳全面发展的社会主义建设者和接班人。

（二）现实依据

2018年5月18日教育部办公厅印发了《关于开展“三全育人”综合改革试点工作的通知》，强调一体化构建内容完善、标准健全、运行科学、保障有力、成效显著的高校思想政治工作体系，形成全员全过程全方位育人格局，切实提高工作亲和力和针对性，着力培养德智体美全面发展的社会主义建设者和接班人，着力培养担当民族复兴大任的时代新人。② 为了更好贯彻落实教育部办公厅要求，依据《普通高等学校“三全育人”综合改革试点建设标准（试行）》，学校制定了《北京信息职业技术学院“三全育人”建设标准（试行）》文件，从组织领导、课程育人、科研育人、实践育人、文化育人、网络育人、心理育人、管理育人、服务育人、资助育人、组织育人、条件保障十二个指标出发，制定了详细全面的育人指标和推进“三全育人”工作具体的实施方案，切实提升育人能力、完善育人体系。

多年来党支部坚持以学校党建创新项目为依托，在提升基层党支部组

---

① 习近平．习近平谈治国理政：第二卷［M］．北京：人民出版社，2017：376.

② 教育部办公厅关于开展“三全育人”综合改革试点工作的通知［EB/OL］．中华人民共和国教育部官网，2018-05-05.

织力建设方面探索新路。开展了十余项党建创新项目，多项获得国资委优秀典型案例、北京电控党建精品创新立项及学校优秀党建创新项目。为加强和改进新形势下高校思想政治工作，落实学校“三全育人”工作要求，党支部发挥教学科研与宣传的组织优势和思想价值引领作用，创新实践“六步工作法”，为学校构建“三全育人”大思政格局发挥重要支撑作用，帮助师生深刻理解“两个确立”，不断增强“四个意识”、坚定“四个自信”、做到“两个维护”。

二、主要做法

（一）建立结对共建机制

党支部全体党员与教学院系结对共建，在价值引领、课程思政、主题教育、理论宣讲等方面为教学院系提供支持。在学校党建与思政年会上为全体思政教师颁发聘书，全部担任院系思想政治教育指导教师。牵头学校党委组织的“思政课程与课程思政同向同行协同育人”专题研讨会和课程思政建设，每学期与专业二级学院开展课程思政研讨和交流活动，为学校党课及二级学院党组织形势政策教育和党课教学等提供师资。

（二）构筑理论提升平台

依托学校党建与思政研究会，党支部组织师资力量每月面向全校组织主题理论与实践开放日活动，为党建与思政研究会成员提供理论学习交流平台。每月开设政策理论讲坛两讲，解读政策热点难点问题和形势政策导读；开展重要纪念日理论与实践开放日；通过理论讲解，提供学习课件，组织爱国主义教育基地及企业实地考察，为各党团组织和教学院系提供支持服务等。

（三）配备教材组织培训

形成育人合力。党支部每学期为全校党支部书记、团委书记、院系学工系统干部、辅导员等配备中宣部形势政策教材《时事报告》，帮助思想政治教育队伍提升政治理论素养和政策认知水平，同时为教师们参加有关培训学习的人提供帮助。

（四）开发共享资源空间

丰富教育手段，适应时代发展，满足师生学习需求。构建“互联网+”背景下党建教育新模式，打造“线上线下、两地两网”生动的党建理论学习阵地。党支部在“学校在线”开发建设丰富的思想政治教育资源，开辟一级栏目“党建园地”“思政课资源”“课程思政”“四史学习”“共抗疫情”“时事热点”“实践教学”等教育资源，同时提供1000册电子图书、1086期期刊，为35个专业群开发500余个课程思政案例等资源，并实时更新。

（五）提供全方位服务支撑

加强与各级党组织、宣传部、学生处、共青团、教学院系等部门的通力配合，发挥马克思主义学院师资队伍理论学科优势，为形势政策报告会、思政主题开放日、辅导员培训、业余党校培训、大学生思想政治类主题教育、共青团“青春榜样”评选、学生处大型活动讲座等提供师资，担任教学能力大赛评委、担任马列类社团指导教师、担任学生各类演讲征文比赛评委等。以庆祝中华人民共和国成立70周年为例，马克思主义学院与校团委合作开展“我和我的祖国”主题征文和演讲活动，思政教师通过课堂理论讲解为学生征文撰写提供指导并负责演讲比赛选拔，协助校团委共同举办“我和我的祖国”主题宣讲活动，抒发全校师生对伟大祖国的真挚情感，生动展现师生爱党、爱国、爱社会主义的良好精神风貌。

三、经验与成效

（一）形成长效机制，构建党支部思想引领“六步”工作法

以《高校思想政治工作质量提升工程实施纲要》所涵盖的“十大育人体系”为基础，学校学院推动落实大思政课育人功能，推动全体思政教师把工作的重心和目标落在育人成效上，切实打通“三全育人”的“最后一公里”，形成可转化、可推广的一体化育人制度和模式（见图5-1），逐步形成了六项服务机制，为学校“三全育人”工作格局构建提供强大的思想、政治和组织保障。

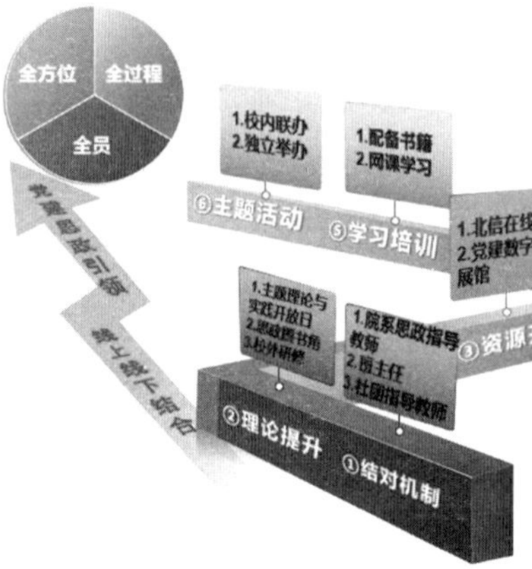

图 5-1 马克思主义学院服务“三全育人”格局“六步工作法”

（二）自觉承担起举旗帜、聚民心、育新人、兴文化、展形象的使命任务

高职院校作为我国高等教育的重要组成部分，不仅仅是传授专业技能的场所，更是弘扬社会主义先进文化、引领社会文化发展的重要阵地。习近平总书记指出：“做好新形势下宣传思想工作，必须自觉承担起举旗帜、聚民心、育新人、兴文化、展形象的使命任务。”① 为了更好地发挥示范引领作用，党支部在工作中始终坚持问题导向和目标导向相统一，紧密结合高校意识形态领域的实际情况，积极探索创新工作方式方法。通过组织开展形式多样的主题教育、理论宣讲、学术研讨等，不断加强对师生的思想引领和政治教育，为巩固马克思主义在高校意识形态领域的指导地位做出了积极贡献。同时，学院党支部还注重加强自身建设，不断提高支部党员的政治素质和业务能力。通过加强理论学习、开展党性教育、完善组织生活等方式，不断增强支部的凝聚力和战斗力，为推动高职院校大思政工作格局的构建提供了坚实组织保障，在凝聚群众力量、培养时代新人方面起到了重要作用。

① 习近平. 论党的宣传思想工作［M］. 北京：中央文献出版社，2020：339.

（三）有效提升党支部政治领导力，在同类院校中具有示范推广价值

学院通过“六步工作法”推动构建大思政教育协同育人格局，服务学校大思政工作格局，贯彻落实“三全育人”教育体系，依托充分的理论依据和现实基础，在党支部政治领导力建设方面取得了良好成效，在同类院校中起到了一定的示范作用，具有推广价值。先后在北京市职业教育党建研究会年会、中国电子教育学会院校思想政治教育分会上做经验分享，得到了与会院校的好评。

2. 弘扬伟大建党精神，创新“四史”教育模式

一、实施背景

教育部办公厅发布的《关于在思政课中加强以党史教育为重点的“四史”教育的通知》要求，将在思政课中加强以党史教育为重点的“四史”教育作为落实党中央重大决策部署的具体体现，充分发挥思想政治理论课主渠道作用。2020 年 12 月，中共中央宣传部、教育部印发《新时代学校思想政治理论课改革创新实施方案》，明确大学阶段要重点引导学生了解党史、新中国史、改革开放史、社会主义发展史。加强“四史”学习教育，是加快落实新时代立德树人根本任务的重要措施，也是新时代高职院校思想政治理论课（以下简称“思政课”）改革创新的一项重要任务。如何将“四史”教育有机融入思政课中，提升思政课的育人实效，是当下思政课教学改革创新需要突破的重点和难点问题。

党支部凝聚全体党员的智慧和力量，发挥骨干党员教师作用，弘扬伟大建党精神，探索“四史”教育的有效途径。工作中贯彻习近平总书记关于思政课“八个相统一”的工作要求，遵循学生认知规律和思政课的育人规律，积极探索以党史教育为重点的“四史”教育融入思政课教学的有效途径，经过近 4 年的创新与实践，逐步形成了理论与实践相结合，融合线上与线下、校内与校外有机统一的“五个一”立体化育人模式（见图 5-2）。“五个一”即一套贯穿教学全过程的“四史”教育实施方案、一个自主开发的“四史”选修课程群、一个开放共享的“四史”数字化资源平

台、一批线上线下“四史”素质教育基地、一批供大学生阅读的“四史”大学生读本。

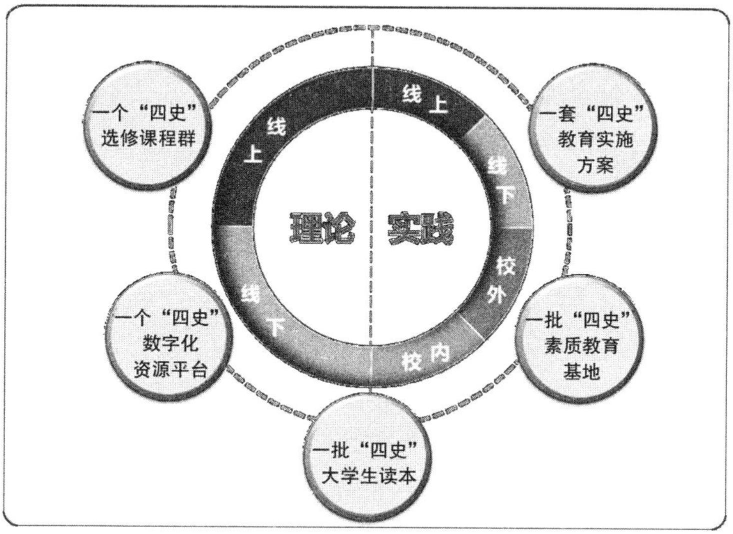

图 5-2 “五个一”立体化教学模式图

二、主要做法

（一）创建系列“四史”教育品牌

围绕党和国家中心工作和重大主题，结合高职院校学生的发展需求和专业特点，制订个性化“四史”教育实践活动实施方案，旨在增强大学生使命担当，引导学生矢志不渝听党话跟党走。①我校坚持理论性与实践性相统一，开展常态化、系列化的“四史”实践教学活动，将活动内容纳入实践教学计划，贯穿思政课教学全过程，并设置相应学时，计入学生学期考核成绩，学生可获得相应学分。经过多年的教育实践与探索，“四史”实践教学活动已成为深受学生喜爱的思想政治教育品牌项目。

① 关于深化新时代学校思想政治理论课改革创新的若干意见［M］．北京：人民出版社，2019：5.

1. “党史”教育品牌项目

习近平总书记指出：“党的历史是最生动、最有说服力的教科书。”① 为推动党的历史更好进教材、进课堂、进头脑，发挥好党史立德树人的重要作用，我校以重要时间节点和重大历史事件为契机，积极开展形式丰富的党史主题教育实践活动，帮助学生深刻理解中国共产党为什么“能”。

项目一：“奋斗百年路　启航新征程”主题实践教学活动。为庆祝中国共产党成立一百周年，进一步贯彻落实习近平总书记在党史学习教育动员大会上的重要讲话精神，帮助学生学史明理、学史增信、学史崇德、学史力行，我校以中国共产党诞辰这一重要纪念日为契机，坚持理论教育与实践教学相结合，创新活动组织形式，结合各学段特点及专业特色，设计实践教学方案，开展了理论讲授延视野、党史知识挑战赛、音影视频显真情、书画海报见红心、社会实践悟使命、红色电影育情怀等丰富的实践活动，并于七一前夕举办大型校园学生实践成果线上线下立体巡展，激发学生学习党史的热情，引导广大青年学生感受中国共产党走过的光辉历程、取得的伟大成就、积累的宝贵经验，用实际行动表达对党的热爱，向党的百年华诞献礼。

项目二：“众志成城、共克时艰——大学生在行动”主题实践活动。疫情之下，思政课的意义更为凸显，要把思政小课堂与社会大课堂结合起来，把握时代命题，讲好中国故事，用源于事实的理论，展现出中国共产党领导的组织优势，将党带领全国人民打响这场抗“疫”斗争的生动实践有机融入思政课。利用疫情防控时期开展线上授课，在“学校在线”开辟“思政课实践教学展示平台”，组织各班学生以小组为单位参加微视频制作实践活动，广大青年怀揣感恩之心、心怀爱国之情、笃行爱国之志，积极响应号召，广泛投身社区志愿服务，发挥自身专业优势助力疫情防控，利用书法创作、海报制作、诗歌朗诵等方式为“战‘疫’”注入精神力量。学生们的参与热情高涨，最终共收集学生微视频作品400余部，其中74部优秀微视频入选线上展示平台，学生点击量过万，极大地激发了学生们爱

① 习近平．在党史学习教育动员大会上的讲话［M］．北京：人民出版社，2021：2.

党爱国的赤子之心和使命担当。

2. “新中国史”教育品牌项目：“我和我的祖国”主题实践教学活动

以每年的国庆纪念日为教育契机，马克思主义学院与校团委通力合作开展“新中国史”的常态化学习教育活动，成了师生喜爱的校园品牌活动。在活动组织上，思想政治理论课教师负责课堂“新中国史”的理论讲解，通过课堂教学引导学生深入学习中国共产党领导中国人民进行社会主义革命、建设和改革的历史。同时，为学生参加主题征文及演讲活动提供理论指导，并负责演讲比赛的评选工作。在2019年——中华人民共和国成立70周年之际，马克思主义学院与校团委联合举办了“我和我的祖国”大型校园主题宣讲暨征文演讲活动，引导广大青年学生知史爱党、知史爱国，生动展现了师生们爱国情、强国志、报国行的时代风貌。学生们以讲故事的方式，用鲜活、生动的案例抒发对伟大祖国的真挚情感，从而产生强烈的情感共鸣和政治认同。

3. “改革开放史”教育品牌项目：“辉煌巨变——影像见证四十年”主题实践教学活动

2018年时逢改革开放40周年，为从40年历史征程中学习丰富的历史知识、汲取伟大的历史智慧、感悟党和国家取得的伟大成就，马克思主义学院注重将思想政治教育延伸到社会实践生活中，在社会大课堂中讲好“大思政”课，面向全校学生开展了“辉煌巨变——影像见证四十年”主题实践教学活动，举办校园大型优秀作品展览及表彰活动。教育教学与实践活动设计分为“理论学习，内化于心”“影像见证，外化于行”“影像展示，奋进新时代”三个阶段，教师首先进行理论讲授，引导学生深入了解中国共产党领导人民开辟、坚持、发展中国特色社会主义的历史。学生在教师理论讲授的基础上，通过收集身边的真实影像作品和访谈，感受改革开放以来祖国的辉煌巨变，并在课堂上进行交流展示，在亲身参与体验的实践过程中，从感性认识上升到理性认识，深化对中国特色社会主义为什么“好”的理论认知，最终运用到坚持和发展中国特色社会主义的伟大实践中。通过引导学生结合自身真实体验，进而帮助学生坚定理想信念，牢固树立家国情怀，勇做新时代的追梦人和筑梦人。

4. “社会主义发展史”教育品牌项目：“穿越时空的真理光芒——理论讲坛延视野”实践教学活动

以纪念马克思诞辰200周年为活动契机，面向全校学生开展社会主义发展史理论专题教学活动，通过学习了解社会主义从空想到现实、从理论到实践、从一国到多国的曲折发展史，深刻理解马克思主义为什么“行”，进一步引导广大青年学生坚定对马克思主义的信仰，对中国特色社会主义的信念，对中华民族伟大复兴中国梦的信心。同时，注重与校团委紧密合作，开展“青年马克思主义者培养工程”学生骨干培养班，广泛开展“团课小讲师”“主播说联播”“青春榜样”等校内实践活动，培养一批信仰坚定的学生骨干，在学生中发挥示范引领作用。此外，依托学校马列社团、青马社团、青语社团等思政类社团，通过理论宣讲、话剧排练、读书沙龙、实践锻炼、主题分享等行之有效的方式，不断提高大学生的思想政治素质和政治理论水平，帮助青年学生进一步坚定理想信念，成长为中国特色社会主义事业的合格建设者和可靠接班人。

（二）搭建开放共享“四史”教育数字化资源平台

为加强信息化教学资源建设，构建“四史”学习教育多维立体化学习空间，我校于2019年完成了“四史”数字化资源库建设，充分挖掘课内课外、校内校外、线上线下的优质“四史”教学资源，将教学案例、专题视频库、立体化课件、习题库、拓展资源等搭建在我校“学校在线”教学平台上，为师生提供丰富的“四史”学习资源，用于学生课前自主学习、课上探究学习和课后巩固学习。同时开展线上线下混合式教学，帮助学生有效利用碎片化时间，根据自身需要浏览学习感兴趣的“四史”学习资源，满足学生个性化的学习需求，体现了坚持统一性与多样性相统一。通过设置积分，采取个人练习、好友PK、答题闯关、全网对战等方式鼓励学生坚持长期学习，激发学生的学习兴趣和热情，进一步提高学生参与学习的主动性和积极性。

（三）开设全学段“四史”系列选修课

中共中央办公厅、国务院办公厅印发的《关于深化新时代学校思想政治理论课改革创新的若干意见》（以下简称《意见》）提出了“调整创新思政课课程体系”的要求，明确要求“各高校要重点围绕习近平新时代中国特色社会主义思想，党史、国史、改革开放史、社会主义发展史，宪法法律，中华优秀传统文化等设定课程模块，开设系列选择性必修课程”。为贯彻落实《意见》要求，我校完善思政课课程体系建设，制订了“四史”学习教育系列课程建设方案及课程标准，建设《党史》《新中国史》《改革开放史》《社会主义发展史》等系列选修课，2020 年度面向全校学生开展线上线下相结合的选修课，学生可以通过学校选课系统，每学期从“四史”系列课程中至少选择一门课程进行学习，进一步拓展学生学习“四史”的渠道，满足学生学习的个性化需要，拓展学生的学习空间和学习深度，促进“四史”学习教育效果的提升与优化。

（四）建设线上线下“四史”素质教育基地

丰富的红色资源是将“四史”教育有效融入思政课的重要载体，充分挖掘、整合、利用“四史”相关的优质教育资源是开展实践教学的有效途径。马克思主义学院重点围绕京津冀地区革命传统教育、爱国主义教育资源，开发线上线下、校内校外相结合的“四史”类实践教育基地 30 个，供思政课教师组织学生开展实践教学，丰富思政课教学内容；2020 年开发建成线上虚拟仿真“党建与思政”数字展馆，为全校师生全面、立体、深入学习“四史”提供一个崭新的云端平台，通过创设真实情境，为学生提供丰富、生动的“四史”学习资源，学生可以边参观边闯关，寓教于乐，实现沉浸式体验学习，增强学生学习“四史”的兴趣，为有效开展“四史”学习教育增值赋能。

（五）提供系列“四史”阅读丛书

为学生创设良好的学习环境，结合高职学生特点，为学生提供教育部、中共中央宣传部等组织编写的“四史”大学生读本、《习近平新时代中国特色社会主义思想学生读本》、“读懂新时代”丛书——《道路何以自信》《理论何以自信》《制度何以自信》《文化何以自信》等系列读本读物，作为学校开展“四史”学习教育的辅助读物，同时为学校马列社团、读书沙龙社团、青马工程培训班等进行理论学习和研讨提供有效指导。通过成立“四史”研究学习小组，围绕与“四史”相关的书籍，开展读书交流会，组织学生分享学习阅读的所感、所悟，营造浓厚的“四史”学习氛围，培养学生深入学习“四史”的良好习惯。

三、成效启示

破解“四史”教育无法融入高职院校思政课的难题，需要整体规划、综合施策。科学设计“四史”教育体系是“四史”教育融入思政课的重要前提，改革创新教学方法是“四史”教育融入思政课的重要保障，探索“四史”实践教学模式是“四史”教育融入思政课的重要途径。

（一）科学设计“四史”教育体系

推动“四史”教育融入高职院校思政课需要坚持整体性原则，构建科学合理的“四史”教育体系。“四史”教育融入思政课教学的关键点在于做好整体规划，避免“四史”教学内容的零散化、碎片化。教师要针对高职院校学生的学习特点和人才培养方案，通过集体备课、研讨等方式，有针对性地设计以党史教育为重点的“四史”教育内容和教学目标，找准“四史”内容与思想政治理论课以及各门课程教学的契合点，将“四史”学习教育内容纳入教学计划和考核评价中，以实现教育主体全覆盖，教学内容相互衔接，教学资源相辅相成，理论与实践一脉相承、一以贯之的“四史”教育体系，增强“四史”学习教育的效果，破解思政课实践教学缺乏系统性的难题，使以党史教育为重点的“四史”教育与实践教学有机统一，形成可复制、可推广、受学生喜爱的教育活动。

（二）改革创新“四史”教学方法

推动“四史”教育融入高职院校思政课需要不断改革创新教学方法，采取灵活多样的教学形式与方法激发学生参与学习的积极性和主动性。一是开展集体备课、研讨交流、专题培训，深入研讨以党史教育为重点的“四史”教育有效融入思政课的经验、做法，结合本校实际和学生特点开展教学。二是充分利用新媒体的显著优势，着力构建基于新一代信息技术的新型教学模式及教育供给方式，协同线上线下资源，延伸教学环境，延展教学空间，满足学生个性化学习需求，形成了理论与实践相结合、线上与线下相融合、校内与校外有机统一的“五个一”立体化教学模式，带给学生更加深刻的学习体验，强化“四史”教育实践的体验性，增强学生的获得感，进一步提升思政课育人的实效性，为培养更多高素质技术技能人才、能工巧匠、大国工匠奠定坚实基础。

（三）有效探索“四史”实践教学模式

实践教学是推动“四史”教育有效融入思政课教学的有效途径和关键所在。习近平总书记于 2019 年 3 月 18 日在学校思政课教师座谈会上的讲话中强调，思政课教学“要坚持理论性与实践性相统一，用科学理论培养人，重视思政课的实践性，把思政小课堂同社会大课堂结合起来，教育引导学生立鸿鹄志，做奋斗者”。因此，要充分整合课内课外、校内校外、线上线下的优质“四史”教育资源，挖掘其与思政课的契合点，组织开展常态化、系列化的实践教学活动，破解思政课实践教学缺乏系统性的难题，推动以党史教育为重点的“四史”教育与丰富的实践教学活动有机结合，探索具有本校特色的“四史”实践教学模式。在实践教学中，还应注重坚持主导性与主体性相统一，既要充分发挥教师的主导作用，又要落实学生的主体地位，引导学生在实践活动中学习历史知识、深化理论认知、感悟历史使命，实现知、情、意、信、行的有机统一，发挥好思政课立德树人的关键课程作用。

3.“一三四”工作法：大力弘扬中国共产党人精神谱系

一、实施背景

在世界形势发生复杂变化和面对“百年未有之大变局”的今天，要如期完成中国共产党确定的第二个百年奋斗目标，更好建设中国特色社会主义进而实现中华民族伟大复兴的中国梦，就需要我们明晰中国精神与共产党人精神谱系的逻辑关系，在铭记弘扬共产党人创立的丰富精神谱系的基础上进一步弘扬好中国精神。“人无精神则不立，国无精神则不强。唯有精神上站得住、站得稳，一个民族才能在历史洪流中屹立不倒、挺立潮头。”① 在中国特色社会主义建设的新时代，一个具有无比强大精神支撑的民族是永远不可战胜的，一个具有异常坚定精神支柱的国家同样也是无往而不胜的。中国共产党人在革命、建设、改革的伟大历程中创立的丰富精神谱系是中国精神具体生动的表现。中国精神与共产党人精神谱系相辅相成、互为依托，共同构成了当代中华民族的独特精神风貌。

作为中国精神最生动最具体的表现，中国共产党人历经长期的革命、建设、改革的奋斗历程，坚持与时俱进，对中国人民在不同时期奋斗历程中的精神表现和价值追求进行凝聚、升华，从而形成了一个内容丰富而又深刻的共产党人精神谱系。中国共产党人精神谱系，为立党、兴党、强党

① 习近平．论中国共产党历史［M］．北京：中央文献出版社，2021：41.

提供丰厚滋养。[①] 中国共产党人在百折不挠的斗争中创立的精神谱系是中国精神在共产党人群体中的生动表现和诠释，是全体中国共产党人的灵魂追求，体现了共产党人的高风亮节和先进姿态，成为中华民族在中国共产党领导下不断开拓前进的思想源泉和精神财富。高校党支部在广大共产党员和群众中通过有效的党支部“一三四”工作法，即“一个依托、三个铭记、四个建立”，来大力弘扬中国共产党人的精神谱系，对于提升高校师生的思想政治素质，传承好革命文化，有效推进社会主义文化强国建设具有重要意义。

二、主要做法

（一）依托中国精神，突出中国共产党人精神谱系的重要性

中国精神是中华民族在艰苦的长期历史奋斗过程中和生动的现实发展进程中形成的非常稳定的内在价值追求和外在气质风貌，它不但凝聚着中华民族优秀传统文化的精华，蕴含着当代中国人在马克思主义科学理论指导下建设中国特色社会主义的理想信念和价值追求，而且是激励我们中国人勇敢顽强地开拓美好未来的动力之源。作为中国精神最生动最具体的、历史的和现实的表现，中国共产党人历经长期的革命、建设和改革的奋斗历程，始终坚持马克思主义中国化时代化，在科学理论指导下对不同时期中华民族在艰苦奋斗历程中的精神表现和价值追求进行凝聚、升华，从而形成了一个内容丰富，由多个精神样本组成的共产党人精神谱系。因此，党支部依托中国精神，只有把握好宣传好中国精神的深刻内涵，才能突出中国共产党人精神谱系的重要性，才能传承好弘扬好中国共产党人的丰富精神谱系，进而通过强大的精神定力来为高校立德树人工作把舵定向。

（二）铭记中国共产党人精神谱系的名称

中国共产党人精神谱系是在庆祝中国共产党成立 100 周年之际由中宣部专门梳理的一系列伟大的精神榜样。从中国共产党百年奋斗的历史进程

---

① 习近平．论党的自我革命［M］．北京：中央文献出版社，2023：308.

来看，这些精神主要涵盖了四个历史时期。党支部首先做到把每一个时期涌现的精神榜样的名称梳理清楚。梳理内容如下。第一个时期是从 1921 年到 1949 年，即新民主主义革命时期。这个时期先后涌现出了土地革命战争时期的建党精神、井冈山精神、苏区精神、长征精神、遵义会议精神，抗日战争时期的延安精神、抗战精神、张思德精神、东北抗联精神、南泥湾精神、太行精神（吕梁精神），解放战争时期的红岩精神、西柏坡精神、照金精神、大别山精神、沂蒙精神、老区精神等精神榜样。第二个时期是从 1949 年到 1978 年，即社会主义革命和建设时期，这个时期先后涌现了新中国成立初期的抗美援朝精神、“两弹一星”精神，以及雷锋精神、焦裕禄精神、大庆精神（铁人精神）、红旗渠精神，再往后就是北大荒精神、塞罕坝精神、“两路”精神、老西藏精神（孔繁森精神）、西迁精神、王杰精神等精神榜样。第三个时期是从 1978 年到 2012 年，即改革开放和社会主义现代化建设新时期，这个时期先后涌现了改革开放精神、特区精神、抗洪精神、抗击“非典”精神、抗震救灾精神、载人航天精神、劳模精神（劳动精神、工匠精神）、青藏铁路精神、女排精神等精神榜样。第四个时期是从 2012 年至今，即中国特色社会主义新时代，这一时期先后涌现出了脱贫攻坚精神、抗疫精神、“三牛”精神、科学家精神、企业家精神、探月精神、新时代北斗精神、丝路精神等精神榜样。党支部在清楚梳理各个时期精神榜样的基础上组织编写学习材料，通过丰富的专题党支部活动让全体支部党员学习铭记中国共产党人精神谱系各个精神榜样的名称，做到耳熟能详、牢记于心。

（三）铭记中国共产党人精神谱系的数量

党支部除了采取有效措施让党员群众铭记中国共产党人精神谱系的名称外，还对其数量进行了梳理，明确了不同时期的精神涌现频率以及相互之间存在的融合关系。从目前公布入选的第一批共产党人精神谱系来看，在新民主主义革命时期，总共涌现出建党精神、井冈山精神等共 17 种，其中融合于“太行精神”之中的有“吕梁精神”；在社会主义革命和建设时期，涌现出抗美援朝精神、雷锋精神、焦裕禄精神等共 12 种，融合于

“大庆精神”的是“铁人精神”，融合于“老西藏精神”的是“孔繁森精神”；在改革开放和社会主义现代化建设新时期，涌现出改革开放精神、特区精神、抗洪精神等共9种，其中融入“劳模精神”的是“劳动精神”和“工匠精神”；在中国特色社会主义新时代，涌现出脱贫攻坚精神、抗疫精神、科学家精神等共8种。根据上述梳理过程来看，中国共产党建党百年以来的四个历史时期，总共涌现出“17+12+9+8”共46种精神，外加5种融入其他精神之中的精神，可以说第一批中国共产党人精神谱系一共包含了“46+5”共51种精神，有力显示出伟大中国精神的丰富内涵。

（四）铭记中国共产党人精神谱系的内涵

第一批中国共产党人精神谱系中的51种精神各自都有着体现不同时代中国人精神风貌和价值追求的丰富释义，从而成为中国共产党人和全体中华儿女取之不尽用之不竭的精神动力和思想财富源泉。党支部在助力党员群众铭记中国共产党人精神谱系的内涵及其释义方面，通过专题讲座、文件学习、资料搜集整理、互动交流等活动，做到了守正创新，并取得良好成效。以伟大建党精神为例，其内涵融汇了坚持真理、坚守理想、践行初心、担当使命、不怕牺牲、英勇斗争、对党忠诚、不负人民共32个字。对这32个字的释义，展现了中国共产党人从建党的第一天起所具有的以马克思列宁主义为科学武器来救亡图存，为中华民族伟大复兴而勇于献身的高尚价值追求和开天辟地的强烈大无畏精神。所谓“坚持真理”，就是坚持马克思主义及其中国化时代化的一系列伟大成果，即毛泽东思想、邓小平理论、“三个代表”重要思想、科学发展观、习近平新时代中国特色社会主义思想等科学真理；所谓“坚守理想”，就是要坚定共产主义的远大理想和建设中国特色社会主义、建成社会主义现代化强国的共同理想不动摇；所谓“践行初心”，就是实践好中国共产党人全心全意为人民谋求幸福、为民族谋求复兴、为国家谋求富裕和强大的初心；所谓“担当使命”，就是要担负起和努力完成实现中华民族伟大复兴的中国梦和建设人类命运共同体的伟大使命；所谓“不怕牺牲”，就是共产党员要做到不怕苦、不怕死，随时准备为伟大共产主义事业献出自己的生命；所谓“英勇斗争”，就是要做到艰苦奋斗勇往直前，狭路相逢勇者胜，勇敢去面对一切艰难和挑战，不但敢于斗争，而且善于斗争，不断排除万难去争取胜利；所谓“对党忠诚”，就是共产党员要自觉地无条件地拥护和遵守好党的纲领和章程，把自己的党员义务认真履行到位，做到不折不扣地执行好党的所有决定，非常自觉地遵守好党的纪律和坚决无条件地保守好党的秘密，并且做到不论何时何地永远对党忠诚，永不叛党；所谓“不负人民”，就是要把全心全意为人民服务的宗旨和初心使命践行到位，党员干部时刻牢记自己手中的权力要为人民所行使，心中时刻装着人民群众的安危冷暖。每一个党员的一言一行，都要做到为人民的利益谋划实施，真正做到情为民所系、利为民所谋。

（五）建立线下宣传专栏

科学理论只有通过宣传并为群众所掌握，才能转化为思想的武器。为了加强中国共产党人精神谱系名称、内涵的宣传工作，党支部组织专门力量结合校园文化建设工作建立了中国共产党人精神谱系校内专题宣传专栏橱窗，把第一批中国共产党人精神谱系中51种精神的名称和内涵在学校的显著位置予以张贴和展示，并且配以精美精确的图片，方便广大师生随时学习关注，收到了良好的宣传效果。

（六）建立线上学习平台

理论宣传的手段需要与时俱进，才能跟上时代、适应时代和取得良好的宣传效果，适应信息化技术的发展潮流。党支部为了加强对中国共产党人精神谱系的宣传和展示工作，依托学校内网平台，通过VR技术搭建了“党建与思政数字展馆”，以形象的动漫形式对中国共产党人精神谱系名称、内涵、释义等进行生动展示，便利了师生的学习，吸引了广大师生注意，提高了关注度。

（七）建立学术研究中心

中国共产党人在长期革命、建设和改革的伟大征程中形成的精神谱系，内涵博大精深，是新时代高校思想政治理论研究的丰富宝库，值得深入研究挖掘。为了进一步加强对中国共产党人精神谱系和中国精神研究的阐释工作，党支部建立了“习近平新时代中国特色社会主义思想研究中心”和“名师工作室”，组织专门力量对中国共产党人精神谱系的内涵、释义、当代意义，以及其与中国精神的逻辑关系等问题进行深入研究，并取得一定学术成果。

（八）建立实践研修基地

理论和实践相结合才能转化为强大的物质力量。为了将中国共产党人精神谱系既要内化于心，又要外化于行，党支部组织党员和群众到香山双清别墅、香山革命纪念馆、中国共产党历史展览馆以及井冈山、延安等京外中共革命纪念地和展览馆开展实践研修活动，让他们实地感受、感悟、感动中国共产党人精神谱系的巨大精神力量，提高了其政治素养，坚定了其政治立场，取得了良好的实践研修成效。

三、经验与成效

通过党支部的有效工作，对中国共产党人精神谱系的弘扬在党员和群众中做到了既内化于心，又外化于行，有力促进了党支部政治领导力建设。中国共产党人精神谱系的内化，做到了对51种精神的丰富内涵时刻铭记于心，做到了常读、常记、常思，进而入耳、入脑、入心。在内化于心的基础上外化于行，广大党员和群众做到了立足本职岗位和工作，在建设中国特色社会主义的伟大实践中自觉以中国共产党人精神谱系为标杆和导向，用个人的实际行动来践行到位。做到了中国共产党人精神谱系的知行合一，把思想的光芒转化为强大的物质力量，从而就有了强大的精神定力和精神追求。

4. 习近平新时代中国特色社会主义思想“三进”全要素模式创建

一、实施背景

党的十九大把习近平新时代中国特色社会主义思想确立为中国共产党必须长期坚持的指导思想并写入党章，十三届全国人大一次会议把这一思想载入宪法，实现了党和国家指导思想的与时俱进。习近平新时代中国特色社会主义思想，是新时代中国共产党的思想旗帜，是国家政治生活和社会生活的根本指针，是当代中国马克思主义、21世纪马克思主义，为实现中华民族伟大复兴提供了行动指南，为推动构建人类命运共同体贡献了智慧方案。

教育是国之大计、党之大计。“培养什么人，怎样培养人，为谁培养人”是教育的根本问题，事关中国特色社会主义事业兴旺发达、后继有人，事关党和国家长治久安。习近平新时代中国特色社会主义思想“进教材、进课堂、进头脑”（简称“三进”），直接关系人才培养方向和质量。推动我国教育改革创新发展和培养担当民族复兴大任的时代新人，必须牢牢坚持以习近平新时代中国特色社会主义思想为指导，将其贯穿于教育教学全过程、各环节。全面落实习近平新时代中国特色社会主义思想“三进”，高校要充分调动校内外各要素，有效推动习近平新时代中国特色社会主义思想进教材、进课堂、进头脑、见行动，形成有效的推动机制和工作模式，进而助推实现高校“三进”工作的常态化、制度化，对引导广大青年学生树立马克思主义信仰，坚定中国特色社会主义道路自信、理论自信、制度自信、文化自信，立志听党话、跟党走，形成正确的世界观、人生观、价值观，具有重大意义。

二、主要做法

（一）优化六个实践路径

在高校党委统一领导下，高校党支部重点围绕教材建设、课堂教学、校内第二课堂、社会实践、党政管理、线上活动六个实践路径开展活动，从高校实际出发充分发挥广大师生的积极性、主体性、创造性，采取有效的方式方法，扎扎实实推进高校“三进”工作的开展。

教材建设是推进高校“三进”工作的首要实践路径。要把教材建设工作抓好，既需要在习近平新时代中国特色社会主义思想指导下编写好教材，又需要把这一思想内容有机融入高校教材，这样才能为后续的一系列工作和活动奠定良好基础。在教材建设方面，高校党支部通常做法是采取三个步骤：一是以习近平新时代中国特色社会主义思想的基本内容为标准找出和确定非思政课教材中能够和其充分相融的知识结合点；二是对照习近平新时代中国特色社会主义思想中的相关论述深入挖掘和恰当表述上述知识结合点的思想政治教育内涵和意义，使其内容和知识点实现有机融合；三是通过研究确定以适当的文字比例和恰当的位置把知识结合点的思政内涵及意义有效体现在教材中。除此之外，教材建设工作还需要在党支部协助下由高校有关负责部门制定出系列规范性要求，也就是对习近平新时代中国特色社会主义思想如何进高校教材做出相应的顶层设计和正确指导，并积极开展定期的检查和评比，对其中的优秀教材编写者给予表彰奖励。

课堂教学是高校推动“三进”工作的最主要途径。因此，高校党支部“三进”工作的成效，很大程度上取决于课堂教学的效果。高校课堂教学，结合目前的课程分类可以区别为专业课教学、必修课教学和选修课教学三大部分。在课堂教学实施过程中，保证习近平新时代中国特色社会主义思想“进课堂”最关键的一个环节，就是在各门课程的课堂教学中教师如何以有效的课堂教学方法保证学生在课堂学习过程中能够了解和把握习近平新时代中国特色社会主义思想的基本内容，进而实现“进头脑”的目标。从高校党支部各教师的教学实践来看，大多数采取的是案例教学法和问题链教学法，也有一部分教师采取了“案例+问题链+分组”的教学方法。具体的实施步骤包括四个环节：首先，是教师找到既能够包含学生所学知识点又能够有效融入习近平新时代中国特色社会主义思想内容的适当课程案例；其次，是授课教师根据案例内容设计出问题，多个问题之间形成从知识点到思想政治理论层层深入的问题链条；再次，是在授课教师引导下通过有效的师生互动让学生在学习过程中有效解决掉相关问题；最后，是授课教师根据学生掌握的课堂知识点情况进行恰当的课堂教学总结和理论提升。

校内第二课堂活动是推动习近平新时代中国特色社会主义思想“进课堂”“进头脑”的重要辅助途径。从高校党支部目前开展的主题活动来看，主要是在校团委和学生处党支部指导下以学生社团组织为主体来开展相关活动。其中包括各班召开主题学习班会以及学校学生读书会等社团活动。校内第二课堂活动在具体开展的过程中，通常包括如下环节：一是由党支部指导教师提前指定好学生学习的篇目和内容；二是在指导教师辅导下由学生中的积极分子负责制作相关学习材料，并做好典型发言；三是师生在同样的时间、地点共同研读相关学习资料和材料，其间通过师生有效互动来强化学习效果和完成相关的学习任务；四是指导教师在活动结束后做好总结和提升讲解。

社会实践活动是高校党支部推动“三进”工作的有效路径之一。“不是人们的意识决定人们的存在，相反，是人们的社会存在决定人们的意识。”① 所以主题社会实践活动的开展是真正学懂弄通习近平新时代中国特色社会主义思想的重要途径。社会实践活动主要是在学校各院系和马克思

① 中共中央马克思恩格斯列宁斯大林著作编译局．马克思恩格斯选集：第二卷［M］．北京：人民出版社，2012：2.

主义学院各党支部的共同推动下展开的。主要活动内容包括开展校外学习小组调研，师生集体参观社会上的红色教育基地，定期参加有关部门组织开展的相关主题展览等。从社会实践活动开展的过程来看，主要包括以下五个组织环节：一是高校院系相关部门党支部制订好学期社会实践活动计划，并提前做好规划和筹备工作；二是高校党支部指定专门教师与校外有关接待单位进行协商沟通，确定好师生主要调研和参观学习的内容；三是社会实践活动指导教师负责加强对学生的安全教育并安全地组织学生参加相关活动；四是负责教师指导学生做好社会实践活动的总结和相关实践成果的收集；五是实践活动指导教师在活动结束后及时给予总结和评价。

党政管理渠道可以说是高校党支部推进“三进”工作的一个关键路径。从高校主题活动开展情况来看，高校各级党政管理部门需要在“三进”工作中投入比较大的人力、财力、精力才能保证该项工作取得实效，此外还需要及时做好工作经验的总结。正如邓小平同志所讲“一个党和它的党员，只有认真地总结群众的经验，集中群众的智慧，才能指出正确的方向，领导群众前进”①。党政管埋部门在工作中除了制订切实可行的学校“三进”工作实施方案，主要工作着力点是结合校园文化建设深入推进，把高校“三进”工作和学校的校园文化建设工作融合在一起，使“三进”工作成为学校校园文化建设的核心工作，很好推动“三进”工作的开展进而保证它的实际成效。当前在这一方面的工作，高校党支部采取了组织专家宣讲报告会、制作主题宣传展板、召开专题推进会议等活动，通过“三进”工作的开展有效带动和推动了校园文化建设工作的深入开展，并产生了良好的影响。党政管理部门在党支部协助下推动高校“三进”工作时通常采取如下步骤：首先，在每个学期的工作计划中按照已经制订的工作实施方案对“三进”工作做出规划和安排；其次，指定相关责任部门重点负责推动工作；最后，在主题活动结束后及时进行工作的总结和效果的评估，分析找到目前工作中存在的一些问题，并在后续的工作中加以解决。

① 中共中央文献研究室．毛泽东周恩来刘少奇朱德邓小平陈云论调查研究［M］．北京：中央文献出版社，2006：8.

在信息技术飞速发展的今天，高校党支部通过网络开展线上活动也是推进“三进”工作的一个重要实践途径。通过网络开展“三进”工作，一方面，是希望通过线上线下结合的方式和“互联网+”来提升线下“三进”各项工作的实际效果；另一方面，则是通过线上有效组织开展好主题活动和设置好专题栏目，来充分发挥互联网的作用。通过高校党支部目前在这一方面的实践活动来看，首先，学校通过超星学习通等网络平台搭建在线课程，从而实现了师生线下学习和线上学习的相互融合促进；其次，是高校党支部在学校内网建立专题性质的党建或思政类的数字展馆，通过VR等技术进行习近平新时代中国特色社会主义思想的宣贯。另外也在学校内部网站开辟宣传学习专栏进行宣传工作和组织线上师生读书分享会、线上党史知识竞赛等活动。形式丰富的线上活动的开展，特别需要高校相关部门和教师的积极行动和有效工作，其中高校信息中心更是要发挥其核心协调和技术保障作用，同时也需要采取诸如学分制管理方法等有效措施调动师生的参与积极性和学习兴趣。

（二）形成六大运行机制

在对高校“三进”工作的有效实践路径进行深入研究总结的基础上，进而形成相应工作运行机制。高校党支部“三进”工作机制包括有效运转和相互协同配合的党政合动机制、师生互动机制、校内外联动机制、线上线下融动机制、评改复动机制、课程思政与思政课程同向同行机制六方面。

党政合动机制指的是在发挥好高校党委核心领导作用前提下，党委各部门和教学行政部门党支部联合行动，在习近平新时代中国特色社会主义思想“三进”工作的顶层设计上加强协调和合作配合，在具体的“三进”工作中做到相互取长补短，从而形成一个共同合力。

师生互动机制指的是在高校“三进”工作中将党支部教师的指导作用、模范带头作用和学生的主体作用融到一起，师生之间围绕“三进”工作这一主题加强互动和交流。在师生互动机制建设过程中，高校教师无疑是活动的主心骨，能够更好引领大学生步入活动正轨。

校内外联动机制指的是高校党支部充分利用校外专题资源和校内专题活动的有机结合和互动合作，把高校“三进”工作不断推向深入和实现精细化。其中需要高校党支部积极寻找双方联动的结合点，并且做到相互取长补短，还需要制订好相关的合作计划和意向，并指定专人负责专项工作。

线上线下融动机制指的是高校党支部充分利用互联网优势，通过建立网上专题专栏和搭建相关课程平台，和学校线下的相关主题活动及工作紧密融合，协同开展好相关活动。该机制在运行过程中坚持以线下活动为主、以线上活动为辅的原则，线上活动必须成为线下活动的辅助和推进剂。

评改复动机制指的是高校党支部按照切实可操作的评价标准定期对“三进”活动的效果进行评价，通过精准评价及时发现问题并改进，该机制整个过程呈现评价和改进反复循环进行的特征。评改复动机制关键是要坚持一事一评一改，并重视做好“三进”活动的中期和期终评估。

课程思政与思政课程同向同行机制指的是高校思政课程发挥立德树人主体作用，其他课程有效融入习近平新时代中国特色社会主义思想教育内容，与思政课程实现同向同行，共同发挥思政育人作用，从而形成育人合力。该机制运行的关键是高校党支部要指导授课教师找准思政课程和其他课程的结合点或融入点，做到可融则融、能融必融、应融尽融。

（三）构建一个全要素工作模式

全要素工作模式是高校党支部在推进习近平新时代中国特色社会主义思想“三进”工作中建立起来的，由学校党委统一领导和党政各部门齐抓共管，充分发挥学校党、政、工、学、团、院系等所有部门和调动社会有关资源部门积极作用的一个实现长期稳定运行的模式。

此模式是高校党支部围绕“三进”工作在有效实践路径基础上形成的稳定运行机制，充分发挥学校和社会有关资源的积极作用，最终实现各种校内外要素达到长期有机协同、共同发力的以立体层进为特征的全要素模式。

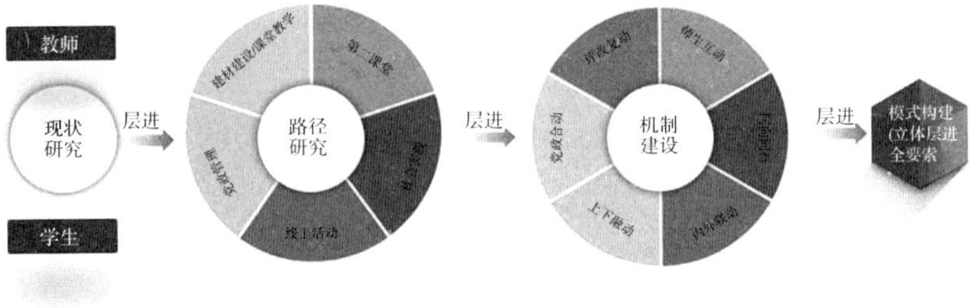

图 5-3 高校习近平新时代中国特色社会主义思想“三进”工作全要素模式图

三、经验与成效启示

高校党支部推行习近平新时代中国特色社会主义思想“三进”“全要素”工作法，形成具有高校特色的“三进”工作有效机制和实践模式（见图 5-3），能够实现多管齐下、系统发力，进而取得良好工作成效。首先，有效助力了高校“三全”育人工作的深入开展，推动了高校校园文化建设迈上新台阶，使高校校园文化具有更强的政治思想性和亲和力、感召力；其次，助推了高校师生思政素质和道德素质明显提升，得以涌现出更多优秀教师和优秀学生；再次，推动了高校思政课程改革创新不断取得新进展，形成了一批教学新成果和探索了教学新模式；最后，还支撑了高校课程思政深入推进，打造了一批优质思政课程，形成了具有专业特色的课程思政教学模式。

5. “学思践悟”四步工作法：高校党史立德树人创新与实践

一、实施背景

党的历史是最生动、最有说服力的教科书。为进一步推动全党深入学习贯彻习近平新时代中国特色社会主义思想，巩固拓展党史学习教育成果，中共中央办公厅印发了《关于推动党史学习教育常态化长效化的意见》，强调：“用好学校思政课这个渠道，推动党史更好地进教材、进课堂、进头脑，发挥好党史立德树人的重要作用。”马克思主义学院党支部全面学习宣传贯彻党的二十大精神和习近平总书记关于党的历史和教育的重要论述，按照中央、市委、市教委关于党史学习教育有关部署，充分发挥思政课立德树人的关键课程作用，有效推进党的二十大精神和习近平新时代中国特色社会主义思想进课堂、进教材、进头脑，实现党史学习教育与思政课课堂教学的有机融合，探索形成高校党史立德树人的有效路径和特色案例。

二、主要做法

遵循学生知情意行统一发展的规律，以党史理论学习为基础，以资源平台为支撑，以实践教学为重点，以成果展示为路径，创新构建“学·思·践·悟”党史立德树人四步工作法（见图5-4）。工作法结合各学段特点和学生专业特长制订了党史主题教育方案，开展党史学习教育系列活动，活动全过程突出理论与实践相结合、第一课堂与第二课堂相结合、线上与线下相结合的方法，引导青年感受中国共产党走过的光辉历程、取得的伟大成就，帮助学生学史明理、学史增信、学史崇德、学史力行，从党史学习中激发信仰、获得启发、汲取力量，不断坚定“四个自信”，增强做中国人的志气、骨气、底气，树立为祖国为人民永久奋斗、赤诚奉献的坚定理想，以昂扬姿态奋力开启全面建设社会主义现代化国家新征程。

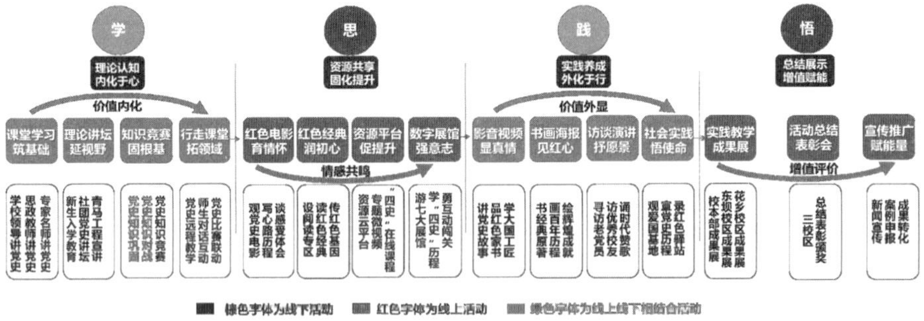

图 5-4 “学思践悟”四步工作法主要做法

(一) 理论认知 内化于心

1. 课堂学习筑基础

本案例以党史理论学习为基础，高度重视发挥课堂教学主渠道作用，学校领导、思政教师、教学名师、专家学者与学生同向同行，一起学党史、讲党史。

学校领导讲党史。学校党委高度重视党史学习教育工作，全体校领导两学期均深入三校区课堂，为学生讲授中国共产党的历史，校领导们通过全面系统、突出重点、深入浅出、通俗易懂的讲解，使学生认识到我们党百年来团结带领中国人民所进行的一切奋斗，就是为了把我国建设成为现代化强国，实现中华民族伟大复兴，为同学们讲授了别开生面的思政大课。

思政教师讲党史。思政教师两学期分别以班级为单位讲授《形势与政策》课程：“中国共产党为什么能”“奋斗百年路 启航新征程”，并录制教学视频搭建在线课程供学生学习，帮助学生学习中国共产党成立百年来的光辉历程和宝贵经验，增强知史爱党、知史爱国、守初心、担使命的思想和行动自觉，坚定听党话、跟党走的决心，培养合格的社会主义建设者和接班人。

教学名师讲党史。学校四名教师为全国高职高专院校思想政治理论课建设联盟主办“献礼建党 100 周年，百名名师讲党史”录制教学视频，挖掘北京党史学习教育资源，搭建线上课程供学生学习。

专家学者讲党史。充分利用北京市党史学习教育专家资源，组织教师及全校学生每周观看“首都百万师生同上一堂党史课”公开课。搭建公开课视频学习平台，供学生反复学习观看。

2. 理论讲坛延视野

思政教师担任新生入学教育、青马社团党史讲坛、青马工程宣讲等活动的授课教师，有效利用红色资源和第二课堂活动，向学生介绍中国共产党的发展历程，讲述党史故事，彰显红色力量，传承红色基因。

3. 知识竞赛固根基

根据学生年级和偏好制订党史知识竞赛活动方案，通过线上、线下混合式的学习、巩固、对战、竞答，深化学生对党的历史和知识的把握。

4. 行走课堂拓领域

与石河子工程职业技术学院联合开展主题实践活动，共同开展师生对话互动、党史远程教学、党史比赛联动等跨院校、跨地域的学习，取得了丰硕的党史教育成果。

（二）资源共享　固化提升

综合运用线上及线下学习资源，购买经典著作、搜集整理红色电影名录，建设思政图书室，校企合作搭建资源云平台、上线党建与思政数字展馆，以资源平台为支撑，通过线上线下资源共享，全方位服务学生党史学习需要。

1. 红色电影育情怀

结合学院学生年龄特点，采取班级集中或个人自主观看党史电影的方式开展党史学习教育，引导学生观党史电影、写心路历程、制作 PPT 谈感受体会。从而深刻铭记中国共产党百年奋斗的光辉历程，深刻认识中国共产党为国家和民族做出的伟大贡献，深刻感悟中国共产党始终不渝为人民的初心宗旨，学习传承中国共产党在长期奋斗中铸就的伟大精神。

2. 红色经典润初心

学校图书馆为学生购买红色经典书籍，在三校区图书馆设红色经典阅读专区，同时建设马克思主义学院思政图书阅览室，引导学生阅读红色经典，传承红色基因。

3. 资源平台促提升

着力打造学院资源云平台，配备全面、开放的基于新媒体新技术的资源库，同时配套技术先进、功能强大的辅助教学 APP，形成一套全面完整可灵活应用的教学辅助方案，打造资源、教学互动、服务三位一体的智慧系统，提供超 10T 的学习资源，为学生提供了“四史”专题微视频，搭建了“四史”在线选修课程，帮助学生进行常态化学习。

4. 数字展馆强意志

为向建党一百周年献礼而打造的党建与思政数字展馆，为全校师生全面、立体学习党的光辉历程和党建文化提供了云端平台。建有七大展区，综合运用图文、音频、视频、360 全景等全媒体资源形式，打破时空限制、打破内容限制、打破功能限制，使学生沉浸式深入学习理论知识，并进行知识竞答闯关，从党的光辉思想中汲取前行力量，为实现中华民族伟大复兴不断奋斗。

（三）实践养成　外化于行

案例以实践教学为重点，引导学生结合自身特长和专业特点，开展实践教学，以视频、音频、书画、海报、手工等形式表达新时代青年学生红心向党的真挚情怀和对党迈向新辉煌的美好祝愿。

1. 影音视频显真情

学生结合自身特长和专业特点，围绕“庆祝中国共产党成立一百周年”的主题，通过小组或个人方式围绕学大国工匠、品红色家书、讲党史故事等主题录制音频、视频作品。

2. 书画海报见红心

学生结合自身特长，通过书法、绘画、海报、手工等方式书经典原著，画百年历程，绘辉煌成就。作品彰显了中国共产党百年奋斗历程和辉煌成就，体现了当代青年大学生红心向党的真挚情怀。

3. 访谈演讲抒愿景

学生通过寻访老党员、采访优秀校友、演讲朗诵等方式，缅怀历史，致敬伟大，传承精神。

4. 社会实践悟使命

学生走进中国电影博物馆、焦庄户地道战遗址、香山革命纪念馆等爱国主义教育基地担任解说志愿者，录制红色驿站系列解说视频，感悟青年人的责任和使命。

（四）总结展示　增值赋能

学校对本案例的成果进行总结、展示和表彰，营造庆祝中国共产党成立一百周年的热烈氛围，鼓励学生广泛参与，提升教育实效。制作立体展板，七一前夕在校区进行巡展；各班在思政课上展示作品，校领导走进班级为学生颁发证书，进行总结表彰；同时对案例进行了全过程宣传报道，积极参加上级各项案例的申报，推动成果的升级和转化。

三、经验与成效

本案例的开展在全校师生中反响强烈，高度激发了学生学习党史的热情，形成了“统一组织、班班活动、人人参与”的活动局面，取得了“三全育人”的教育效果，有效提升了党支部的政治领导力，案例成果得到上级单位认可。

（一）主体多元　参与广泛

学校领导为 20 余个班级讲党史，思政教师讲授党史课程 200 余次，搭建在线党史课程资源 10 余项，布置展览 3 场，学校百余个班的同学以个人或团队形式提交了近千项作品，3000 余人次参加党史知识竞赛，793 个团队（个人）受到表彰。案例成果影响力大、辐射面广，极大鼓舞了学生党史学习的热情。

（二）聚焦专业 形式多样

聚焦学生所学专业和学段特点，引导学生用专业所长表达对党的热爱和祝福。学生制作海报、录制音视频、制作手工艺品……成果丰富多样，多角度彰显了青年大学生听党话、跟党走的赤子之心，为今后党史学习教育的开展提供了可借鉴、可推广的路径。

（三）资源整合 增值赋能

活动充分挖掘校内外和线下线上各类资源，及时探索总结提炼，将日常教学工作与党史主题教育结合起来，理论教学、实践教学、主题教育高度融合，实现了“1+1>2”的效果。同时本案例为今后党史立德树人作用的发挥积累了大量丰富的资源，如数字展馆、资源云平台、学生作品均可在全校党史学习教育中持续推广使用。

（四）学生好评 上级肯定

本案例活动的开展和对教育理念、教育资源的运用，深受学生好评。由学院党支部教师指导，学生自编、自导、自演的红色家书作品《革命事业代代传：革命先驱夏明翰的故事》入选 2021 年教育部职业教育与成人教育司组织开展的职业院校党史学习教育成果展示活动案例素材，通过“高校思政网”公众号面向全国展示。

6. 阶梯式育人法：传承校史文化 践行产业报国

一、实施背景

习近平总书记高度重视传承和弘扬红色文化，提出“要用心用情用力保护好、管理好、运用好红色资源”。2022 年 4 月，习近平总书记在中国人民大学考察时强调：“要加强校史资料的挖掘、整理和研究，讲好中国共产党的故事，讲好党创办人民大学的故事，激励广大师生继承优良传统，赓续红色血脉。”这为高校挖掘红色校史文化、用好红色校史资源指明了前进方向，提供了根本遵循。

近年来，“增强职业教育适应性”是职业教育领域高度关注和思考的焦点问题之一。2022 年新修订的《中华人民共和国职业教育法》强调，“坚持立德树人、德技并修”是对职业教育人才培养的目标要求。很多人都认识到为了适应经济社会对人才的需求，就必须要摒弃单纯培养技术技能的旧观念，而要将如何促进人的全面发展视为职业教育人才培养的重要因素。基于此，如何实现“德技并修”的人才培养目标就成为职业院校改革创新育人方式的应有之义。

红色是中国共产党人最鲜明的政治底色。党的百年奋斗历程蕴含着丰富、厚重的红色文化。校史文化体现了一所学校办学的育人理念、发展历史、鲜明特色等特点。深入挖掘校史文化中蕴含的红色文化，也是用好“红色资源”，充分发挥红色育人功能的有效路径。高职院校作为一种类型教育，其校史文化往往会体现出与类型教育相匹配的职业教育、产业文化、培养方向的印记。开发、探索高职院校红色校史文化育人路径，既是深化立德树人根本任务的客观要求，也是探索类型化发展的有效方式。学校创建于1954年，是新中国最早成立的一批职业技术学校之一。从创建之初开始，学校就打上了鲜明的行业办学烙印，与新中国电子工业同生共长，成为我国电子工业发展历程的缩影，积累了悠久的办学历史和深厚的电子文化，从而孕育形成了以“红色电子文化”为主题的校史文化。学校校史文化倡导“情系红色电子、志在产业报国”，具有强烈的吸引力和感召力，潜移默化地引导学生担当“产业报国、强国有我”的使命。

红色校史文化聚焦与学校办学特色、专业优势紧密贴合的元素，从宏观到微观、从整体到局部，集中阐释了学校办学历程中蕴含的红色血脉、奋斗历程、成功实践、精神价值，旨在贯彻落实立德树人、以文化人的教育目的，引导和帮助学生传承红色基因、赓续红色血脉、续写红色辉煌篇章。

马克思主义学院党支部着眼于支部政治领导力建设，通过深入挖掘学校与新中国电子工业同生共长的光辉历程所蕴藏的精神文化内涵，传承产业报国的家国情怀与使命担当，激发学生重温红色电子历史、传承红色电子基因、赓续红色电子精神，巩固学生学史明理、学史增信、学史崇德、学史力行的情怀，引导学生成长为德技并修、担负产业报国使命的高素质技术技能型人才，从而为校史文化育人提供了良好借鉴和参考。

二、主要做法

红色校史文化是在党的百年奋斗伟大实践中形成的宝贵精神财富，涵盖了不同历史阶段。大力弘扬红色校史文化，不断丰富和发展其内涵和外延，使红色校史文化在新征程上焕发时代光芒，让红色基因代代相传。马克思主义学院党支部长期以来坚持“以学生为中心”的教学理念，尊重学生成长成才的规律，遵循知情信意行的育人规律，构建了层层递进、循序渐进的阶梯式育人法。

（一）提炼校史文化的内涵和外延

红色电子文化是一个复合词，由“红色文化”与“电子”两词组合而成。它指的是在中国共产党的领导下，电子信息产业，特别是北京地区电子行业以及电子信息类技术技能人才培养在长期的奋斗历程中，所形成的物质、制度、精神等成果的总和。具体指的是对党忠诚、勇担使命，开拓创新、追求卓越，立德树人、德技并修，知行合一、产业报国。红色电子文化的内涵集中阐释了其中蕴含的红色血脉、奋斗历程、成功实践、精神价值等内容，旨在贯彻落实立德树人、德技并修的育人目标，激励高职生勇于担当“产业报国、强国有我”的使命，帮助高职生传承红色电子基因、赓续红色电子血脉、续写红色电子辉煌篇章。

（二）构建出阶梯式育人法

职业教育作为类型教育，其价值塑造、知识传授、能力培养是三个最基础、最核心的元素。学校通过深耕校史，传承红色基因，实现了三个层面的融会贯通。价值塑造是贯彻落实立德树人根本任务的第一要务。课堂是学校教育教学工作的主阵地。长期以来，学校尊重学生成长成才的规律，遵循知情信意行的育人规律，注重发挥红色校史文化对思政课程和课程思政的引领作用，将红色电子文化的资源融入教育教学过程中，分为四个步骤形成“阶梯式”育人法（见图 5-5）。

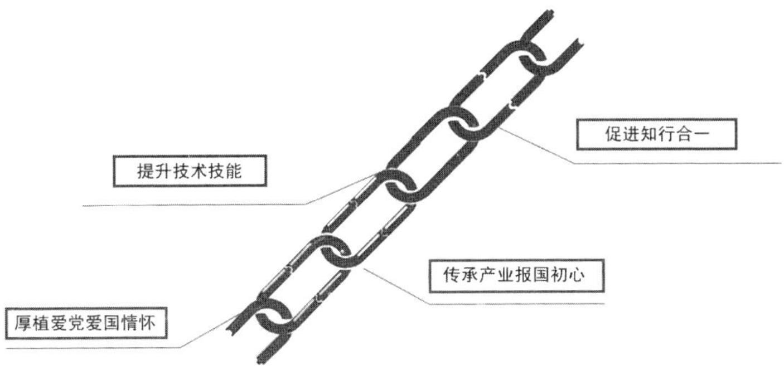

图 5-5　“阶梯式”育人法示意图

1. 强化价值引领，厚植爱党爱国情怀

思政课是落实立德树人根本任务的关键课程。从思政课教学的层面看，就是要挖掘开发校史文化的红色文化资源，弘扬传承红色基因，为思政课教学提供有力的支撑。学校的建校、发展、壮大都是在党的领导下进行的，具有行业办学的特点，其发展的历程不仅体现了学校自身的发展，而且不同程度地反映了中国电子工业产生、发展、成熟的光辉历程，彰显了中国共产党治国理政的远见卓识。

思政课教学从理论教学和实践教学两个维度有机融入校史文化。理论教学中，教师将具有教学功能的案例、微视频、图片、课件等资源建设成果，应用于课堂教学，极大地丰富了课堂教学。在实践教学中，组织学生开展参观校史馆、认识校园景观、浏览校庆主题网页、访谈杰出校友等活动。学生通过参观、瞻仰包括图片、文档、实物、音像等大量丰富多元、立体鲜活的实物资源的校史馆，触摸“情系红色电子、志在产业报国”的校园景观，增强了校史文化的感性认识。同时，结合思政课教学的不同内容，教师通过设计策划“杰出校友访谈”等活动，让学生近距离地接触不同年龄段的杰出校友，他们的言谈举止、先进事迹，都对学生产生了强烈的触动，更加深化了对校史文化的认知。可以说，校史文化中形成的丰富多元、立体鲜活的教学资源，与思政课教学有同向同行、融会贯通的内在一致性。

2. 展示产业成就，传承报国初心

红色校史文化融入课程思政，既要引导学生回望学校过去的发展历程，还要融入学校、行业当前的发展成就，更要鼓励学生远观未来。融入行业发展，已经成为课程思政教学的特色之一，形成了一系列反映产业成就的教学资源，成为开发建设教学资源、提炼教学模式、实现课程改革创新的重要抓手。

课程思政教学中，通过深入挖掘、开发校史文化中体现我国电子产业发展历程、发展成就的资源，帮助引导学生了解学校发展、产业发展与国家电子工业的发展息息相关，激发学生对产业发展成就的自豪感，弘扬传承产业报国的初心，厚植爱国主义情怀，明白过去为什么能够取得成果，今后怎样才能取得更大的辉煌，从而激发学生认同、内化、赓续我国电子工业胸怀祖国、产业报国的初心使命。

3. 树立榜样人物，提升技术技能

学校成立以来，为祖国建设培养了大批电子技术人才，为新中国电子工业发展做出了积极贡献，被誉为培养电子工业技术人才的摇篮。改革开放40多年来，学校发展日新月异。学校加速培养信息产业技术应用人才，为满足北京社会经济发展需要输送了大量的电子行业人才。校史记录了从一代代学生中涌现出来的先进人物和事迹，培养了李铁锤、陈伦芬等数以万计的共和国建设者，成为具有崇高社会声誉的信息产业技术人才培养高地。

教育教学中通过整合开发承载校史记忆的人物、事件、档案、图片、实物等资源，开发了“榜样人物访谈录”“杰出人物案例集”资源，传承了电子人的产业报国情怀，实现了多维度、多层面的立体式建构，从而使校史文化资源呈现出“见人、见事、见物、见精神”的特色。教学资源的开发，体现了不同历史时期先进人物、行业榜样的先进事迹、职业素养，赓续了电子人的红色血脉，他们身上展现了不同时期行业的先进专业知识和技术技能，集中体现了劳模精神、劳动精神、工匠精神。这些贴近学生、贴近实际的人物和事迹，所体现的职业道德、专业知识、技术技能为学生的职业素养教育提供了生动、翔实、鲜活的案例支撑。

4. 激发使命担当，促进知行合一

红色校史文化育人，不仅承载着学校的厚重历史，更融入了新时代的使命担当。立足学校独特的校史，我们深入挖掘红色资源，传承红色基因，将革命精神与现代教育相结合，培育出一代代有理想、有道德、有文化、有纪律的新时代青年。面向电子信息产业，学校更是发挥专业优势，培养具有创新精神和实践能力的高素质人才，为国家的科技进步和产业发展贡献力量。这种结合不仅丰富了学校的文化内涵，也提升了学校的办学水平和社会影响力，充分体现了学校深厚的历史底蕴和与时俱进的办学理念。

红色校史文化融入教育教学，秉承“学思践悟助成长、知行合一勇担当”的教学理念，既要注重激发学生对学校、对产业取得成就的自豪感和幸福感，还要有效地帮助学生从校史中汲取智慧力量，鼓舞学生担当强国复兴的使命，主动顺应电子信息产业时代潮流，促进知行合一、勇担产业强国使命的思想自觉和行动自觉。

三、成效经验与启示

（一）显著成效

为了进一步推动校史文化铸魂育人的作用，学校把红色电子文化品牌列入学校“十四五”发展规划。马克思主义学院党支部专门成立红色电子文化研究工作室，有效提升了党支部政治领导力。

1. 教学资源建设成果丰硕。以红色校史文化为主线的教学资源，有力支撑了“毛泽东思想和中国特色社会主义理论体系概论”课程的教学。该课程先后入选了学校首批优质课程，互动50强课堂，北京学分银行、北京市职业教育在线精品课程。

2. 教师教学能力显著提升。党员教师将“半部电台”起家史、载人航天精神等红色电子文化教学资源融入教学设计中，参加系列比赛。先后获得2022年北京市职业院校技能大赛教学能力比赛二等奖；2023年全国高职高专院校思想政治理论课微课教学大赛二等奖。

3. 科研驱动教学成效显著。2023年4月中国职业技术教育学会立项的“高职院校红色电子文化育人模式研究”课题顺利结题，获得“良好”；2023年11月“红色电子文化融入高职思政课教学模式研究”学校重点课题顺利结题，获得二等奖。

（二）经验总结

1. 体现了层层递进、融会贯通的实效性。校史文化融入教育教学，深度挖掘了学校资源中蕴含的思想政治教育资源，从参观校史馆、参观校园景观、浏览网页等个人的直观感受，到案例分析、视频呈现、理论提升的理性升华，再到弘扬红色文化、立志报国的职业生涯规划，贴近学生、贴近实际，播撒了红色文化的种子，厚植了知史爱党、知史爱国、知史敬业的情怀，体现了层层递进、融会贯通的实效性。

2. 构建了立体、多元的教学资源，为课堂教学提供了有力的支持。经过长期的一线教学运行，以校史文化为特色的课程教学资源开发，在不断增强课程教学思想性、理论性的同时，注重资源的亲和力、针对性，直抵学生心灵深处。同时，呈现出了从单一走向多元、从局部趋向综合、从碎片化走向系统化的特点，构建了点、线、面有机结合的教学资源，形成了更加立体、鲜活、多元的教学资源。

3. 促进了学生将红色基因内化于心、外化于行，自觉将小我融入产业报国的时代洪流中。阶梯式育人法，不仅引导学生回望过去、映照现实，坚定怀揣胸怀祖国、产业报国的初心使命，而且帮助学生远观未来产业的发展，增强对专业关键能力的认识和理解，坚定不移地提升自己的专业技术技能，勇于担当技能强国的责任，自觉投入强国复兴的民族伟业中。

综上所述，阶梯式育人法，使学生通过重温红色电子历史、传承红色电子基因、赓续红色电子精神，巩固知史爱党、知史爱国、知史敬业的情怀，助力学生肩负产业报国的初心和使命。

7. “4+2 双向互促”工作法：数字赋能党建与思政教育

一、实施背景

在当前第六次科技革命蓬勃兴起的背景下，随着互联网、云计算、5G、大数据等技术的运用和普及，基层党组织通过信息化建设有效提升党的政治领导力，增强党的凝聚力和吸引力。近年来，我国教育信息化和数字化建设不断推进，党的二十大首次将“推进教育数字化”写进了党代会报告。党支部根据党和国家的要求，结合时代发展和学校特色，严格按照新时代高校党建示范创建的要求，坚持立德树人根本任务，着力发挥政治引领作用，积极探索智慧党建的多种方式，并取得丰硕成果。2021 年建成“党建与思政数字展馆”和“马克思主义学院资源云平台”，并在资源云平台上开辟“党建园地”。2022 年党的二十大召开之后，在平台上创建了“党的二十大”专题栏目。2023 年，党支部开启“党建与思政数字展馆”二期建设，结合党的二十大精神进一步完善习近平新时代中国特色社会主义思想的主要内容。与此同时，党支部组织教师录制优质思政课教学视频、制作教学课件，完成了“思想道德与法治”“毛泽东思想和中国特色社会主义理论体系概论”两门课程的在线精品课程建设。支部通过“一展馆、一园地、一栏目、一平台”4 项数字党建资源和 2 门思政精品课程建设，以数字赋能党建与思政教育，使党建引领思政教育，思政教育促进党建，形成“4+2 双向互促”工作法，引导师生筑牢理想信念，坚定“四个自信”、做到“两个维护”，共建师生精神家园和在线学习互动平台。

二、主要做法

（一）“一展馆”学史修身，鉴往知来

2021 年，值中国共产党建党 100 周年之际，在学校党委的支持下，党支部充分利用数字化资源，强化数字赋能，提升基层党建智慧化、精细化水平，将数字技术引入党支部建设，建成“党建与思政数字展馆”，为全校师生全面、立体地学习党的光辉历程和党建文化提供一个崭新的云端平台。2023 年，根据党和国家形势与政策发展的需要，对展馆内容进行了更新，进行了“党建与思政数字展馆”的二期建设。党建与思政数字展馆的建设与完善为新时代高校党支部数字赋能政治领导力建设提供了经验借鉴。“党建与思政数字展馆”共建有七大展区，包括习近平新时代中国特色社会主义思想展馆、中国共产党党史展馆、新中国史展馆、改革开放史展馆、社会主义发展史展馆、党性修养教育展馆、党风廉政教育展馆。展馆综合运用图文、音频、视频、360 全景等全媒体资源形式展示各部分展厅内容，实现全新程度上的“全景展、立体展、深度展”，为学校党团组织及在校学生沉浸式深入学习政治理论知识提供平台，使广大师生充分领悟和运用党的光辉思想，弘扬爱国主义精神，学习党史国史，知史爱党、知史爱国，从中汲取前行力量，为实现中华民族伟大复兴而不断奋斗。

图 5-6 党建与思政数字展馆

（二）“一园地”共建共享，凝聚党员向心力

校园数字“党建园地”的建设，是党支部重点任务“线上线下、两地两网”党建理论学习阵地的重要组成部分。校园数字“党建园地”分为五大板块：京津冀爱国主义教育基地、京津冀廉政教育基地、习近平系列重要讲话数据库、党支部工作规范和党支部工作流程图。其中，习近平系列重要讲话数据库收集了人民网汇编的涵盖政治、文化、生态、党建等六大领域的习近平总书记系列讲话内容，为党员教师们加强党性修养、学习贯彻习近平新时代中国特色社会主义思想提供了有力的思想理论资源。校园数字“党建园地”还利用京津冀地区优质党建教育资源，开发京津冀爱国主义教育基地、京津冀廉政教育基地百余处，为基层党组织提供学习实践场所，在党员、群众及学生中广泛弘扬植根包括红船精神、抗战精神、西柏坡精神、“两弹一星”精神等在内的中国共产党人精神谱系，践行社会主义核心价值观，坚定理想信念。数字“党建园地”的建设进一步拓宽了党员教师开展理论学习和实践研修的渠道，丰富了党员教师的学习方式，加强了支部组织力建设。

（三）“一栏目”关注时事，强化党性修养

党支部还依托“马克思主义学院资源云平台”开发了党的二十大栏目，涵盖报告实录、学习问答、要点速览、学习笔记、相关党建读物以及多位专家对党的二十大精神的解读等内容，为党员教师们认真学习和贯彻落实党的二十大精神提供了丰富翔实的理论资源和政策依据，也为党员教师们提供了价值的引领、精神的食粮。通过随处可学、随时可学的数字化党建资源，为党员教师们强化学习马克思主义基本理论、马克思主义中国化时代化成果和领会党和国家方针政策提供了便利，使其在教学中真正做到习近平新时代中国特色社会主义思想进教材、进课堂、进头脑，也有利于拓展教师进行思政教育的思想高度、理论深度、历史厚度，提升教师政治理论素养。

（四）“一平台”共享资源，助力思政课铸魂育人

“马克思主义学院资源云平台”于 2021 年庆祝中国共产党百年华诞前

夕上线。平台依托学习通创建，方便全校师生共享思政教育教学资源库，主要内容除了“党建园地”之外包括三大板块：思政课程资源、课程思政资源、互动学习平台。平台功能多样，内容资源丰富，有力助推我院党员教师利用平台资源充分发挥思政课程铸魂育人作用。

第一，思政课程资源涵盖六门高校思政必修课程的各类资源，从理论学习资源、教学案例选编、教学课件到示范课程教学包，从课堂教学资源到实践教学资源等。教学案例选编不仅包括各门思政课程的教学案例、原创红色信件专题案例，还包括根据学校六大专业群选编的定制案例。“马克思主义学院资源云平台”还开辟了实践教学栏目，使思政小课堂与社会大课堂在云端连接，为思政课注入鲜活的时代内涵、新鲜的社会气息和丰厚的历史底蕴。2023 年新上线“全景思政地图”，师生身临其境般云游各地的博物馆、展览馆、纪念馆和大型主题展览等。

第二，课程思政资源涵盖从经济学类教学案例、管理学类教学案例、工学类教学案例、理学类教学案例到艺术学类教学案例等 12 个学科门类丰富的教学案例，为学校各专业开展课程思政提供大力支持，推进思政课程与课程思政建设同向同行，实现全员、全方位、全过程立德树人。

第三，互动学习平台主要包括“四史竞答”“党史竞赛”“学生自测”“知识检索”和“我的考试”等栏目。学校从 2021 年起每年都举行一次党史知识竞赛，互动学习平台的“党史竞赛”栏目成为支部党员教师们和学生们巩固练习党史知识的“操练场”。每次正式党史知识竞赛之前，老师们和学生们都在此栏目进行挑战 PK，一决胜负。而通过“知识检索”栏目，师生可以查阅和搜索与思政学科相关的知识与信息。“四史竞答”则包括知识自测、模拟竞答和好友 PK 三个环节。通过互动学习平台对“四史”知识回顾与练习，强化师生学史明理、学史增信、学史崇德、学史力行的效果。

（五）“两课程”打造“精品”，赋能党员教师立德树人

党支部发挥战斗堡垒作用，从 2020 年起加强思政课课程资源建设，完成相关课程的调研与论证工作，制订课程及资源整体规划。不仅完成了

“马克思主义学院资源云平台”和“党建与思政数字展馆”的创建，而且完成了“思想道德与法治”“毛泽东思想与中国特色社会主义理论体系概论”（以下简称“概论”）两门课程170个教学视频的录制，并运用教学视频建设精品在线课程，上线“学银在线”平台，还完成了“思想道德与法治”“概论”“四史”课程共计150个立体化课件制作，并运用课件建设在线课程。“思想道德与法治”“概论”课件上线“学银在线”平台。“四史”课件上线学校“北信在线”平台。尤其是“思想道德与法治”“概论”两门课程集中马克思主义学院教学创新团队优质师资力量，将其分别打造成国家级和市级在线精品课程，在学校各门思政课建设中发挥标杆作用。“思想道德与法治”“概论”两门在线精品课程的建设，有利于党员教师们在教育信息化背景下开展线上线下混合式教学，推进思政课教学改革创新，使思想政治教育提质增效。

三、经验与成效

（一）数字赋能党建，党建引领促发展

信息化和数字化技术的应用普及，为党建工作的开展提供了时间上和空间上的便利，有力地提升了马克思主义学院党支部的领导力和组织力。2021年建成“党建与思政数字展馆”后，马克思主义学院党支部率先云参观展馆，然后由各位党员教师在授课班级内指导学生云参观，最后在全校师生中开展学习参观活动。通过云参观展馆的沉浸式教育，使支部的党建工作更高效、便捷。“党建园地”是党员教师们的“云端之家”。“党建园地”的共建共享，既明晰了党支部的工作规范和党支部各项工作流程，使党支部的各项工作公开透明；也为党员教师们学习掌握习近平系列重要讲话提供了丰富的数据库资源，有利于全面透彻理解习近平新时代中国特色社会主义思想；还建设了京津冀爱国主义教育基地和廉政教育基地，为党员教师们云端或就近开展实践研修提供了在线基地资源。党的二十大专题栏目于2022年年末在“马克思主义学院资源云平台”上线，这是了解党的重大会议精神和方针政策的重要窗口。党员教师们利用这一栏目多次深

入学习党的二十大精神，并全面贯彻落实党的二十大精神进教材、进课堂、进头脑，使学生通过学习进一步坚定“四个自信”、增强“四个意识”、做到“两个维护”。总之，数字化技术为党建工作赋能添彩，使党建工作的开展更加灵活务实、优质高效。习近平总书记指出，办好思想政治理论课关键在教师。[①] 教师作为思想政治教育的主导者、引路人，在教育教学中发挥重要作用。党支部通过云端党建赋能思政教育，为思政教育掌舵领航。

（二）数字赋能思政教育，思政教育提升党建质量

思想政治理论课是落实立德树人任务的关键课程。马克思主义学院建设资源云平台和在线精品课程，不仅为思政课程提供了丰富的教学资源，使思政育人方式更加多样化、灵活化，强化了思政课程的育人力量，而且有利于提升党员教师们的理论水平和党性修养，增强党支部的凝聚力和向心力，使党支部成为为党育人、为国育才的坚强组织力量。“马克思主义学院资源云平台”于2021年上线之后，学院先后组织了两次资源云平台的使用培训，为党员教师们答疑解惑。平台里丰富的教学案例、示范课程包、政治理论知识以及党和国家领导人的系列重要讲话等成为党员教师们进行备课的重要教学资源和提升理论水平的思想源泉。两门在线精品课程的建设使党员教师们利用在线课程进行思政课教学改革、开展线上线下混合式教学成为可能，助力党员教师们提升教学能力和教学水平。支部党员教师在2020年、2021年、2022年连续三年获得北京市职业院校教学能力大赛一等奖。尤其在录制两门精品课程期间，党员教师们多次集体备课、团结协作，克服种种困难，以爱岗敬业、精益求精的工作态度和拼搏奉献的精神在两个月内利用周末和节假日高质量地完成拍摄任务，体现了支部的凝聚力和组织力。

总之，马克思主义学院已经初步建成了党建资源与思政教育资源云服务体系，既服务全校党员师生加强理论修养，又服务思政教育实现立德树

---

① 习近平．思政课是落实立德树人根本任务的关键课程［EB/OL］．中华人民共和国国家互联网信息办公室，2020-08-31.

人的目标，这是一个信息化、数字化资源赋能党建与思政的过程，也是党建与思政双向互促、相互成就的过程。通过数字赋能党建与思政，有效提升了党支部的政治领导力和组织力，提升了思政育人的实效性。

8. 文化铸魂聚合力：新媒体助力师生精神文化阵地建设

一、实施背景

全面建设社会主义现代化国家，必须坚持中国特色社会主义文化发展道路，增强文化自信，围绕举旗帜、聚民心、育新人、新文化、展形象建设社会主义文化强国，发展面向现代化、面向世界、面向未来的，民族的科学的大众的社会主义文化，激发全民族文化创新创造活力，增强实现中华民族伟大复兴的精神力量。① 习近平总书记对全国宣传思想文化工作会议做出重要指示，他强调："新时代新征程，世界百年未有之大变局加速演进，中华民族伟大复兴进入关键时期，战略机遇和风险挑战并存，宣传思想文化工作面临新形势新任务，必须要有新气象新作为。"要坚持以习近平新时代中国特色社会主义思想为指导，全面贯彻党的二十大精神，聚焦用党的创新理论武装全党、教育人民这个首要政治任务，围绕在新的历史起点上继续推动文化繁荣、建设文化强国、建设中华民族现代文明这一新的文化使命，为全面建设社会主义现代化国家、全面推进中华民族伟大复兴提供坚强思想保证、强大精神力量和有利文化条件。

教育领域的意识形态工作，事关党对教育事业的全面领导，事关全面贯彻党的教育方针，事关中国特色社会主义事业后继有人。这项工作对于

① 中国共产党第二十次全国代表大会文件汇编［M］. 北京：人民出版社，2022：35-36.

巩固马克思主义在意识形态领域的指导地位，巩固全党全国人民团结奋斗的共同思想基础具有十分重要且深远的意义。要站在国家政治安全和意识形态安全的高度，旗帜鲜明地坚持党管意识形态、党管办学方向，牢牢把握学校意识形态工作领导权。用马克思主义占领学校意识形态阵地，不断增强社会主义意识形态的凝聚力和引领力。① 高校宣传思想工作承担着为中国特色社会主义事业培养合格建设者和接班人的神圣使命，要牢牢把握意识形态工作主导权，强化理论武装、着眼铸魂聚力，基层党建工作必须准确把握新形势和总体要求，认识新常态、适应新常态、引领新常态。

意识形态是一个复杂而广泛的概念，它涉及思想、观念、信仰、价值、文化等多个方面，是人类对世界和社会的理解和解释，是人类思维和行为的基础。加强高校意识形态工作尤为重要。高校是培养人才的重要场所，也是各种思想文化交流碰撞的场所，加强高校意识形态工作，可以防止不良思想文化的渗透和传播，维护国家安全和社会稳定。高校意识形态工作是培养合格人才的重要环节，通过加强意识形态教育，可以引导学生树立正确的世界观、人生观和价值观，增强其社会责任感和使命感，为培养德智体美劳全面发展的优秀人才打下坚实基础。高校意识形态工作是推动高校健康发展的重要保障，通过加强意识形态工作，可以提高师生员工的政治素质和思想觉悟，增强学校的凝聚力和向心力，为高校的发展提供有力支持。随着国际国内形势的不断变化，高校意识形态工作也面临着新的机遇和挑战，加强高校意识形态工作，可以应对各种复杂形势，为高校的发展提供有力保障。要始终坚持把党的政治建设摆在首位、落到基层，大力推进习近平新时代中国特色社会主义思想进教材、进课堂、进头脑，深刻领悟“两个确立”的决定性意义，不断增强“四个意识”、坚定“四个自信”、做到“两个维护”。紧紧围绕坚持和发展中国特色社会主义这条主线，引导师生建设良好的政治文化，为巩固马克思主义在高校意识形态领域的指导地位发挥示范引领作用。

---

① 本书编写组．习近平总书记教育重要论述讲义［M］．北京：高等教育出版社，2020：30.

高校意识形态工作主要包括以下几方面。一是理论武装，牢牢把握意识形态工作的正确方向。通过加强理论学习，“要把学习贯彻党的创新理论作为思想武装的重中之重”①。提高师生员工的理论素养和思想觉悟，增强对马克思主义、中国特色社会主义等理论的认同和信仰。二是宣传教育，通过各种渠道和形式，宣传党的路线方针政策，加强爱国主义、集体主义、社会主义教育，引导师生员工树立正确的世界观、人生观和价值观。三是切实加强意识形态阵地建设，教育领域是党的意识形态工作的前沿阵地，社会上不同的思想观点在这里交锋交融。前沿阵地守不住，就可能一溃千里。要加强对课堂教学各类思想文化阵地的建设管理，坚决防范和清除各种错误思想、政治思潮、分裂主义等对学校的侵蚀。要用好校园阵地，使社会主义核心价值观“润物细无声”地浸润学生们的心田，转化为日常行为。要加强对传播手段和话语方式的创新，推动党的创新理论成果进教材、进课堂、进头脑。加强对校园文化、网络文化等阵地的管理，防止不良信息的传播和渗透，维护校园的安全和稳定。四是认真落实意识形态工作责任制，做到守土有责、守土负责、守土尽责。习近平总书记指出，党组织书记、行政负责人要担负起政治责任和领导责任，认真落实意识形态工作责任制，敢抓敢管，敢于亮剑。② 五是队伍建设，加强意识形态工作队伍建设，提高队伍的政治素质、业务能力和工作水平，为意识形态工作的开展提供有力保障。总之，在高校意识形态工作中，需要坚持正确的政治方向，加强党的领导，落实意识形态工作责任制，加强阵地管理，加强队伍建设等方面的工作。同时，还需要注重创新工作方式方法，加强与师生的互动交流，提高意识形态工作的针对性和实效性。

二、主要做法

习近平总书记在全国高校思想政治工作会议上指出，“要运用新媒体

① 习近平．在“不忘初心、牢记使命”主题教育总结大会上的讲话［M］．北京：人民出版社，2020：15.

② 本书编写组．习近平总书记教育重要论述讲义［M］．北京：高等教育出版社，2020：31-32.

新技术使工作活起来，推动思想政治工作传统优势同信息技术高度融合，增强时代感和吸引力”①。高校宣传思想工作承担着为中国特色社会主义事业培养合格建设者和接班人的神圣使命，要紧紧握住意识形态工作主导权，强化理论武装、着眼铸魂聚力、坚定文化自信，全面推动高校宣传思想工作再上新台阶。

面对国家改革发展的新趋势，基层党建工作必须准确把握新形势和总体要求，认识新常态、适应新常态、引领新常态。新时期对加强高校意识形态工作的引领提出新要求，要进一步加强校园网络阵地管理，充分重视网络、微信等新媒体运用，与时俱进，加强舆论阵地建设，让网络和新媒体成为激发正能量的坚强阵地，为高校改革发展提供坚强组织保证。

党支部在实践中积极探索新时代宣传思想工作的有效途径，创建并推出新媒体运营指南，有效落实党支部意识形态责任制，有力推动二级学院宣传思想工作取得良好成效。作为对具有千人规模的高校二级学院新媒体平台的创建，在宣传党的政策主张、坚持立德树人，加强师生社会主义核心价值观引领、服务学校中心工作，促进部门融合发展、传递榜样精神等方面都将发挥积极作用。系列学习教育的开展，促使党的宣传思想政治教育工作更要全方位多渠道地组织开展，创建和运用好基层党支部新媒体平台可以有效助推学习教育效果的实现，具有很强的可操作性、实用性和时效性。

（一）明确新媒体创办宗旨，迅速扩大宣传影响力

如何有效运行二级学院独立设置的官方微信公众号，发挥其在高校宣传思想工作方面的积极作用，迅速扩大宣传影响力，有效实现其学习宣传实效，党支部在此方面进行了积极有效探索。以二级学院为例，党支部于“两学一做”学习教育期间创建开通官方微信公众号，明确“做党的政策主张的传播者、做社会进步的推动者、做校园风标的引领者”的创办宗旨，在二级学院师生大会上举行隆重的官方微信公众号发布会，迅速扩大官方微信公众号的影响力，先后开辟“党团生活”“多元成长”“社会百

① 习近平．习近平谈治国理政：第二卷［M］．北京：人民出版社，2017：378.

科”“校园热点”“励志晨读”“家长课堂”“大国工匠”“社团风采”“新生导航”“时光书签”“贯通培养”等近20个栏目。为持续扩大宣传影响力，利用官方微信平台，先后开展如“最美师生”投票评选及展示活动、“校园之星”评选展示活动、学院官微“十大新闻”投票评选及表彰活动、“最美春天”师生摄影作品征集及展示活动、《青春纪念册》——致毕业班的同学们、“官微一周年幸运大抽奖”等面向全院师生开展的活动，不断扩大微信公众号的影响力。“两学一做”学习教育启动初期，党支部在微信平台开辟“在抄中学、在学中悟”学习专题，过程管理引领支部党员开展自学，掌握学习进度，帮助党员梳理学习要点，每周将党员的学习笔记上传官微并进行学习交流，其间组织的学员学习书法展示及相关活动报道也及时上传官微，极大地调动了党员的学习热情和学习自觉。

（二）加强制度和队伍建设，为新媒体运营提供基础保障

意识形态工作是为国家立心、为民族立魂的工作。牢牢掌握党对意识形态工作领导权，全面落实意识形态工作责任制，巩固壮大奋进新时代的主流思想舆论。[①] 要牢牢把握意识形态的领导权和主动权，建立微信公众号初期，制度和队伍的建设必须走在前面。以二级学院为例，随着官方微信公众号的创建，先后出台的制度有《二级学院官方微信平台管理运行办法》《新媒体创新工作室运行管理办法》《班级、团支部稿件管理办法》等文件，明确官方微信公众号各层级的管理责任、组织原则及运行流程，明确了创办宗旨、团队理念、组织机构及岗位职责；为保障微信平台高速运转，创办三个月后组建了二级学院新媒体创新工作室，为较为稳定的创作地点和基础设施配备提供保障，同时组建学生运营团队，招募新媒体运营编辑三十余名，负责全栏目的编辑制作、班级投稿、新闻速报、采访编辑及原创栏目工作，相应出台的配套制度有《新媒体创新工作室的组织架构》《各编辑分部的管理考核办法》《微信任务完成流程》《新媒体创新工作室招新制度》等系列管理文件。为加强指导和审核把关，党支部还在二级学院组建教师团队，由党支部委员、团总支委员、班主任及辅导员等组

① 中国共产党第二十次全国代表大会文件汇编［M］. 北京：人民出版社，2022：36.

成审核把关队伍，同时以开设第二课堂的形式，指导新媒体创新团队学生的培养和发展，使他们自觉地担当起校园风标的引领先锋，成为大学生思想政治教育的排头兵，以喜闻乐见的宣传形式在学生中传播正能量，为每一名学生的成长搭建平台，并创造人生出彩的机会。制度和队伍的不断完善，使新媒体运营工作逐步走向正规，良好的机制保证了新媒体运营良性运转。

（三）多种新媒体工具组合运用，助推宣传思想教育工作实效

多种新媒体工具组合运用可以扩大宣传思想教育工作的覆盖面和影响力，提高其针对性和实效性。利用社交媒体平台如微博、微信、抖音等，扩大宣传思想教育工作的覆盖面和影响力。通过发布精练、有趣、有吸引力的内容，吸引更多的受众关注和参与讨论。同时，社交媒体平台还提供了互动功能，可以加强与受众的沟通交流，及时了解他们的反馈和需求。视频平台如优酷、爱奇艺、哔哩哔哩等拥有庞大的用户群体和广泛的受众基础。可以利用这些平台发布宣传思想教育视频，如微电影、纪录片、访谈等，以生动形象的方式传递信息、表达观点。同时，视频平台还提供了评论和弹幕功能，可以引导受众进行讨论和交流。新闻客户端如网易、新浪、搜狐等可以提供最新的新闻资讯和深度报道，是人们获取信息的重要渠道。可以利用这些平台发布与宣传思想教育相关的新闻报道、评论文章等，引导受众关注热点话题，传递正能量。

在宣传思想教育工作中，党支部始终坚持问题导向，在服务中心工作中发挥出新媒体的积极作用。除官方微信公众号的创建外，陆续还开发了公众号微信小程序、党支部 APP 学习平台，党的十九大、二十大召开之际开辟学习专栏，以微课、电子书、知识答卷等形式指导党员学习，并运用“学校在线”资源云平台、权威社交媒体平台资源、视频平台资源等，组织党员开展党史、党的创新理论等知识竞赛活动，随时随地为党员提供学习指导和检验学习成果。日常沟通的微信群，如党小组群、团支部群、家长群等都为宣传思想工作搭建起传播沟通的平台。

三、成效启示

微信平台公众号的建立，有助于二级学院党团组织、教育教学队伍、团队组织文化建设、家校互通交流、外树学院形象等方面的快速融合与发展，通过网络新媒体的使用，发挥其在师生意识形态引领方面的重要作用，也促进了学习型、服务型、创新型党支部的建设。自二级学院官方微信公众号创办以来，年均发布文章千余篇，年点击阅读量40余万次，在二级学院师生、家长中都具有较高的影响力，关注度超过师生总人数的两倍之多。官方微信公众号在宣传党的政策主张、坚持立德树人为根本、服务学校中心工作、加强师生社会主义核心价值观教育引领、促进部门间融合发展、传递榜样精神等方面都发挥了积极作用。

在运用过程中，需要注意以下几点：第一，要了解受众需求和喜好，针对不同的受众群体，选择合适的新媒体工具和内容形式，以满足他们的需求和喜好；第二，要保持信息的一致性和准确性，在多种新媒体工具组合运用中，需要保持信息的一致性和准确性，避免出现误导或混淆的情况；第三，要加强与受众的互动交流，通过与受众的互动交流，可以及时了解他们的反馈和需求，提高宣传思想教育工作的针对性和实效性，注意时间节点和热点话题；第四，在发布内容时，需要注意对时间节点和热点话题的把握，以吸引更多的受众关注和参与讨论；第五，要注意提高运用技能和能力，多种新媒体工具组合运用需要具备一定的技能和能力，如内容策划、编辑排版、数据分析等。因此，需要不断提高自身的技能和能力水平，以更好地应对复杂多变的工作需求。

9.“立美育德”工作法：美育与思政融合育人

一、实施背景

党的十八届三中全会在《中共中央关于全面深化改革若干重大问题的决定》中对美育教学做出重要部署，要求“改进美育教学，提高学生审美和人文素养”①。2019年，《教育部关于切实加强新时代高等学校美育工作的意见》（以下简称《意见》）指出，美是纯洁道德、丰富精神的重要源泉。《意见》要求以习近平新时代中国特色社会主义思想为指导，坚持社会主义办学方向，落实立德树人根本任务，引领学生树立正确的审美观念、陶冶高尚的道德情操、塑造美好心灵，切实改变高校美育的薄弱现状，弘扬中华美育精神。② 马克思主义历史观的最高纲领和终极价值目标在于每一个人自由而全面的发展。对于真善美的向往是人类始终不渝的终极价值追求。如何充分利用美的启真、储善作用，通过育美与育德的高度结合来推进道德教育的良性发展，在学校教育中实现育美和育德的“双向沟通”，并充分发挥美育抑恶扬善的伦理功能和完善人格的道德教化功能，是马克思主义学院党员教师们在教学实践中值得探索的重要方向。

---

① 中共中央关于全面深化改革若干重大问题的决定［N］. 中国教育报，2013-11-16（1）.

② 教育部关于切实加强新时代高等学校美育工作的意见［EB/OL］. 中华人民共和国教育部官网，2019-04-02.

为了落实中央和教育部的美育要求，借以提升基层党支部的政治领导力，党支部采取“立美育德”工作法（见图 5-7）进行思政教育取得了良好的德育效果。“立美育德”工作法包括：第一，实施“立美育德”工作法的三个路径是学校管理部门的引领、思政课教师美育素养的培训、思政课教学与实践活动的践行；第二，实施“立美育德”工作法所采取的六个方法是教师个人层面的语言美和人格美、教学内容层面的人文美和逻辑美、教学方法层面的情景美和体验美；第三，实施“立美育德”工作法的目标是塑造教师和学生共同达到言行美、思想美、道德美，最终实现立德树人的目标。

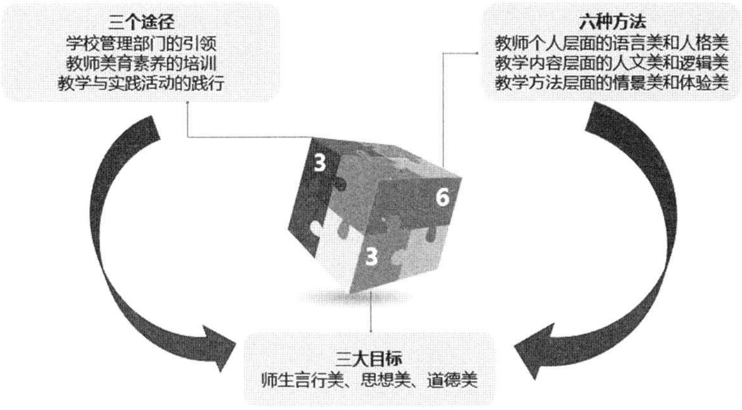

图 5-7　“立美育德”工作法

二、主要做法

（一）顶层设计　管理引领

在党的十八届三中全会和教育部加强和改进美育教学的精神指引下，制定美育教育活动实施方案，系统开展一系列美育教育活动。美育教育活动实施方案指出，从加强美育课程建设、重视教师队伍建设、丰富美育实践活动、深化美育教学改革和构建美育协同育人机制五个方面着手，推进中国特色高水平高职学校和专业建设发展，提高学生审美素养和人文素养。实施方案还提出要加强美育组织保障、美育制度保障和美育经费保障，建立健全各种美育保障机制。在实施方案的指导下，学校多次组织学生参加北京市大学生艺术系列活动，举办开展了学校科技艺术节活动，大力促进学校美育改革发展，积极营造健康向上的校园文化氛围。

（二）教师培训　素养提升

教师是美育活动的实施者、组织者和主导者，在“立美育德”过程中起着重要作用，美育活动的成效大小与教师的美育素养直接相关。

为了提升支部党员教师开展“立美育德”活动的质效，学院教研室将“如何提升思政课教师利用中华优秀传统文化进行美育渗透的教学能力”列入2021年下半年的教研室业务培训计划中，作为提升思政课教师“立美育德”能力和水平的重要措施之一。在此次业务培训中，思政课美育渗透的策略研究课题组主要从三个方面探讨了美育渗透教学能力的提升：第一，阐述思政课利用中华优秀传统文化进行美育渗透的条件；第二，挖掘中华优秀传统文化在思政课中的美育价值；第三，利用中华优秀传统文化进行美育渗透的教学方法。2022年，学院党支部组织全体党员教师参观学校图书馆举办的美术展览。2023年，再次组织教师们进行了以“中华优秀传统文化资源视阈下高职思政课美育渗透的策略”为题的培训，培训从教师、教学内容和教学方法三个维度着手，探讨了破解传统文化融入高职思政课存在的问题解决策略，即：第一，思政课教师传统文化和美育素养的提升策略；第二，传统文化的美育资源与思政课教学内容的优化整合策略；第三，思政课中传统文化的美育渗透教学方法的运用策略。

（三）课堂内外 师生践行

“立美育德”工作法取得良好效果的关键在于思政课课堂内外的教学活动。支部党员教师们通过形式多样的课堂教学和实践教学来引导大学生感受美、体验美、领悟美、鉴赏美和创造美，从而提升大学生的美学素养和鉴赏水平，具备追求真善美的能力，树立正确的人生观、价值观和道德观。

1. 课堂教学中的立美育德

教学活动是对学生进行德育和思想政治教育工作的主要渠道之一。在课堂教学中党员教师们主要通过自身的语言美和人格美、教学内容的人文美和逻辑美、教学方法的情景美和体验美等方式方法对学生进行美学素养和道德素养的熏陶和提升。

首先，党员教师们通过良好的形象、美善的语言和具有亲和力的态度让学生发自内心真正喜欢老师，这样教师的教育活动才能起到事半功倍的效果。俗话说“亲其师，信其道”。支部要求党员教师们要用爱心、耐心、细心、责任心“四心”育人，在课堂上要循循善诱，坚持正面教育的原则；在课堂下要关心爱护学生，及时帮助学生解决学习和生活中的困难。同时要求教师要着装得体，语言恰当有感染力。教师美的形象和嘉言懿行也会对学生起着潜移默化的榜样效果。由于教师们的尽心育人，近年来支部每位党员教师的评教分数都在“优秀”等级以上。

其次，党员教师们善于挖掘思想政治课中富含人文之美的内容对学生进行美的熏陶和教育，达到以美储善的效果。例如，作为思政课之一的《思想道德与法治》，具有丰富的人文内涵。在讲到“人生观与世界观、价值观”这一内容时，为了帮助学生树立正确的世界观和人生观，教师饱含感情地讲述了“宁断肠而不断脊梁的陈树湘”的故事，让学生认识到在陈树湘身上所体现出来的共产党人为革命而献身、视死如归的人生观是积极的人生观。这种人生观具有崇高美，它会使人具有源源不断、永不枯竭的动力，激励人们为创造一个美好的世界而奋斗，从而使学生自觉主动地被这种高尚的人生观所吸引，发自内心地感动和追求，倍加珍惜革命先辈们用生命换来的幸福生活。

为了避免思政课给人一种枯燥说教的感觉，教师尝试用富有逻辑性和思辨性的教学内容和透彻的学理分析来说服学生，让学生感受到理性思维的逻辑美，从而达到立美育德的效果。这就需要教师对教学内容进行优化整合，使“教材”转变为“学材”，真正地贴近学生的心理和思维方式，易于和乐于为学生所接受。例如，我们在讲到模块三“明德之理，修身笃行”时，将涉及劳动观念的内容独立为一个专题“淬炼劳动道德，做开拓创新的建设者”。在这个专题中，我们对教材内容进行了补充和优化，分为三个部分来引导学生学习：是什么——正确的劳动观念；为什么——树立劳动观念之理由；怎么做——发扬劳模精神。这种教学内容的优化既具有形式美，也具有逻辑美。

最后，在课堂教学中，采取灵活恰当的教学方法和策略来对学生进行思想政治和道德教育。例如，2021 年上半年在“淬炼劳动道德，做开拓创新的建设者”这一专题的教学中，通过最美劳动照片的评选来选出本学期的“劳动之星”。这个票选活动，既是对学生积极参加专业实训、各种志愿性服务劳动和日常劳动的肯定，也通过朋辈教育的方式培养了学生“劳动最光荣、劳动最伟大、劳动最崇高、劳动最美丽”的正确劳动观念。

2021 年下半年组织学生开展“发现生活美”的课前主题展示活动，通过播报新闻、讲故事、唱歌、绘画、播放音视频等灵活多样的形式引导学生来发现美、感受美、欣赏美、创造美，从而培养学生树立热爱生活、乐观开朗、积极健康向上的人生观，产生追求美的动力，达到以美启真、以美储善的效果。

在日常教学中，教师选取美的典型案例来启发引导和教育学生向上向善、知行合一。如在《思想道德与法治》绪论第二小节“新时代担当民族复兴大任的时代新人”中，以哈尔滨工业大学的“新时代青年邱实、泰米尔——探索的青春”为例，通过播放视频让学生感受他们激昂奋斗的青春、创新探索的热情，从而激发学生掌握扎实的专业知识和技能，勇于创新、敢于拼搏，做堪当民族复兴大任的时代新人。

2. 社会实践中的立美育德

社会实践是大学生将思政课理论知识内化于心和外化于行的重要途径。它主要包括校内实践和校外实践两种方式。美育实践活动，使学生接受沉浸式美育教育与熏陶，感悟美的魅力，享受美的愉悦，领悟美的价值，创造美的智慧。

2021 年，马克思主义学院组织师生开展了“奋斗百年路 启航新征程”大型实践活动。此次活动分为三大板块：“理论认知、内化于心”、“实践养成、外化于行”、“资源共享、固化提升”。其中，第二板块包含制作音视频表达爱党热情和进行书画创作彰显红心向党，第三板块包含观看红色电影领悟建党精神、培育家国情怀。活动设置特等奖、一等奖、二等奖、三等奖、优秀奖及组织奖若干，鼓励全体学生创新创作和特长展示。优秀成果和获奖作品通过多种渠道进行展示，以达到广泛参与、营造氛围、提升教育实效的目的。学院制作立体宣传展板进行获奖作品巡展，师生可以扫描展板二维码观看学生优秀作品，这些优秀作品同步在校园网发布宣传。各班参赛作品还可以通过 PPT 形式在思政课上展示，加深学生对中国共产党成立 100 周年巨大成就的直观感受。通过形式多样、内容丰富的实践活动向党的百年华诞献礼。

作为中国的首都，北京具有丰富的美育资源。教师们根据课程的某一章节或专题的理论知识，设计必要的社会实践活动，走出课堂、走进社会，在对北京美育资源的观赏、体验和审美实践中感受美、感悟真、感怀善，从而达致德育功效和美育渗透。例如，在“思想道德与法治”课程模块一“人生之问，理想坚定”第七专题中，为让学生把中国梦与个人理想紧密结合起来，在小我融入大我的奋斗中实现青春梦想，我们带领学生到国家博物馆，观看复兴之路的新时代展厅，感受新时代以来中国在政治、经济、文化、外交、军事、生态文明建设等方面取得的巨大历史成就，从而坚定为实现中国梦注入自己的青春能量的决心和信心。

三、经验与成效

（一）“立美育德”工作法有效促进党支部政治领导力建设

在学校管理层的大力支持下，学院党支部“立美育德”工作法逐渐形成以“三教改革”为动力，以塑造学生言行美、思想美、道德美（即“三美”）为目标，推动在教师层面从语言美到人格美、在教学内容层面从人文美到逻辑美、在教学方法层面从情景美到体验美的多维度实现，营造“立美育德”的沉浸式教育教学环境，从而达到以美育人、以美化人、以美培元，使大学生顺利成长为德智体美劳全面发展的社会主义建设者和接班人。与其他思政课教学方式方法相比，“立美育德”工作法强调以体验和互动为主要特征，教师在遵循一定的教学步骤和原则的基础上，以多种教学手段如音视频展示与制作、优秀绘画书法作品欣赏与绘制、活动展演、参观调研等创设美的情境，使师生产生丰富的情感体验，达到以美导善的效果，从而提升育人实效性，有效提高了党支部政治领导力建设成效。

（二）“立美育德”工作法促进师生创造美的人生

“立美育德”工作法的实施，既促进了党员教师们主动进行教学改革，又提升了教师们的教学能力和水平。同时，教师在教学过程中也丰富了自己的精神世界，提升了自己的人文素养。通过“立美育德”工作法在思政育人全过程的实施和开展、党员教师们的全员参与和对学生的全方位立体式教育，使大学生在美好的氛围中接受美的熏陶，不知不觉地提升了自己的思想境界和道德素养。据党支部的统计和观察，实施“立美育德”工作法之后，学生的出勤率和抬头率更高，学生的言行、思想、道德水准明显提升，为大学生塑造美好人格打下坚实基础，有利于学生顺利成长为高素质技术技能型人才和堪当民族复兴大任的时代新人。

10. “双带”工作法：推动党的工作覆盖全体师生

一、实施背景

党的十九大报告强调，党的基层组织是确保党的路线方针政策和决策部署贯彻落实的基础。要以提升组织力为重点，突出政治功能，把基层党组织建设成为宣传党的主张、贯彻党的决定、领导基层治理、团结动员群众、推动改革发展的坚强战斗堡垒。党的二十大报告也进一步强调要增强党组织政治功能和组织功能这一要求，这些重要论述既是对党建工作与时俱进的实践创新，也是对党建规律的准确把握和认识深化，为我们新时期抓好基层党建工作提出了总体要求和行动指南。高校基层党组织如何在全面贯彻落实习近平新时代中国特色社会主义思想上充分发挥突出作用，对于新时代实现党的奋斗目标、坚持党的领导地位、推进党建设新的伟大工程具有重大意义，它要求我们必须更加重视基层党组织建设，更加注重全面提升基层党组织组织力，坚持问题导向，抓住关键环节，持续用力，久久为功，使党的基层基础更加牢固。

高校基层党支部工作需要因事而化、因时而进、因势而新。坚持问题导向，结合高校党支部建设实际及建设发展的需要，破解建设发展难题，探索如何发挥党建带群建作用，围绕中心、服务大局、凝心聚力，在攻坚克难中发挥党员的示范引领作用，激发组织活力，促进中心工作的创新式发展，做好迎接改革发展时期的机遇和挑战是加强基层党组织组织力建设的一项重要课题。

结合高校党支部建设实际，探索如何强化党员主体意识和责任意识，发挥党员的先锋模范作用和党支部的战斗堡垒作用，坚持党的群众路线，全心全意为师生服务，工作走在群众前面，努力做到让师生群众满意，真正使党支部成为教育党员的学校、团结群众的核心、攻坚克难的堡垒。党建工作需要不断创新体制机制，有效搭建平台，构建党建带群建、党建带团建的“双带”工作格局。党建带群建，就是要求党支部依托党委和工会力量，在党支部中探索党小组与工会小组共建，通过关爱帮扶机制、“心连心一家亲”、我与时代共成长、学生最喜爱的“四有”老师评选等系列活动，发挥出党支部组织群众、宣传群众、凝聚群众和服务群众的作用；党建带团建，就是要求党支部依托各级党组织、马克思主义学院、共青团、学生处、党建与思政研究会等力量，探索基层党支部与团支部共建，通过青年业余党校、形势政策宣讲团、红色社团文化活动、红色暑期社会实践活动等长效机制的建立，推动党的工作覆盖全体学生。

二、主要做法

（一）构建“党建带工建”长效机制，激发党员先锋模范作用的发挥

尊重党员主体地位是马克思主义政党性质、宗旨的集中体现。但由于认识上的偏差、体制机制的缺陷、党员自身能力不足等多方面影响，当前一些党员主体意识不强，带动群众效应不明显，党员的主体地位亟待加强。要尊重党员主体地位、发挥党员主体作用，应强化党员归属意识，提升党员担当意识，坚守党员理想信念底色，激发基层组织创新活力。

为进一步发挥党员主体作用，党支部可以通过开展主题教育，如党性修养、政治理论学习等，引导党员深入思考党的历史使命和责任担当；通过加强党内民主建设，建立健全制度体系，保障党员的知情权、参与权和监督权，激发党员的主人翁精神；通过“三会一课”制度，定期召开支部党员大会、党支部委员会会议和党小组会议，组织党员参加集体学习和讨论，提高党员的政治素质和思想觉悟；也可以通过推进党建信息化建设，

利用“互联网+”技术搭建线上党建平台，开设“党员论坛”“在线学习”等功能模块，促进党员之间的交流互动和信息共享；还可通过建立考核评价机制，制定科学的考核评价标准和方法，对党员进行全面客观的评价，并将评价结果与评优评先、职务晋升等方面挂钩，激励党员发挥先锋模范作用。

作为高校基层党支部，在探索发挥党员先锋模范作用，提升党员主体意识方面还要结合各自的特点，创新工作方式方法，唤醒党员自觉意识，带动全体党员在推动组织建设和学校事业发展中当先锋，更好地组织师生、服务师生、凝聚师生，真正成为团结群众的核心、攻坚克难的堡垒。

1. 固化“两学一做”成果，建立“合格党员任务清单”长效机制

以学校二级学院为例，每学期初，二级学院领导班子集体根据年度校级重点建设任务及部门重点建设任务，研讨确定本年度二级学院中心工作任务，党支部支委会参与中心任务制定并负责讲解部门重点任务，列出清单，并将合格党员应承担的任务进行分值量化，经过二级学院党政联席会与院长办公会最终审核确定后予以实施。党支部组织召开全体党员大会，将学期重点任务清单列表发给党员，党员对清单任务进行认领。此项机制的建立强化了党员主体意识和责任担当意识，可以有效发挥党员的先锋模范作用和示范引领作用。每学期末进行总结，表扬先进鞭策后进，并将其作为党员评优评先的重要参考依据，激发干事创业的组织文化氛围。

2. 构建“关爱帮扶”长效机制，凝心聚力推动发展

“群众路线”是中国共产党长期革命和建设经验的总结，是毛泽东思想活的灵魂的基本方面之一，是党科学的领导方法，是历史唯物主义的生动体现。群众路线是党的根本路线，这是由我们党全心全意为人民服务的宗旨所决定的。全心全意为人民服务，密切联系群众，是我们党区别于其他任何政党的一个显著标志。我们党是在与人民群众密切联系、共同战斗中诞生、发展、壮大、成熟起来的。党离不开人民，人民也离不开党。一切为了群众、一切依靠群众，从群众中来、到群众中去的群众路线，是我们党事业不断取得胜利的重要法宝，也是我们党始终保持生机与活力的重

要源泉。百年的实践启示我们党，必须始终紧紧依靠人民群众，诚心诚意为人民谋利益，从人民群众中汲取前进的不竭力量。

坚持党的群众路线，全心全意为师生服务，工作走在群众前面，努力做到让师生群众满意。以学校二级学院党支部为例，以党小组为基本单位，人员涵盖所辖教研室、办公室所有党员和群众；党小组主要职责是要关怀所辖范围党员及群众的思想与心理状况，内容包括对入党积极分子的培养、关心困难职工、关爱生病职工、化解矛盾等。党小组还要通过组织丰富多彩的群众活动，团结凝聚人心。创建“人人参与共建家园”“心连心一家亲”等系列品牌活动，每个党小组每学期创建一项有益职工身心健康、有助于团队能力提升、群众参与度高的活动，以增进党群间的情感交流，共同营造和谐奋进、友爱互助、勇于担当的组织环境，凝心聚力推动发展。

坚持改革发展推进到哪里，党的基层组织就跟进到哪里。在推动学校发展中，要积极发挥党组织的战斗堡垒作用和党员的先锋模范作用，带领广大师生共同奋斗，为学校的建设和发展做出贡献。同时，还要加强思想政治工作，引导师生树立正确的世界观、人生观和价值观，增强“四个意识”、坚定“四个自信”、做到“两个维护”，不断推动学校各项事业取得新的进展。探索开展以“先锋引领工程、担当奉献工程、凝心聚力工程”为支撑的党建工作体系研究，通过“亮身份、树榜样、做先锋、聚民心”系列品牌项目建设，激励党员立足岗位建功立业。在亮身份、树标准、践承诺中唤醒党员意识；在新时代“四有教师”先锋示范岗评选活动中激发党员自觉；在“以拼搏为美，向行动致敬”党员积分制项目管理中彰显党员本色；在“聚民心　解民意”谈心谈话活动和志愿服务中赢得群众信任。

（二）构建“党建带团建”长效机制，落实立德树人根本任务

党建带团建，是加强基层组织建设的重要方式之一。它旨在通过党组织和团组织的紧密合作，推动青年工作的开展，为党的事业注入新的活力。在党建带团建的过程中，党组织发挥着重要的引领作用。首先，党组

织要加强对团组织的领导，确保团组织的工作方向与党的路线方针政策保持一致。其次，党组织要为团组织提供必要的支持和帮助，帮助团组织解决工作中遇到的问题和困难。同时，团组织也要积极发挥自身作用，为党的事业做出贡献。团组织要加强对青年的思想引领，引导青年树立正确的世界观、人生观和价值观。此外，团组织还要组织青年参加各种实践活动，提高青年的实践能力和综合素质。在党建带团建的过程中，党组织和团组织还要加强沟通与合作。党组织要听取团组织的意见和建议，及时了解青年工作的实际情况和需求。同时，团组织也要积极向党组织汇报工作进展和成果，为党的事业提供有力的支持。

在实践过程中，党支部积极探索“党员兼任班级思政辅导员”的“党建带团建”工作长效机制。主要做法为以党小组为单位进行管理和指导，党员参与任课班级学生的思想教育与引领工作，兼任班级思想政治辅导员，参加指导班级主题团日活动，辅助班主任、辅导员做好班风、学风及后进生转化工作。

（三）加强党建与思想政治教育队伍建设，凝聚思想政治教育合力，提升育人质量和工作水平

加强学校党建与思想政治教育队伍建设是推动学校党建工作和思想政治教育工作的重要保障，有利于提高学校党组织的管理水平、凝聚力和战斗力。党支部结合工作实际，探索组建二级学院层面的基层党建与思政研究会。邀请学校马克思主义学院专任教师、心理教研室教师、党支部支委、团总支书记、学生工作副院长、辅导员等组成基层党建与思政研究会，由党支部负责日常工作的安排和组织。其主要职责是党建与思想政治教育体系研究、教师及学生队伍培训、组织形势与政策报告会、党建与思政科研课题研究、论文撰写、开展入党积极分子培养、组织党团课等。首先，通过加强对党员和思想政治教育工作人员的培训和管理，可以提高其综合素质和能力水平，更好地履行职责使命，为学校的发展和各项工作的顺利开展提供有力保障。其次，加强学校党建与思想政治教育队伍建设可以推动学校的思想政治工作和德育工作。最后，通过开展各种形式的思想

政治教育活动，加强对学生的思想引领和品德教育，培养德智体美劳全面发展的优秀人才。

三、经验与成效

通过基层党支部多年的实践探索，党支部“双带”工作法，推动了党的工作覆盖全体师生，在思想引领和价值塑造方面发挥重要作用，取得了可喜的成果。

1.“合格党员任务清单”长效机制的建立，量化了党员先锋模范作用，提升了党员责任意识和担当自觉，在征求群众意见中，群众普遍认为党员的模范带头作用明显加强。模范作用发挥量化成绩作为每年度评选学校优秀共产党员的重要依据，也得到党员同志们的一致认可。

2. 构建“关爱帮扶”长效机制是践行群众路线、增强组织凝聚力和焕发组织活力所做的一项有益探索。群众评价好，得到师生的一致认可，这是实施成效的主要检验标准。

3. 以党建带团建，构建“党员兼任班级思政辅导员”长效机制的建立，是落实立德树人根本任务，发挥党支部的思想引领作用和党员的先锋模范作用而开展的一项有益措施，班主任、青年学生对思政辅导员的高度评价，是检验工作成效的重要依据。

4. 组建基层党建与思政研究会，是新时期遵循工作规律，加强党建与思政队伍建设，形成思想政治教育合力的一项有力措施。将科研成果、组织培训、开设形势政策报告等指标作为检验标准，重点突出科学研究引领工作发展，科学规划助推青年教师发展，紧跟形势指导青年团员成长作为检验目标。两年来，思想政治教育体系研究成效显著，科研课题、相关论文均有多项获得各级奖项，党课团课、形势政策报告会影响力大，全员育人格局逐渐形成，思想政治教育充满活力。

提升基层党组织的组织力是实现新时代党的奋斗目标的迫切要求，是坚持新时代党的领导地位的内在需要，是推进新时代党的建设新的伟大工程的有效经验。党的十九大报告明确指出，新时代中国共产党的历史使命是实现伟大梦想、进行伟大斗争、建设伟大工程、推进伟大事业，其中起决定性作用的是党的建设新的伟大工程。党的基层组织是确保党的路线、方针、政策和决策部署贯彻落实的基础，是党的全部工作和战斗力的基础，建设好伟大工程，离不开党的基层组织。新时代党的基层组织工作开展得如何、组织力提升幅度的大小，直接影响党的凝聚力、影响力和战斗力，影响人民群众对美好生活的向往和追求。因此，大力提升组织力就成为新时代党的基层组织开展党建工作的重点。

基层党支部在探索以“党建带工建”提升党建组织力过程中，要始终坚持群众路线、求真务实，围绕中心、服务大局，全心全意服务师生成长和发展，通过长效机制的建设，发挥出基层党组织在学校建设发展中的思政和组织保障作用。长效机制的建设和实施有利于二级学院教育教学与行政管理工作的全面融合发展，在发挥支部党员先锋模范作用、凝聚集体智慧、锻炼队伍成长、发挥支部的战斗堡垒作用方面都发挥了积极的作用，有助于形成支部全体党员统一思想、明确方向、抓住重点、凝聚人心、求真务实开展工作的落脚点。

11. “五协同”工作法：助力落实校领导讲思政课机制

一、实施背景

党和国家高度重视思政课在立德树人中的关键作用，先后出台多个文件，强化落实校党委书记、校长在思政课建设中的责任。2019 年 8 月，中共中央办公厅、国务院办公厅印发了《关于深化新时代学校思想政治理论课改革创新的若干意见》（以下简称《意见》），《意见》中指出，要推动建立高校党委书记、校长带头抓思政课机制，并对书记校长讲思政课提出具体要求。高校党委书记、校长作为思政课建设第一责任人，要结合自身学科背景和工作经历，每学期至少给学生讲授 4 个课时思政课，高校领导班子其他成员每学期至少给学生讲授 2 个课时思政课，可重点讲授“形势与政策”课。①

为贯彻落实相关文件精神，强化落实校党委书记、校长在思政课建设中的责任，按照学校党委部署，我校建立了党委领导班子与思政课教师协同育人的长效机制，取得了良好的育人效果。从 2019 年下半年开始，全体校领导每学期走进思政课堂为大学生讲授“形势与政策”。马克思主义学院党支部根据文件精神，针对校领导讲“形势与政策”课制定了实施方案，从教学任务、教学内容、上课时间、集体备课、听课指导、研讨交流

① 中共中央办公厅 国务院办公厅印发《关于深化新时代学校思想政治理论课改革创新的若干意见》[EB/OL]. 新华网，2019-08-14.

等方面进行了具体安排。

二、主要做法

思政课是高校立德树人的关键课程，是师生学思想、强党性的有效途径，也是推动学习贯彻习近平新时代中国特色社会主义思想主题教育走深走实的生动载体。校领导坚持常态化讲授思政课，充分体现了学校党委对思政课这一立德树人关键课程的重视和支持，是为学生“扣好人生第一粒扣子”、培养高素质技术技能型人才的具体实践。经过四年的实践探索，马克思主义学院党支部创新建立了“五协同”工作法，即校党委领导班子成员与思政课教师形成“同备课、同上课、同听课、同交流、同研讨”协同育人的长效机制，助力落实校领导讲思政课要求。

（一）同备课

1. 协同配合

为保证良好教学效果，党支部的思政课专任教师与校领导一一对接，负责与校领导沟通本学期的教学计划、授课内容，协调安排校领导讲思政课的授课时间、授课班级，协助校领导做好教学设计和教学资源的准备。

2. 集体备课

学校党委高度重视，进行专题部署，围绕中共中央宣传部、时事报告杂志社出版的《时事报告：大学生版》和教育部办公厅印发的《高校“形势与政策”课教学要点》进行集体备课。校领导认真对待，结合自己的学科背景和丰富经历，精心准备授课内容。在充分了解学情的基础上，结合学生专业特点和当前热点话题，搜集大量相关案例，与思政课教师进行深入交流探讨，将亿万中国人正在书写的鲜活素材融入思政课程，丰富了思政课的内容和形式，促进了思政课教学质量的提高。

（二）同上课

1. 校领导：精彩授课

课堂上，校领导紧密结合国家最新的时政热点、职业教育发展实际和学生专业特点，用创新的理论、鲜活的事例、丰富的数据、严谨的逻辑、生动的语言与学生互动交流、传授知识、普及道理，与学生们同频共振，为学生们搭建了一座“思想上的桥梁”。近几年来，校领导们围绕“学习贯彻党的二十大精神”“中国式现代化与青年担当”“中国式现代化与职业教育新发展机遇”“聚天下英才 筑强国之基”“勇担使命 建功时代”“开创高质量发展新局面”“学习贯彻党的十九届六中全会精神”“习近平总书记在共青团成立一百周年大会上的重要讲话”“打造数字经济新优势”“不断推进全体人民共同富裕”“压紧压实疫情防控责任”等重大主题和热点话题为学生开展生动的形势政策教育。

在教学过程中，校领导们针对学生认知特点和现实困惑组织课堂教学，讲深讲透讲活马克思主义中国化时代化重大问题，推动主题教育落实落地、见行见效。通过全面系统、突出重点、深入浅出、通俗易懂的讲解，以讨论、互动等形式激发学生的思考和参与，鼓励广大学生勇担时代责任和使命，厚植家国情怀、涵养进取品格，发挥专业特长、传承红色电子精神，投身祖国建设、实现产业报国。

2. 思政课教师：组织课堂

思政课教师承担组织者、主持人的职责，负责开场介绍、组织课堂、总结点评等工作，以保证良好的教学效果。在交流对话环节，思政课教师组织学生与校领导进行深度交流和互动。一方面，进一步加深校领导对学情的了解，以便更好开展思想政治教育工作。另一方面，通过课上与校领导深入交流，进一步加深同学们对校情的了解。

（三）同听课

1. 学生深受鼓舞

每位校领导每学期对接 1~2 个学院，进行常态化授课。校领导授课紧扣新时代党和国家重大实践问题开展专题教学，为广大学生呈现了一堂堂别开生面、精彩纷呈，既有高度又有深度，既有广度又有温度的“大思政课”，有效激发了学生学习思政课的兴趣和积极性，同学们纷纷表示深受鼓舞和触动。

2. 教师记录总结

校领导进班讲思政课时，党支部书记、思政课教师、辅导员走进课堂一同听课，进行学习交流。为有效落实校领导讲思政课的长效机制，马克思主义学院编制了校领导讲思政课听课记录表，由对接的思政课教师记录授课内容、拍摄授课现场图片，并及时总结归档。

（四）同交流

1. 校领导与思政课教师

授课结束后，校领导与思政课教师围绕授课内容和教学效果进行进一步交流，就如何帮助学生准确理解当代中国马克思主义，深刻领会党的大政方针，引导学生认清我国发展大势和世界形势，正确认识时代责任和历史使命，以及如何推动发挥思政课铸魂育人的主渠道主阵地作用，推动立德树人根本任务落地落实等问题进行深入探讨，听取学校领导对思政课建设的指导意见。

2. 思政课教师之间

思政课教师重点分享与校领导交流沟通、集体备课、讲课、听课的收获和体会，以不断丰富思政课教学内容，创新思政课教学方法，全面落实好思政课教学的各项任务。在交流分享的过程中，进一步回答好“为谁培养人、培养什么人、怎样培养人”的时代命题，努力为中华民族伟大复兴培养更多高素质技术技能型人才。

（五）同研讨

1. 学校召开专题研讨会

为加强马克思主义学院和思政课的建设，学校始终坚持党委直接领导、党政齐抓共管的领导体制和工作机制。学校党委会、校长办公会每学期召开专题会议听取汇报，把思政课建设列入学校发展规划，作为学校重点课程建设，推动学校思想政治教育工作深入开展。

2. 党支部组织学习研讨

马克思主义学院党支部每学期针对校领导讲思政课活动进行阶段性总结，及时了解校领导讲思政课的效果，并进行改进和完善。通过召开专题研讨会，组织开展校领导讲思政课的宣传和总结工作，充分利用校内党建网广泛学习和推广校领导讲思政课的有益经验及做法，以增强我校思政课的亲和力、针对性和实效性，进一步提升思政课教学质量和育人实效。

三、经验与成效

校领导讲思政课是新时期加强党对思政课的全面领导，全面推动立德树人根本任务落实，加强思政课改革创新的重要战略举措。“同备课、同上课、同听课、同交流、同研讨”的协同育人工作法有效推进落实校领导讲思政课的要求，探索出了学校党委推动思政课建设和提高思政课吸引力的具体路径，强化了校领导在立德树人中的主体责任，同时也有效提升了党支部的建设水平。

（一）经验总结

近年来，在持续深入推进校领导讲思政课的实践中，我校探索出了具有本校特色的具体实施办法，坚持学校党委高度重视、各方协同配合，切实落实高校党委书记、校长带头抓思政课的长效机制，进一步做好校领导讲《形势与政策》课工作。

1. 学校党委高度重视

学校党委始终高度重视思想政治教育工作，坚持为党育人、为国育才，充分发挥学校领导在思想政治教育工作中的示范引领作用，学校党委书记、校长带头走进课堂听课讲课，带头推动思政课建设，带头联系思政课教师，深入一线了解学生思想动态，为扎实推进思政理论课改革创新提供强大的精神动力和制度保障。

2. 各方协同配合

校领导讲思政课是一项系统工程，需要各方协同配合，形成良好的育人氛围。校领导进课堂讲思政课的目的是推动学校思政课的改革创新，提升思政课质量。① 党政部门、各二级学院积极交流沟通、协作配合，共同

① 黄艳，罗英，叶芳．校领导上“形势与政策”课实践与思考［J］．成都工业学院学报，2022，25（2）：83-86.

探索和研究思政课教学内容和方法，持续推动思政课讲深讲透讲活，达到沟通心灵、启智润心、激扬斗志的良好效果。无论是学校领导干部还是专兼职思政课教师，都要自觉把讲思政课作为应担之责，结合自身的学习体会、身边的典型案例、国家的发展故事，站在历史逻辑、理论逻辑、实践逻辑的高度，用真理的力量感召学生，用深厚的理论教育学生，用新时代伟大成就鼓舞学生。

3. 建立常态化机制

校领导讲思政课是一项长期工作，需要持续努力、久久为功。通过建立健全常态化机制，持续深入推进全体校领导进课堂讲思政课，全方位、多层次、深度参与思政课教育教学。

第一，集体备课机制。建立校领导与思政课教师相结合的集体备课机制，以实现优势互补、资源共享。健全校领导和思政课专任教师在教学内容、教学方法、教学资源、教学心得、理论宣讲等方面的协同机制。

第二，座谈调研机制。注重与思政课教师、学生建立密切联系，定期召开校领导与思政课教师、学生座谈会，与师生进行深入沟通和交流，及时掌握师生思想动态。在广泛调研的基础上，分析思政课建设中存在的问题，推动思政课教学改革创新。

（二）成效启示

通过校领导讲思政课，我校在落实校领导讲思政课机制方面进行积极实践与初步探索，取得了一定成效，促进了学生更好地学、教师更好地教以及不断提升思政课育人效果。

1. 学生：更好地学

校领导走进思政课在学生中引起强烈反响，系列思政大课结束后，同学们深受鼓舞和触动，促进了学生更好地学。同学们纷纷表示，校领导讲授的思政课极具感召力，令人振奋，作为新时代大学生，要为个人进步、学校发展、国家富强而努力学习、增长才干、锤炼品格、提高素质，为全面建设社会主义现代化国家贡献自己的青春力量。

2. 教师：更好地教

校领导讲“形势与政策”课，回应了学生关注的热点问题，主题鲜明、案例丰富、内容充实，是一堂生动的思政大课。一方面，与专任教师的思政课形成互补；另一方面，为上好新时代思政课起到了良好的示范引领作用，促进了教师更好地教。

3. 思政课：育人效果不断提升

用真理感召学生，用理论教育学生，用成就鼓舞学生，用精神激励学生。校领导精心准备授课内容、注重与学生深入交流，不断丰富思政课的教学内容、创新思政课的教学方法，有效提升了我校思政课的育人效果。

12. “543”工作法：落实好党员谈心谈话制度

一、实施背景

我们党自成立之日起，就十分注重谈心谈话这一形式，党员谈心谈话制度是党内交流思想工作、交换意见的基本方式和方法，其贯穿于教育、教学的全过程。开展党的思想政治工作要落实好党员谈心谈话制度，通过党员谈心谈话增进党内团结，化解党内矛盾，营造清风正气、团结友爱的党内氛围。

党的十八届六中全会审议通过了《关于新形势下党内政治生活的若干准则》（以下简称《准则》），《准则》中指出，要坚持谈心谈话制度，并确定开展党员谈心谈话工作的形式，要求党组织领导班子成员之间、班子成员和党员之间、党员和党员之间要开展经常性的谈心谈话，领导干部要带头谈，也要接受党员、干部约谈。① 2018 年 10 月，中共中央政治局印发了《中国共产党支部工作条例（试行）》，条例中指出，党支部应当经常开展谈心谈话。党支部委员之间、党支部委员和党员之间、党员和党员之间，每年谈心谈话一般不少于 1 次。谈心谈话应当坦诚相见、交流思想、交换意见、帮助提高。②

为贯彻落实相关文件精神，提升我校党内政治生态，塑造清风正气、

---

① 关于新形势下党内政治生活的若干准则［N］. 人民日报，2016-11-03（5）.

② 中共中央印发《中国共产党支部工作条例（试行）》［EB/OL］. 新华网，2018-11-25.

团结友爱的党内氛围，马克思主义学院党支部根据文件精神，编制了《马克思主义学院党支部党员谈心谈话记录表》，定期开展党员谈心谈话工作，在实践中不断积累、总结，形成了一套完整、有效的经验和做法，建立了谈心谈话工作“5项原则、4个重点、3个阶段”的长效机制，归纳总结为“543”工作法，助力落实好党员谈心谈话制度。

二、主要做法

党员谈心谈话制度是维持党内关系和谐稳定、加强党内思想政治工作的重要制度，是坚持发扬民主、保证党的团结统一、推动党组织工作高质量发展的有效途径。党支部始终坚持贯彻落实党员谈心谈话制度，定期开展谈心谈话工作，不断促进党支部团结稳定，营造清风正气、团结友爱的党内氛围，经过多年的实践探索，归纳、总结了“543”工作法，形成谈心谈话工作长效机制。

（一）坚持5项基本原则

1. 平等原则

党支部中的领导干部要始终保持平等的心态，以人性化的沟通方式，通过平和的语气与谈心谈话对象进行交流，始终与谈心谈话对象保持平等地位，面对谈心谈话对象针对自己提出的不足之处或批评意见，要虚心听取，并对确实存在的不足进行改正，不得在谈心谈话工作开展前，故意压制谈心谈话对象对自己提出批评，严禁在谈心谈话工作开展后，对批评自己的对象实施打击报复。

2. 诚恳原则

党支部中的领导干部与谈心谈话对象彼此之间需要心无芥蒂地开展谈心谈话工作，谈话内容需要开诚布公、敞开思想，双方需要坦诚相见，真心实意地指出对方的不足之处并给出批评建议，推心置腹、虚心接受对方对自己提出的不足、意见和建议。在谈心谈话之后，针对自身不足以及对方提出的意见、建议，制定行之有效的改正方案。谈心谈话活动要以团结友爱为出发点，坚持言之有据、共同进步，不得夸大其词，不得假借谈心谈话工作恶语中伤他人。

3. 求实原则

谈心谈话工作开展过程中，一方面要勇于自我批评，需要与自己的思想、工作、生活、廉洁和自律情况紧密相关。要做到实事求是，言之有物，深刻认识并敢于正视自己的不足，并在谈心谈话之后，积极改正。另一方面，在评价他人时，必须实事求是、客观公正，不得存在个人偏见，不得夹带个人情绪，必须从实际出发。对存在误解的问题，要如实说明情况，及时消除误解。

4. 党性原则

开展党员谈心谈话工作，其目的是加强和规范组织生活，统一思想，解决党内矛盾、纠纷，促进集体共同提升，营造团结友爱的党内氛围。因此，广大党员要始终牢记自己的党员身份，本着对同志负责的态度，把问题摆上桌面，把意见提在当面。在开展批评、建议时，要敢于抛开个人情面，打破思想上的束缚，展开积极向上、实事求是的思想碰撞，坚持原则性问题，坚持正确的政治方向。

5. 保密原则

相互信任是建立良好党内政治生活的基础，而保守秘密则是必须遵守的道德准则。在党员谈心谈话工作中，讲述的一方必须要做到高度信任，将自己的真情实感讲出来，才能得到另一方的建议；而倾听的一方必须做到严格保密，尊重对方的信任，不得将对方隐私透露给其他人。

（二）落实4项重点内容

谈心谈话要落实“见人见事见思想”的方法，经常开展、定期开展，做到多维度、全方面的交流、讨论，始终保持谈心谈话的真诚、真实，及时发现问题，积极采取改正措施。坚持不以一般性沟通代替谈心交心，坚持不以谈具体性事务代替思想沟通，坚持不以谈自己代替谈对方，坚持敞开心扉、打开心门、摆清事例、说开纠结的要求，达到消除隔阂、诫勉提醒、帮助提高的目的。重点包括以下几个方面：

1. 征求意见

在开展谈心谈话工作过程中，党支部书记要主动开展工作，主动找党员教师谈心谈话，把自己摆进去，真诚地说出自身的不足之处以及在工作中发现的问题，虚心向党员教师征求支部建设、思想政治等方面的意见或建议，要与谈话对象进行讨论，对于提出的意见建议，做好记录，着手吸纳、采用。同时要鼓励每位党员教师实事求是地说出自身不足之处，从多方面听取自身存在的缺点、不足。

2. 了解情况

党员谈心谈话制度是党内沟通交流的有效手段，同时也是实现党内关怀的机制。党支部书记与其他党员干部、党员同志开展谈心谈话工作时，需要投入更多精力，时刻关注党员教师思想现状、工作困难以及家庭情况。对于存在困难的党员教师要主动给予帮助，充分体现党内的关心关爱，切实营造党内团结友爱的氛围，让党员教师感受到党组织的关怀，激发工作活力。

3. 交流思想

党员谈心谈话工作中，谈话双方需要进行深入沟通交流，谈出真实心声，说出真心话语。党员干部要起到带头作用，直面自身问题，不拐弯抹角，不遮遮掩掩，深入开展思想交流、交换意见，特别注意存在分歧、争议的问题。党员干部要解开党员教师的思想束缚，对思想深处的问题，要敢于表达，认真提出建议和意见。

4. 提醒帮助

党员谈心谈话工作，要本着对其他同志负责的态度，实事求是地指出对方的不足和问题，对于思想作风方面存在的问题，重在提醒、批评、诫勉，真诚地提出意见建议，帮助同志认识问题、改进提高；对于工作和生活出现困难的党员，重在认真倾听，切实做好心理疏导工作，在力所能及的范围内提供帮助。党支部书记开展谈心谈话工作时，要出于公心，严肃认真地提醒并指出问题，及时地帮助其“提领子、扯袖子、醒脑子”。

（三）把握3个谈话阶段

1. 谈话前准备阶段

在开始正式的谈心谈话工作前，应当做足“功课”。可以从以下三个方面着手进行准备工作：“为何谈”“跟谁谈”“谈什么”。开展谈心谈话工作，一是我们要始终明确“为何谈”这一问题，谈话前要调查了解近期工作中存在的问题，明确谈心谈话的大方向，确保谈到“关键点”，谈进“心坎里”。二是要确定“跟谁谈”这一问题，要找准“关键少数”这一“牛鼻子”，重点观察党员干部以及造成不利影响的少数人，在开始谈心谈话前要全面了解谈话对象的思想政治、家庭情况、近期工作状况以及性格特点等一系列问题。三是细化“谈什么”这一问题，根据党员的不同情况和特点，做好谈前问题清单，列出谈话提纲，可以结合年度重点工作以及绩效考核指标等内容有针对性地开展谈心谈话工作。

2. 谈话中入题阶段

入题阶段是指逐步进入谈心谈话主题的阶段。谈心谈话过程中，要深入沟通交流，交换意见，要注重了解对方思想、工作、作风、生活等各方面情况，对发现的实际困难主动给予帮助，体现党内关心关爱。随着谈心谈话的展开，谈话者逐步消除了紧张心理之后，“怎么谈”就成为入题阶段的重点难点问题。在谈心谈话进行过程中，如何巧妙运用谈话技巧是重中之重，针对不同谈话对象，需要采取不同的谈话技巧和方式。在做足谈话前准备工作后，要做到谈心谈话因人而异、因事而定，可以在开始时谈一些与谈心谈话主题有一定联系的话题，或先以谈心谈话对象最近家庭情况、工作情况等话题作为引入，为转到正题打下基础。

3. 谈话后总结阶段

总结阶段是指巩固谈心谈话成果的阶段。谈心谈话工作要杜绝“走过场”，避免流于形式。因此，在谈话结束后，根据谈心谈话的相关记录，总结谈心谈话的成果，针对谈话中指出的问题，要深刻反思，及时自查自纠，采取改正措施。

三、经验与成效

贯彻落实谈心谈话制度，有利于规范组织生活，提升党支部活力，推进高质量党建。坚持开展谈心谈话工作，有利于规范党支部的组织生活，进一步增强党员之间的团结和凝聚力，有效化解党内矛盾，提升党内关系，营造清风正气、团结友爱的氛围。通过党支部委员之间、党支部委员和党员之间、党员和党员之间的谈心谈话，促进党员干部与党员教师之间思想的碰撞，进而引导党支部共同进步。因此，党支部要重视党员谈心谈话工作，坚持经常性谈心谈话与定期谈心谈话相结合的机制、加强人文关怀、创新方式方法，让支部每一位党员感受到家庭般的温暖。

（一）建立长效机制

建立经常性谈心谈话和定期谈心谈话相结合的长效机制，提升党支部在谈心谈话工作中的能力和水平。党支部定期开展谈心谈话工作，谈心谈话一般在组织生活会、民主评议党员工作前进行，也可结合主题党日活动进行。此外，党支部可以根据实际工作需要，不定期、经常性地开展日常谈心谈话工作。在落实谈心谈话制度时，应分工明确，确保覆盖全体教职员工，党支部书记负责与需要重点关注的人谈心、组织委员负责与入党申请人和入党积极分子谈心、宣传委员负责与典型人物谈心、纪检委员负责与党风廉政监督员和专项负责人谈心、青年委员负责与青年教师和团学干部谈心。

（二）加强人文关怀

坚持日常交流谈心谈话，在日常工作、生活中不定期与党员进行沟通交流，了解其工作、学习、生活等情况，及时掌握党员的思想状况和心理状态。如有工作出现变动、受到表彰或处分、遇到困难或挫折、身心健康存在突出问题、出现矛盾和意见分歧、离退休、群众有不良反应等情况的党员，党支部书记应及时与其进行谈心谈话，帮助其做好心理疏导，有针对性地做好思想政治工作，从而更好地发挥党支部在引领党员成长和为群众服务等方面的作用。

（三）创新方式方法

开展谈心谈话工作，应当做到实处，杜绝形式主义，不能“拉家常”式地开展工作。因此，要以不断创新谈心谈话的工作法作为未来的重点工作，唯有不断创新谈心谈话工作法，确保谈心谈话活动长期、有效开展，才能真正起到凝心聚力的良好效果，让谈心谈话有温度、有力度、有实效。将谈心谈话开展情况纳入党支部工作考核，充分利用大数据等新兴技术推进“互联网+”党建，不断提升谈心谈话工作的质量和实效。

13. “六字诀”工作法：思政研究中心引导教师躬耕教坛、创新科研

一、实施背景

在新时代实施科教兴国战略和强化现代化建设人才支撑的总体要求下，科学研究得到了前所未有的重视。高校作为我国科研成果活动的一支重要主力军，在促进经济建设和社会发展中占有举足轻重的地位。“十四五”期间也是我国高等教育深度发展的时期，高等教育得到了充分的发展和受到前所未有的重视。高校马克思主义学院承担着教育教学、科学研究、师资队伍培养、社会服务与影响及党建与思想政治教育等重要职能。在教科研工作中全面贯彻党的教育方针，坚持把立德树人的成效作为检验学校一切工作的根本标准，坚持教学引导科研、科研支撑教学的学术导向，以研究成果服务育人目标为根本。

二、主要做法

科研工作是推动马克思主义学院发展的重要动力。马克思主义学院下辖的思想政治理论教育研究中心建设坚持党管科研的政治导向，遵循思想政治教育的内在规律和原则，立足思想政治教育工作研究体系，对科研进行高质量总结凝练和提升，有助于夯实马克思主义学院建设的根基，引领推动思想政治教学与研究工作高质量发展。北京信息职业技术学院马克思主义学院党支部把科研工作作为推动马克思主义学院建设的重要内容，用

好“人、规、查、和、类、效”的“六字诀”，充分调动广大教师在以教学为主的基础上开展科学研究的积极性，科研工作成效显著。

（一）在“人”字上下功夫，带动教师转变观念

习近平总书记指出，“强教必先强师。要把加强教师队伍建设作为建设教育强国最重要的基础工作来抓，健全中国特色教师教育体系，大力培养造就一支师德高尚、业务精湛、结构合理、充满活力的高素质专业化教师队伍”①。马克思主义学院科研工作的组织实施，核心力量在人才。必须要在“以人为本”理念的指导下，争取一线教师的积极参与，培养从事课题研究的骨干力量。马克思主义学院党支部要使科研切实做到为教学和人才培养服务，就一定要把科研队伍建设作为具有战略意义的大事来抓，营造尊重知识、尊重人才的氛围，对教师、科研人员要以信任为基础、以道德为前提、以爱护为动力，创造一个有利于优秀人才培养、使用、成长的环境，全方位、多渠道、多层次提高教师整体素质。在队伍建设中，既要注重引进，也要注重内部培养，正确处理好两者关系。

当代教育改革的形势下，广大教师身兼双重角色，既是教育者，又是研究者。马克思主义学院党支部教育广大教师要自觉地承担起双重专业角色，做教学、科研并重型教师，教学科研是教师走向成功的必由之路。教师首先要增强科研意识，自觉地认识到科研工作与学院教育教学工作的关系，科研工作与提高教育教学质量的关系，科研工作与教师自身成长、发展的关系。之前，在职业教育的教师群体中存在些许的认识误区，如科研工作神秘论、科研工作与己无关论等。马克思主义学院针对建立发展的历史和现状，进行了认真的调研，及时召开科研工作会议，确立了“以学科建设为龙头、实践教学为中心，教学与科研并举”的指导思想，制定了学院科研工作发展规划，明确了科研工作的重点、任务和目标，在学院绩效中对科研工作进行奖励等措施，极大地调动了全院教师的科研积极性，增强了广大教师的科研意识，使他们对学院的未来充满了希望和信心。

---

① 习近平．扎实推动教育强国建设［J］．红旗文稿，2023，6（18）：封2.

（二）在“规”字上打基础，建立学术诚信机制

习近平总书记指出，“新时代，我们党要团结带领人民实现‘两个一百年’奋斗目标、实现中华民族伟大复兴的中国梦，必须贯彻新时代党的组织路线，努力造就一支忠诚干净担当的高素质干部队伍”①。马克思主义学院党支部通过主题教育的方式，告诫党员教师“人无德不立”，学术诚信是科研工作者的底线，科研道德是科学研究的基本要求，在日常工作中要严格遵守科研规范。多次邀请多位院领导和专家给党员教师做讲座，尤其是与新聘教师进行面对面的沟通交流，探讨理想信念、人生价值、学术诚信、师生关系等新聘教师关注的话题，在入职伊始就帮助他们系好科研生涯“第一粒扣子”。

随着科研水平和科研意识的整体提高，马克思主义学院在规范科研管理的基础上强化了科研管理机制。一是，以思政课的课程门类为主，设置重点学科，以重点学科为龙头，带动全院学科建设，形成以学科建设促科研，以科研带动学科建设，以学科建设促学院整体教学、科研水平这一良性循环。二是，确定科研是教师常规工作的一部分，对科研工作量进行绩效奖励，并明晰了课题申报、课题撰写、课题结项、论文发表、论文获奖等事项的奖励要求及奖励标准。三是，加强对项目负责人及其成员的科研财务基础知识培训、党纪党规教育，尤其加强警示教育，选取典型，用身边事教育身边人，引导项目负责人自觉接受有关部门及学校的监督、检查、审计。四是，组织做好廉洁约谈，签订承诺书，将廉洁提醒事项融入科研项目管理，经常性开展提醒，及时发现苗头性、倾向性问题，做到治微病、防未病。

（三）在“查”字上寻线索，激发科研内生动力

习近平总书记指出，“要带头抓好调查研究，深入实际、深入群众，增强问题意识，真正把情况摸清、把问题找准、把对策提实，提出解决问题

---

① 习近平．努力造就一支忠诚干净担当的高素质干部队伍［J］．前线，2019，2（2）：4-8.

的新思路新办法，引导和推动全党大兴调查研究之风”①。调查研究是谋事之基、成事之道。在科研工作的调查研究中，调查是基础，研究是关键。在调查研究的选题方面，马克思主义学院党支部要求党员教师从以下三个方面确定主题：一是要关注国家发展的重大议题，抓住重大问题进行调查研究；二是要追踪社会、政治、经济、文化等热点问题进行调查研究；三是要结合马克思主义基本原理、中华优秀传统文化的传承发展等理论问题进行调查研究。着重研究解决事关思想政治教育改革与发展的突出问题，着重研究解决职业教育教学的实践问题，着重研究解决教育活动中的热点、难点和重点问题，忙在点子上，谋在关键处。

（四）在“和”字上创环境，凝聚团队合作共识

不断开拓创新，营造良好的科研氛围，为广大教师创造一个有利于科研的良好环境十分重要，这是马克思主义学院科研工作健康发展的重要保证。首先，加大对科研的投入力度，加强科研基地建设，改善科研硬环境。2021 年，马克思主义学院成立思想政治理论教育研究中心，下设红色电子文化研究室与思政“金课”研究室。积极鼓励教师参加课题申报、课题立项、课题研究活动，进一步改善学院科研环境，为发展高水平科研、培养高质量人才提供必要条件。其次，创造宽松的科研政策环境，建立导向机制、评价机制、有效的竞争与激励机制，引导广大教师、科研人员投身于创造性科研活动，鼓励优秀人才脱颖而出，规范科研评价。如：在支部活动中，充分肯定教职工所取得的科研成果。每年两次举办的科研课题规划、科研课题总结，每周举办的科研问题评价等活动，为广大教师提供学术的舞台。再次，科研服务意识。学院不断加强信息服务功能，提供及时、高效咨询，决策服务和科研的实践依据与价值导向，创建有效的学术交流机制与环境，建立鼓励教师参加各种学术会议的制度和机制。最后，加强交流与合作。学院积极组织广大教师和科研人员走出去参加重点院校和科研机构的科研课题，邀请知名专家、学者担任课题顾问，指导项目申

① 中共中央文献研究院．习近平关于调查研究论述摘编［M］．北京：中央文献出版社，2023：118.

报和课题研究工作。同时，充分发挥自身优势，努力创造融洽和谐的科研气氛，保持健康向上的科研文化，积极组织“老中青”三代教师互帮互带的科研团队，使有限科研力量形成合力，不断提高文献查阅与研究、访谈问卷设计、实践调查、数据分析、论文撰写等科研技术能力，促使师资队伍整体科研水平和科研能力提高。

（五）在“类”字上立创新，提升教师能力素质

马克思主义学院积极推动教师能力素质的提升，尤其是科研创新能力素质的跃升发展。强化联动各教研室的科研管理组织能力，以思想政治理论教育研究中心为依托，形成了纵向按照“学院—中心—教研室”的三级管理，横向按照支部书记、支部委员、党员三类人员，形成“横向到边，纵向到底”的科研创新孵化方式。聚焦职责融合，实现科研思维创新整合。由于教师们存在多学科的学术背景、教师年龄跨度较大等问题，科研创新思维不尽相同，结合其特点，按照教师能力水平对其进行三级分类（A/B/C），A 类为具有独立从事基础研究、应用研究和发展研究能力的教师，其科研探索和创新能力较强，可进行“自主创新”型科研工作；B 类为具有从事部分应用研究和发展研究能力，有一定的吸收能力，在合作基础上能够发挥一定科研创造能力的教师，可进行“合作创新”型科研工作；C 类为创新性科研表现不明确，在发展研究方面，有一定的改进能力，科研模仿能力、吸收能力和跟踪能力比较强，也有一定的创新性思维，可进行“孵化—成长”型科研创新工作。其中，对于 A 类科研工作，党支部把“自主创新”型教师快速引入学术前沿和新领域的中心，要求教师一定要深入某一思想政治教育理论的前沿或者中心地带，能够洞悉相关学科的最新发展，然后在此基础上有所创新；对于 B 类科研工作，党支部放手让“合作创新”型教师在新领域进行探索和发挥，并及时安排学科带头人与他们交流，对相关问题进行充分讨论和解析；对于 C 类科研工作，党支部鼓励“孵化—成长”型创新教师，积极参与项目，让他们根据兴趣去发现科研中的“闪光点”，进而发现和培养科研新苗。

（六）在“效”字上重转化，推动科研合作

以促进科研创新为主线，推动马克思主义学院与兄弟院校、北京教育

科学研究院等单位，建立长期、稳定的科研合作关系，进一步增加科研交流的频率，寻找更多的科研合作机会，提高合作的效率。一是通过组织召开专业领域的沟通交流座谈会，既能展示马克思主义学院的科研实力和成果，同时又让兄弟院校与北京教育科学研究院了解我们在发展过程中面临的科研痛点和难点，提高联合科技攻关的成功率。二是充分发挥高校的教育科研优势，支持党员核心骨干力量的专业化培养，定期安排教师到更高层级的培训部门学习深造，提供专家讲座、专家咨询、科研技能和科研方法等培训，为教师提升专业技能素养、提高科研水平提供帮助。三是大力发挥行业办学的生产实践优势，建立现场教学基地，每年选派专业教师到企业开展实践学习，也能促进专业教师将生产实践知识紧密融入课堂理论教学和科学研究过程中，进一步增强专业教师的教学和科研能力。

三、经验与成效

党支部在科研工作中要坚持强化思想引领，发挥其在思想建设方面的优势，引导科研人员坚定政治立场，确保科研工作始终沿着正确的方向前进。要积极参与科研决策，参与科研项目的立项、实施和结题等环节，确保科研工作与党和国家的战略需求相符合；加强组织协调，发挥其组织优势，协调各方资源，为科研工作提供有力支持。要关注科研人员的成长，为其提供良好的发展平台；做好服务保障，关心科研人员的工作和生活，为其解决实际困难、创造良好的工作环境。同时还要强化监督考核，建立健全监督考核机制，对科研工作进行全程监督，确保科研成果的质量和水平等。有效加强党支部对科研工作的政治领导，推动科研工作与党和国家的需求紧密结合，为我国的发展贡献更多力量。

14. “五用五帮”工作法：创建导师工作站 打造高质量思政课堂

一、实施背景

思政课是落实立德树人任务的关键课程，是加强和改进高校思政工作的灵魂课程，一直以来受到党和国家的高度重视。2019 年 3 月 18 日，习近平总书记在学校思想政治理论课教师座谈会上发表重要讲话，为新时代思想政治理论课改革创新提供了根本遵循。习近平总书记强调：“办好思想政治理论课关键在教师，关键在发挥教师的积极性、主动性、创造性。思政课教师，要给学生心灵埋下真善美的种子，引导学生扣好人生第一粒扣子。”① 思政课教师责任重大，在落实立德树人根本任务中发挥着不可替代的作用，要积极推动思政课教师队伍建设，严格落实相关规定，择优配齐建强思政课教师队伍，释放思政课高质量发展的强大效能。

办好思政课，最根本是要全面贯彻落实党的教育方针，解决好培养什么人、怎样培养人、为谁培养人的根本问题。办好思政课，必须让马克思主义在高校意识形态领域的指导地位更加鲜明，使马克思主义理论和马克思主义中国化最新成果进教材、进课堂、进头脑，引导教师全面、准确、深刻地阐述马克思主义基本原理和基本观点，引导学生真学、真懂、真信、真用。要更好地发挥思想政治理论课作为立德树人关键课的作用，既

① 习近平．思政课是落实立德树人根本任务的关键课程［J］．求是，2020，8（17）：4-16.

要加强对专职思政课教师的培养培训，更要做好对兼职教师的培养培育，共同达到教育教学实效，确保思政课教学的质量和水平。党支部在兼课教师培育中，探索运用“五用五帮”工作法，创建导师工作室，提升兼课教师的政治素质，增强兼课教师的政治信念，完善兼课教师的业务能力。

二、主要做法

全面提高高等院校思政课教师质量，建设一支高素质创新型的思政课教师队伍。兼职教师，尤其是辅导员兼职的思政课教师是高校思政课师资的新生和后备力量，对辅导员兼职思政课教师的培养直接关系到高校思政课师资队伍的结构优化和培养质效。北京信息职业技术学院马克思主义学院党支部实施兼职教师“五帮五用”的“传帮带”工作法，帮助兼职教师尽快提高政治素质和业务能力，为培养造就一批政治强、业务精、作风好的高素质思政课教学科研人才打下坚实基础。

（一）用心帮学：深化兼职教师政治理论学习

深化政治思想学习，坚定正确理想信念，如何提升高校思政课教师队伍的整体水平和综合素质，是党和国家面临的重要课题。新时代要求思政课教师必须具有较高的政治敏锐性，不断地坚定自身信仰，掌握在政治视角下审视问题的能力，尤其是在核心问题方面坚定立场，保持政治清醒。高校思政课教师承担了弘扬马克思主义的历史使命，需要将马克思主义的核心思想和科学方法传递给学生，引导学生坚定马克思主义信仰，坚定不移地走中国特色社会主义发展道路。让有信仰的人讲信仰是高校思政课教师的重要职责，只有坚定自身信仰，才能传递信仰。着力提高教师专业能力，推进高等教育内涵式发展。因此，党支部为进一步加强兼职思政课教师队伍的培养和管理工作，有效落实学校教育教学规范和标准，落实思政课课程教学大纲要求，帮助兼职思政课教师掌握教育教学规律及学生成长规律，不断加强政治理论学习，及时将党的创新理论融入思政课教学，同时能够运用好混合式教学等多种教学组织形式，不断提升思政课教学质量和水平，并进一步加强课堂意识形态常态化管控，组建成立思政课“导师工作站”。

（二）用力帮融：增强兼职教师综合素质

发挥组织优势，推动合作蓝图落地生根。一是“工作小组”强保障。马克思主义学院党支部本着认真落实习近平总书记关于思政课“八个相统一”的建设要求和思政课教师的“六要”目标原则，下发《关于马克思主义学院在三校区成立思政课“导师工作站”的实施方案》（以下简称《方案》）。依托该《方案》，马克思主义学院与专业院系共商思政课教育发展方案，制定党建合作项目等，提升整体教育教学水平。基于此，马克思主义学院成立了思政课“导师工作站”工作小组，由马克思主义学院党支部书记任组长，教学名师教授任副组长，马克思主义学院 5 名党员和 1 名副教授任成员，具体负责“导师工作站”的统筹协调和组织保障工作。马克思主义学院党支部围绕帮助兼职教师提升综合素质的主题，对三校区 15 名兼职教师进行辅导，各校区成立项目行动支部，制定行动目标，明确行动任务，确保项目落实，使党建工作更好地融入兼职教师合作管理项目，让基层党组织和党员在行动一线分别发挥战斗堡垒作用和先锋模范作用。二是“合作专线”重实际。鉴于思政课的兼职教师多为辅导员与行政人员，工作内容多为对大学生的健康成长、全面发展予以关心和关怀，日常事务较为繁忙，因此，党支部以行动计划为线路图，高质量打造聚焦思政课教学协同创新的发展机制，明确了兼职教师更好融入思政课教学工作的集体备课制度。该制度规定：每 2 周一次集体备课，双周进行。时间一般为周五下午或按协商时间进行；备课内容为思政课教学主要重难点问题解析，课堂组织与实施方法，教学建设资源运用方法，精品课与信息化手段运用方法，教科研方法，示范课堂展示指导等。

（三）用情帮进：精准对接兼职教师需求

为了服务保障基层党组织强化政治功能、深化服务功能的主责主业，精准对接兼职教师需求，马克思主义学院党支部用情帮进，做好“点上开花”和“面上拔穗”的成长辅助工作。一是“点上开花”，创设名师帮扶机制。马克思主义学院党支部非常重视辅导员队伍的成长和发展，将党建工作与教师队伍发展深度融合，帮助辅导员对接学校思政课建设的名优团队和名师工作室。依托林广梅名师工作室的辐射带动机制，致力于培养有高度、有宽度、有精度的思政课教育教学人才。同时，马克思主义学院党支部也鼓励专职思政课教师走出课堂，积极寻求与辅导员队伍的合作，专职思政课教师通过担任班主任、指导学生社团活动、辅导辩论赛、参与和指导大学生寒暑假社会实践等本来主要由辅导员承担的工作，不仅可以更好地发挥专职思政课教师的理论特长，使这些活动更具思想政治教育意义，同时也可以更好地了解辅导员工作的内涵，建立与辅导员之间的联系。二是，“面上拔穗”，搭建活动成长平台。兼职教师的成长需要平台的辅助和专家的引领。马克思主义学院党支部联合专业院系辅导员团队，定期开展专题读书交流活动，学习借鉴马克思主义学院与专业院系建设的先进教育理念和优秀教育经验；邀请专家团队为参与项目的每一位兼职教师建立了三年成长发展规划，采用“一对一”辅导模式，安排导师组成员进课堂指导 30 余人次，网络指导 50 余次，着力造就一支师德高、师风正、业务强的优质兼职教师团队。

（四）用智帮讲：“三级示范”落实立德树人根本任务

马克思主义学院党支部高度重视党员的示范引领作用，在形式上采用新型的“三级示范式”导师团队开展思政课教学的“传帮带”活动。“三级示范式”导师团队由名师头雁团队、骨干教师研究团队、青年教师发展团队三支不同层级的教师队伍组成。名师头雁团队由德高望重、经验丰富的老教师组成，职责是为兼职教师出谋划策、把脉护航；骨干教师研究团队是中坚力量，在兼职教师的教育、教研、课堂、信息化等各个领域承担主体推进工作；青年教师发展团队由新入职教师组成，是思政课教育教学工作的新鲜血液，以其创新性和活力性为兼职教师提供帮助。三支团队在马克思主义学院党支部的统一领导下协同工作，以实现思政课教师资源利用的最大化，从而让各层的党员教师能够真正地帮助兼职教师发展和成长。尤其是在教学过程中，基层党组织和马克思主义学院领导切实关心兼职教师的发展问题，党员教师积极引导兼职教师进行教学、科研，避免走不必要的弯路，使兼职教师以最快的速度融入高校思政课教学、科研团队当中，使兼职教师有归属感，从而使兼职青年教师更积极地进行教学工作。由于有一批根正苗红、经验丰富、业务能力强、品德高尚的名师头雁把脉，有骨干教师的倾力引导，有青年教师的启智润心，对学校落实立德树人的根本任务起到了巨大的促进作用。“导师工作站”充分发挥教授、博士的引领作用，利用集体备课、辅导答疑、互听课交流、参加相关课程培训等方式带动兼职教师整体教学水平和教学能力的提升。在校内积极开展思政课教师与兼职教师“一帮一”结对帮带，思想上，加强兼职教师的党性教育，坚持“马院姓马”和“马院为党”的根本教育原则，坚定正确的政治方向，确保在思想上、政治上、行动上同党中央保持高度一致；业务上，帮助兼职教师确定教学专题，辅导兼职教师收集资料素材、撰写教案，传输授课方法，指导撰写调研报告和理论文章等。通过校内“以老带新”增进教师之间的团结与融合，使全校思政课教师队伍呈现出奋发有为、和谐共事的良好局面。

（五）用功帮兴：“三级链条”验收成效反馈

2019年中共中央办公厅、国务院办公厅联合印发了《关于深化新时代学校思想政治理论课改革创新的若干意见》，提出了要“切实改革思政课教师评价机制。严把政治关、师德关、业务关，明确与思政课教师教学科研特点相匹配的评价标准，进一步提高评价中教学和教学研究占比”。思政课的评价应包括长短期评价、主观评价和客观评价、知识角度和价值角度评价、实际状况与隐藏潜能评价、思想和政治方面评价、量化评价和质性评价、显性和隐性评价等方面。① 马克思主义学院党支部充分发挥高质量党建引领高质量发展的“红色引擎”作用，以“跟踪指导—交叉研究—验收反馈”的三级链条式方法验收“导师工作站”的成效反馈。主要通过“示范课堂”的方式进行验收反馈。“示范课堂”活动结束后，马克思主义学院的专职思政课教师对结对的兼职教师课堂进行综合评价，进而综合分

---

① 刘珺，彭艳娟，张立军．社会主义核心价值观与高校思政教育工作理论创新研究［M］．北京：新华出版社，2022：176.

析专职思政教师的课堂“高”在何处，兼职思政课教师的课堂“缺”在哪里，专兼职教师的“合作共赢”还可以在哪些方面进一步发力、进一步改进等。思政课专职教师对验收情况进行总结，结盟的兼职教师根据专职教师的综合意见进行修改和反思，并写出反思总结。这样做的目的就是要改变以往简单的“打分”式评价，充分发挥专职思政课教师团队的潜能，把兼职教师的整体素质推向更健康、更持续、更纵深的方向发展。真正把基层党组织建设成为“宣传党的主张、贯彻党的决定、领导基层治理、团结动员群众、推动改革发展的坚强战斗堡垒”①。

三、经验与成效

（一）坚持党管人才，严把遴选关

坚持党管人才原则，健全制度，规范组织。北京信息职业技术学院马克思主义学院党支部在确立导师制培养模式之初，建立了马克思主义学院“导师工作站”辅导日常工作，规范制定听课安排计划、日常听课记录表等，制度与方案相配合，明晰了工作思路，做到了组织实施有章可循。同时又严把人才培养的质量关，严格规定了“导师遴选”这一重要的环节标准，加强了师资培养的质量管理。按照专业对接、一对一指导的基本工作原则，从具备副高级以上技术职称和具备博士学位的思政课专业教师中优中选优，选拔出具有丰富教学经验、较高科研水平、责任心强的 9 人成为导师，每人负责指导 1~2 名兼职教师，制定两年期的指导计划，明确了导师在思想引领、教学示范、撰写教案等教学材料、教研科研项目申报等方面的指导职责和任务。

（二）两级联动，帮带互传

“导师工作站”的意义就在于通过深入细致的结对“传帮带”，帮助兼职教师不断提升教书育人的本领，努力做学生喜爱的好老师和引路人。马克思主义学院党支部，一方面在实施框架、推进节奏上发挥支部宏观设计

---

① 习近平．习近平谈治国理政：第三卷［M］．北京：外文出版社，2020：51.

和日常监控的职能作用，另一方面在过程管理上发挥导师工作站的主体引领作用。通过组织课前试讲、导师听评课、教学检查等环节重点加强对兼职教师的成长监测；跟进导师工作站的实施效果，既要检查导师在师德、教学、科研等方面的履职情况，又要督促兼职教师在教学、科研方面的成长，加强与兼课教师的沟通和交流，为全体兼课教师搭建好学习交流平台，共同促进学校思政课教学任务的有效落实。

15. 青春向党 强国有我：探索中国式现代化历史进程中的青年先锋力量

一、实施背景

党的二十大擘画了全面建设社会主义现代化国家、以中国式现代化全面推进中华民族伟大复兴的宏伟蓝图，吹响了奋进新征程的时代号角。中国式现代化根植何方、好在何处，有着怎样的未来指向？中国式现代化道路上中国青年有着怎样的使命任务与责任担当？党支部在工作中坚持党建带团建，为帮助共青团员更全面地了解过去五年工作和新时代十年取得的历史性成就、发生的历史性变革，更深刻地理解中国式现代化的内涵演进、内在逻辑、现实依据、发展前景，更清晰地把握新时代中国青年的历史使命与责任担当，党员教师们组建“青春献礼二十大 强国有我新征程”团队。围绕“中国式现代化根植何方、好在何处、未来指向”这一主题，一方面引导队员通过重走红色足迹、追溯红色记忆、访谈红色人物、挖掘红色故事、体悟红色文化，来感受党的红色精神伟力；另一方面用好新时代伟大成就、伟大变革的鲜活思想引领教材，组织团队成员返回家乡看变化、重走故地看新颜、深入乡村看振兴、走进一线看发展，从而深刻理解“两个确立”的决定性意义，以实际行动学习宣传贯彻党的二十大精神，团队一系列活动取得了良好的教育和思想引领效果。

（一）理论依据

2022 年适逢中国共产主义青年团成立 100 周年、中国共产党第二十次全国代表大会召开之年。习近平总书记于2022年10月16日在党的二十大报告中强调："在新中国成立特别是改革开放以来长期探索和实践基础上，经过十八大以来在理论和实践上的创新突破，我们党成功推进和拓展了中国式现代化。""以中国式现代化全面推进中华民族伟大复兴。"习近平总书记在党的二十大报告中寄语当代青年："青年强，则国家强。当代中国青年生逢其时，施展才干的舞台无比广阔，实现梦想的前景无比光明。""广大青年要坚定不移听党话、跟党走，怀抱梦想又脚踏实地，敢想敢为又善作善成，立志做有理想、敢担当、能吃苦、肯奋斗的新时代好青年，让青春在全面建设社会主义现代化国家的火热实践中绽放绚丽之花。"党的二十大报告对青年人寄予了希望和期待。

习近平总书记在庆祝中国共产主义青年团成立100周年大会上的重要讲话中指出："坚定不移跟党走，为党和人民奋斗，是共青团的初心使命。""时代各有不同，青春一脉相承。一百年来，中国共青团始终与党同心、跟党奋斗，团结带领广大团员青年把忠诚书写在党和人民事业中，把青春播撒在民族复兴的征程上，把光荣镌刻在历史行进的史册里。""在新的征程上，如何更好把青年团结起来、组织起来、动员起来，为实现第二个百年奋斗目标、实现中华民族伟大复兴的中国梦而奋斗，是新时代中国青年运动和青年工作必须回答的重大课题。"① 习近平总书记对青年人提出了希望和要求。

党的二十大报告和习近平总书记在庆祝中国共产主义青年团成立100周年大会上的重要讲话对青年人提出了希望和要求，也向广大共青团员提出了学习贯彻党的二十大精神，以昂扬姿态开启强国圆梦新征程的重大课题。在向第二个百年奋斗目标进军的关键时刻，新时代中国青年通过调查研究深刻理解"两个确立"的决定性意义，以实际行动学习宣传贯彻党的二十大精神具有重要的意义。

（二）制定方案

按照"知情意行"的认知规律，学校开展了一系列的学习、实践、调

① 习近平．论党的青年工作［M］．北京：中央文献出版社，2022：7.

研和成果总结与分享。具体方案设计如下（见图 5-8）：

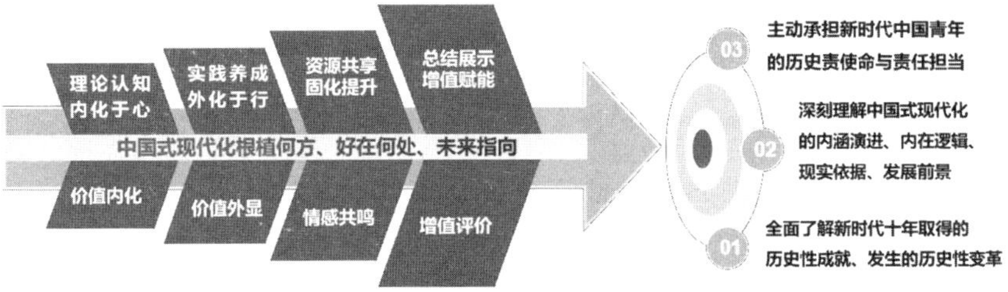

图 5-8 “探索中国式现代化历史进程中的青年先锋力量”行动线路图

首先，理论认知，内化于心，实现价值内化。在理论学习阶段，团队成员共同上好一堂红色课，开展《血战湘江》沙盘模拟推演，通过红色课程引导团员们了解探索中国式现代化道路是中国共产党领导人民接续奋斗的追求，是百年中共党史的永恒主题，广大青年始终是探索中国式现代化历史进程的先锋力量。

其次，实践养成，外化于行，实现价值外显。党支部利用周末和假期时间开展社会实践，组建了“百年风华 青春向党”红色记忆寻访团，一方面引导队员通过重走红色足迹、追溯红色记忆、访谈红色人物、挖掘红色故事、体悟红色文化，来感受党的红色精神伟力，深刻理解中国式现代化是党领导下的现代化，也是根植于中国人民独立自主的现代化，根植中国大地的现代化。另一方面组织团队成员返回家乡看变化、重走故地看新颜、深入乡村看振兴、走进一线看发展，录制社会实践调研视频，感受身边正在发生的伟大变革，全面了解中国式现代化取得的辉煌成就。

再次，资源共享，固化提升，实现情感共鸣。在社会实践调研的基础上，团队成员共同分享社会调研的优秀成果资源，形成社会调研成果资源数据库，包括实践调研的成果图片、视频资料、感想体会等。结合成员个人特长爱好，由成员选择素材制作课件，并进行主讲和录制，形成“复兴伟业启新篇 接续奋斗正当时”主题团课。团课聚焦党的十八大以来党和国家取得的历史性成就、发生的历史性变革，引导青年人自觉将青春奋斗融入党和人民的事业之中，从而上好一堂有政治高度、理论深度、情感温度的主题团课，扩大成果影响力和辐射面。

最后，总结展示，增值赋能，实现增值评价。在前期理论学习、社会实践、主题团课一系列活动的基础上，组织开展“我心中的二十大”展示分享会。团队成员录制党的二十大精神学习感受和体会视频，进行团队的集中展示和分享。借助朋辈教育的力量，引导学生做到学思用贯通、知信行统一，努力成长为德技并修、知行合一的高素质技术技能型人才，更好地把爱国情、强国志、报国行自觉融入建设社会主义现代化强国、实现中华民族伟大复兴的奋斗之中，把党的二十大精神落到实处。

二、主要做法

调研团队围绕“中国式现代化根植何方：百年大党领航中国求索现代化之路”“中国式现代化好在何处：新时代十年的伟大变革”“中国式现代化未来指向：中国式现代化创造了人类文明新形态”三个子主题开展了理论学习、社会实践和学习分享，较好地实现了调研目标。

（一）中国式现代化根植何方：百年大党领航中国求索现代化之路

历史映照现实、远观未来，习近平总书记在学习贯彻党的二十大精神研讨班开班式上强调：“要守好中国式现代化的本和源、根和魂，毫不动摇坚持中国式现代化的中国特色、本质要求、重大原则，确保中国式现代化的正确方向。”回顾近代以来的历史，从 1840 年鸦片战争开始，无数仁人志士为寻找实现国家富强而前赴后继，1921 年，诞生于民族危难之际的中国共产党，肩负起实现民族复兴的历史使命，带领人民进行苦苦探寻。正如习近平总书记于 2021 年 7 月 1 日，在庆祝中国共产党成立 100 周年大会上的讲话中指出的：“一百年来，中国共产党团结带领中国人民进行的一切奋斗、一切牺牲、一切创造，归结起来就是一个主题：实现中华民族伟大复兴。”可以说，探索现代化的中国方案，走出一条非西方的现代化道路，实现中华民族伟大复兴是党的百年奋斗历程中的永恒主题，中国共产党的百年奋斗史就是党领导人民进行现代化探索的伟大历史。

为了帮助团队成员理解和掌握中国式现代化的发展演进逻辑，深刻理解中国式现代化是中国共产党领导的社会主义现代化，明晰广大青年始终是探索中国式现代化历史进程的先锋力量，调研团队组织了《血战湘江》沙盘模拟推演红色课程。团队成员跟随主讲老师在还原真实历史场景中亲身体验了湘江战役的全过程，一起重回湘江战役现场，感悟了勇于胜利、勇于突破、勇于牺牲的湘江战役精神。通过沙盘推演，团队成员明白了为什么湘江战役被誉为红军长征史上“最惨烈、最悲壮、最辉煌”的一战，为什么是决定中国革命生死存亡的重要一战；更加明确了一百年来，中国共产党弘扬坚持真理、坚守理想，践行初心、担当使命，不怕牺牲、英勇斗争，对党忠诚、不负人民的伟大建党精神从而取得了举世瞩目的成就，这种精神是红军血战湘江突出重围的重要支撑，也是我们实现第二个百年奋斗目标的力量所在。参加课程的同学自发地喊出“请党放心 强国有我”的青春誓言，表示要增强使命担当、责任敢当、实干担当，开启强国圆梦、功成有我的新征程。

团队成员在开展课堂理论学习的基础上，利用周末和假期时间开展社会实践，组建了“百年风华 青春向党”红色记忆寻访团，引导成员通过重走红色足迹、追溯红色记忆、访谈红色人物、挖掘红色故事、体悟红色文化，来感受党的红色精神伟力，理解推进中国式现代化实现第二个百年奋斗目标，必须坚持把国家和民族发展放在自己力量的基点上，把中国发展进步的命运牢牢掌握在自己手中。团队成员部分前往焦庄户地道战进行红色记忆寻访，通过实践参观，向成员们分享了焦庄户地道战的历史意义和典故，带领大家了解了焦庄户地道战精神，以及当时焦庄户人民抗击敌人的英勇事迹，牢记我们当代青年要永担时代重任；来到了中国人民革命军事博物馆，通过馆内的文物、照片、文字描述、工作人员的讲解，了解到党从嘉兴南湖红船的星星之火，到现在百年之后的繁荣昌盛，这百年的历史，见证了中国共产党带领人民探索中国式现代化道路，带领人民走向第二个百年奋斗目标的新征程。团队成员参观了中国人民抗日战争纪念馆，通过馆内的历史文物、雕塑、文字介绍，让成员们更深刻地了解到了当年的那段抗日历史和铭记历史、缅怀先烈、珍爱和平、开创未来的精神。还有同学回到了自己的家乡北平红色第一村，带领团队成员了解这里的抗战历史和她的爷爷作为抗战老兵的故事。

通过上述理论学习和实践调研，团队成员共同探索了百年大党领航中国求索现代化之路。明晰了中国式现代化是党领导下的现代化，也是根植于中国人民独立自主的现代化，根植于中国大地的现代化。在我国这样一个发展中大国实现现代化，没有先例可循，没有现成道路可走，必须不断探索和坚持走自己的路，坚持把国家和民族发展放在自己力量的基点上，把中国发展进步的命运牢牢掌握在自己手中。作为祖国发展的“黄金一代”，更需肩负起“强国一代”历史责任和“强国有我”时代使命，感党恩，听党话，跟党走，让青春在全面建设社会主义现代化国家的火热实践中绽放绚丽之花。

（二）中国式现代化好在何处：新时代十年的伟大变革

党的二十大报告指出，“十年来，我们经历了对党和人民事业具有重大现实意义和深远历史意义的三件大事：一是迎来中国共产党成立一百周年，二是中国特色社会主义进入新时代，三是完成脱贫攻坚、全面建成小康社会的历史任务，实现第一个百年奋斗目标。这是中国共产党和中国人民团结奋斗赢得的历史性胜利，是彪炳中华民族发展史册的历史性胜利，也是对世界具有深远影响的历史性胜利”。为了帮助团队成员更好地理解十九大以来五年的工作成就和新时代十年的伟大变革，调研团队响应习近平总书记于 2022 年 4 月 25 日到中国人民大学考察调研时发出的“用脚步丈量祖国大地，用眼睛发现中国精神，用耳朵倾听人民呼声，用内心感应时代脉搏”号召，用好新时代伟大成就、伟大变革的鲜活思想引领教材，组织团队成员返回家乡看变化、重走故地看新颜、深入乡村看振兴、走进一线看发展，从而感受身边的变化和发展，深刻理解中国式现代化的时代优势。

团队成员回到他们的家乡开展调研和访谈，使他们看到了近年来家乡的变化与发展。在同学们的镜头中有田地里生长的粮食、新旧房屋的环境对比、新修的公路、贸易市场、学校、文化产品、景区环境等场景。通过这些镜头我们了解到他们家乡的发展现状，以及通过种植产业、旅游产业等方式来脱贫致富开启乡村振兴新征程。通过团队成员们的采访，我们还了解到当地的人民对脱贫攻坚的看法和对党的领导的认可，这些都让成员们了解到脱贫攻坚战成功的来之不易，更加坚定了对党政策方针的认同。

团队成员所在的家乡只是我国千千万万乡村巨变的缩影，十八大以来，每一分钟就有近 20 个人脱贫减贫、每一天就有近 40 个贫困村出列，每一年就有近 40 个贫困县摘帽，这一项项闪亮的成绩单书写着世界减贫史上的“中国奇迹”。从小康梦圆、乡村振兴，人们生活全方位改善；到碧水蜿蜒、山青林郁，人与自然和谐共生的画卷徐徐展开；再到“祝融”探火、“蛟龙”入海，科技创新的力量喷涌迸发。各领域具有“四梁八柱”性质的基础性制度框架基本确立，“中国之治”焕发出强大生机活力。新时代十年的伟大变革在我们身边发生，中国式现代化的蓝图正在不断变为现实，更体现着中国式现代化的时代优势。中国式现代化用短短几十年时间走过了发达国家几百年历程，从“现代化的迟到国”跃升为“世界现代化的增长极”，中华民族走上了通往现代化的历史必由之路。

（三）中国式现代化未来指向：中国式现代化创造了人类文明新形态

党的二十大报告指出：“中国式现代化为人类实现现代化提供了新的选择，中国共产党和中国人民为解决人类面临的共同问题提供更多更好的中国智慧、中国方案、中国力量，为人类和平与发展崇高事业作出新的更大的贡献!”习近平总书记在党的十九届六中全会第二次全体会议上的讲话中指出：“我们党领导人民不仅创造出了世所罕见的经济快速发展和社会长期稳定两大奇迹，而且成功走出了中国式现代化道路，创造了人类文明新形态。”2022 年北京冬奥会可以说是中国式现代化的全景展示，无论是备受运动员好评的冬奥村，还是美轮美奂的开闭幕式，或者是精彩纷呈的冰雪赛事，都充分体现了包容多元的文化自信，生动诠释了中国共产党的卓越领导力，充分展示了中国国家治理体系的敏捷高效，蕴含着中国式现代化道路的政治逻辑。调研团队带领成员一起走进延庆冬奥村，梳理国际社会关于北京冬奥会的评论与文献，呈现中国式现代化的光明前景。

团队成员走进延庆冬奥村，首先看到冬奥村的房子非常有特点，在设计之初，冬奥村就确定了以北京四合院的设计理念为基础、融合北方山村特点的底色，同时参照山势地形，体现与大自然相和谐的设计和建设理念。团队成员调研和梳理了国际友人对北京冬奥会的评论，比如充满了中国特色的冬奥村就获得了国际友人的好评，希腊文体部体育总秘书长马夫罗塔斯（Georgios Mavrotas）说，中国克服困难在山区兴建了体育设施，体现了为举办一届成功冬奥会的坚定意志和承诺。英国知名学者马丁·雅克（Martin Jacques）也表示北京冬奥会是中国为世界做出的贡献。北京冬奥会更是为在疫情与战乱阴霾下的世界，注入一抹和平之光。蒙古人民党书记图勒嘎表示："作为象征人类团结的冬奥会在疫情防控期间成功举办，给世界人民带来了希望和信心。"

可以说北京冬奥会满载着"天下一家"的梦想与追求，寄托着"世界大同"的诚意和期待，也是中国式现代化面对世界之变、回答世界之问给出的答案。中国式现代化新道路越走越宽广，将更好发展自身、造福世界。李大钊同志说过，青年要"为世界进文明，为人类造幸福，以青春之我，创建青春之家庭，青春之国家，青春之民族，青春之人类，青春之地球，青春之宇宙，资以乐其无涯之生！"同学们通过调研更深刻地理解了，我们的奋斗历程不仅仅是中华民族的复兴史，更是人类文明的进步史。

三、经验与成效

通过上述调研活动的开展，"青春献礼二十大 强国有我新征程"团队形成了一系列调研成果，如：培育了一系列社会实践成果、拍摄制作了一堂精品主题团课、撰写了具有理论深度和现实意义的调研报告、形成一组"我心中的二十大"展示分享视频。所有的作品都可在学习通平台搭建在线课程，供主题团日等活动交流学习使用，从而将实践成果转化为红色教材，将作品的形成过程变为开展实践教育的生动历程，辐射引导更多学生成长为有理想、敢担当、能吃苦、肯奋斗的新时代好青年。

（一）培育一系列社会实践成果：组织社会实践成果展示活动

通过调研活动的开展，团队成员形成了一系列社会实践调研的图片、视频和文字资料。如团队成员重走红色足迹、追溯红色记忆、访谈红色人物、挖掘红色故事、体悟红色文化而形成参观中国人民抗日战争纪念馆、参观焦庄户地道战遗址纪念馆、参观中国人民革命军事博物馆、参观橘子洲毛泽东青年艺术雕像展馆的图片、视频和文字记录；返回家乡看变化、重走故地看新颜、深入乡村看振兴、走进一线看发展，而录制社会实践调研视频，形成了“听爷爷讲那过去的事情”“乡村巨变：我和我的家乡”“最美冬奥村　一起向未来”等主题调研视频。这些资料既可以在校内组织社会实践成果展示活动，动员更多同学感受身边正在发生的伟大变革，感觉恩、听党话、跟党走，也可以作为素材融入主题团课、座谈交流、征文演讲等活动中，带领更多团员一起学习和感悟党的二十大精神。

（二）录制一堂主题团课：青春献礼二十大 强国有我新征程——中国式现代化根植何方、好在何处、未来指向

主题团课聚焦中国式现代化道路根植何处、好在何方、未来指向三个关键词，以团队成员社会实践形成的三项调研作品“听爷爷讲那过去的事情”“乡村巨变：我和我的家乡”“最美冬奥村　一起向未来”为线索，以中国大地为课堂挖掘团课教学资源，引导广大团员通过对党史和原文的学习，深刻理解中国式现代化是党领导下的现代化，是根植于中国人民独立自主的现代化，是根植于中国大地的现代化，必须坚持把国家和民族发展放在自己力量的基点上、把中国发展进步的命运牢牢掌握在自己手中；引导广大团员通过党的十八大以来的发展成就和数据进行今昔对比，从波澜壮阔的脱贫攻坚伟大实践中感悟中国式现代化的时代优势和“中国之治”焕发出的强大生机活力；引导学生通过分析国际人士关于对北京冬奥会的积极评价，了解北京冬奥会是中国式现代化的全景展示，生动诠释了中国共产党的卓越领导力，充分展示了中国国家治理体系的敏捷高效，蕴含着中国式现代化道路的政治逻辑，也是中国式现代化面对世界之变、回答世界之问给出的答案。中国式现代化道路越走越宽广，将更好发展自身、造福世界。号召新时代共青团员承担起“强国一代”的责任使命，坚定不移听党话、跟党走，增强自身的能力和本领，开启强国圆梦、功成有

我的新征程。

（三）撰写一份具有理论深度和现实意义的调研报告

根据调研的背景与思路、调研的主题与路径、调研的成果与运用等方面内容形成具有真实性、思想性、简洁性的调研报告，全面总结调研活动的全过程，以及同学们的感受和体会，为接下来团队继续开展实践和调研，以及校内其他团队开展调研提供资料参考。

（四）形成一组“我心中的二十大”展示分享视频

团队成员录制“我心中的二十大”感受视频，选择优秀视频进行编辑，组织形成在线交流分享活动，一起感受新时代高职生生逢其时、重任在肩的情感和使命。如在本次交流活动中有同学指出：“十年风雨兼程，十年砥砺奋进，作为新时代高职生，我深感国家的强盛、人民的幸福、民族的复兴都紧紧系于中国共产党，当代中国青年生逢其时，我将继续坚定不移听党话感党恩跟党走，与祖国同心同向，与时代同频共振，让青春在全面建设社会主义现代化国家的伟大实践中绽放绚丽之花。”有退伍大学生士兵谈了自己的感想和体会：“作为一名退役大学生士兵，我会谨记习近平总书记的教诲，做有理想、敢担当、能吃苦、肯奋斗的新时代好青年，刻苦学习，德技并修，努力成长为高素质技术技能型人才。”有同学从历史责任和时代使命角度谈了自己的体会：“党的二十大擘画了以中国式现代化全面推进中华民族伟大复兴的宏伟蓝图，发出了为全面建设社会主义现代化国家、全面推进中华民族伟大复兴而团结奋斗的伟大号召。蓝图恢宏，催人奋进，作为一名机电一体化专业的高职学生，我将肩负起‘强国一代’的历史责任和‘强国有我’的时代使命，在学校专研技术、苦练技能，未来在自己的岗位上争做能工巧匠、大国工匠，在推进中国式现代化的实践中展现新时代中国青年的风貌和担当，为实现中国式现代化贡献自己的力量!”

16. 产业赋能 追光逐梦：青年社会实践探寻产业发展之路

一、实施背景

习近平总书记于2021年5月28日，在中国科学院第二十次院士大会、中国工程院第十五次院士大会和中国科学技术协会第十次全国代表大会发表的重要讲话中指出，“在革命、建设、改革各个历史时期，我们党都高度重视科技事业”。我国电子信息产业在中国共产党的带领下，弘扬和传承伟大建党精神，从伟大建党精神中汲取艰苦创业、改革发展的智慧和力量，在“一穷二白”的基础上建成了制造大国、网络大国，实现了从无到有、从小到大、从弱到强的重大转变，为网络强国建设和数字中国建设贡献力量。在几代电子人艰苦奋斗的历程中，产生了丰富的红色资源，孕育了红心向党、产业报国的深厚情感，积淀了厚重的红色文化。

随着新一轮科技革命和产业变革的持续推进，加快培养高素质技术技能型人才，为经济高质量发展提供有力支撑，是党和政府高度关注的问题之一。习近平总书记非常重视职业教育的发展，对职业教育工作作出重要指示强调，在全面建设社会主义现代化国家新征程中，职业教育前途广阔、大有可为。作为电子信息类专业的高职生，探寻电子信息产业发展之路、夯实技术技能人才成长之基，是我们成为高素质技术技能型人才的有效路径。近年来，暑假期间，北京市相关部门以“青年服务国家”为主题，立足首都，面向全国，重点辐射京津冀，深入开展首都大学生暑期社会实践活动。

以2023年暑假为例，来自学校不同学院的学生，组建了BITC“产业赋能·追光逐梦”实践团。从立项伊始，实践团“行行重行行”，基于北京电子信息产业的生动实践，沿着北京电子信息产业过去、现在和未来的历史脉络，重温北京电子信息产业的发展历程、发展现状，总结提炼北京电子信息产业科技自立自强的精神密码。

二、主要做法

（一）项目准备阶段

1. 集体研讨凝聚智慧，群策群力制定方案。社会实践团队成员来自学校的各个专业，大都是大二的学生。他们已经学习了大学生思政课的课程以及专业课的主干课课程。特别是随着党史学习教育常态化长效化的深入推进，以及参与了以党史教育为重点的“四史”教育的学习，他们乐于关注时政、开展社会调研，具有分析思考社会问题、探索问题等意识和能力。

图5-9　团队在校园举行寻访红色电子足迹活动启动仪式

团队成员大都呈现出了勇于探索、乐于实践、甘于奉献的鲜明特点。大家都乐于从自身的实际生活体验出发，分析思考问题；乐于团队合作，倾向于在团队氛围中合作协商探索问题。特别是当看到本年度“青年服务国家”首都大中专学生暑期社会实践工作方案的时候，大家非常高兴，特别希望能够利用这次难得的实践活动机会，扎根祖国大地、深入基层一线开展丰富多彩的社会实践活动，并能够利用自己的专业优势，在服务国家战略规划和首都高质量发展的生动实践中贡献青春力量。

团队负责人带领成员开展前期走访、咨询访谈、文献研究等基础性工作；结合成员的专业专长对任务分工进行周到、细致的安排。担任实践团团长的同学，负责团队工作的整体策划，编写实施方案、调研方案以及统筹协调工作。所有团队成员除了参与实践活动之外，还要落实调研报告撰写等工作。

2. 查阅整理文献资料，奠定社会实践基础。在指导老师的引导下，团队查阅《中国电子工业 50 年》《中国电子工业年鉴》《中国信息产业年鉴》（电子卷），系统整理了中国电子信息产业的基础数据，从整体上了解中国电子信息产业的发展情况和所取得的成就。查阅了《中国电子工业地区概览》，特别是《北京地方志》《中国电子工业高等教育发展史》等文献资料，获得中国电子工业在不同历史时期发展状况的数据。此外，还进一步搜集、查阅了对我国电子信息产业产生重要影响的人物传记，包括《王诤传》《刘寅传》《王士光纪念文集》等。

基于上述的准备工作，整理、积累了电子信息产业发展的相关图片、视频、案例以及线上资源，为实践活动的开展奠定了基础。

通过前期准备工作，团队成员达成共识、凝聚力量，建立健全实践团定期的沟通交流制度。这段时间，实践团进一步明确了此次实践活动的主题，并完成了前期的各项准备工作。

（二）项目实施阶段

1. 追寻产业发展足迹，鉴往知来砥砺初心。这一阶段侧重于重走北京电子工业发展历程、挖掘红色故事、体悟红色文化。其间，团队成员用心灵感悟红色文化、用眼睛发现红色底蕴、用肩膀践行使命担当，把对电子信息产业的热爱融入活动的各个环节，探索了“云端寻访+实地寻访”新模式。我们在前期全面梳理我国电子工业发展历程、时代价值的基础上，寻访了校史馆、798 艺术区（原国营 798 电子工业老厂区所在地）、中国电信博物馆等地，发掘在电子工业中蕴藏的红色资源，访谈具有典型性和代表性的老电子人。

图 5-10　实践团队同学观看改革开放以来的电子工业发展图片

2. 感悟企业科技创新，寻访产业发展密码。为了找寻电子信息产业科技自立自强的精神密码，实践团队首先走访了“京东方”这一具有代表性的北京电子信息企业。

2016 年 1 月 4 日下午，习近平总书记来到重庆京东方光电科技有限公司考察，他指出，“五大发展理念，‘创新’摆在第一位，一定要牢牢把创新抓在手里，把创新搞上去”。2023 年恰逢京东方成立 30 年，实践团队追随总书记的足迹，来到京东方技术创新中心、京东方历史展览馆进行参观学习，了解该企业的企业文化。

本次实地参观的主要目的是寻访京东方是如何牢记习近平总书记的殷切嘱托，以科技创新推动产业的高质量发展。在京东方技术创新中心展厅入口，我们被虚拟宇宙场景所吸引。令北京冬奥会大放异彩的地屏也出现在这个展厅，我们不由赞叹巨幕超大屏的高清晰度。这块目前世界上最大的 8K 超高清地屏，为全世界展现了一场无与伦比的视觉盛宴。2022 年北京冬奥会开幕式上，满眼涌动的绿色，奔涌而来的黄河之水凝聚成冰，晶莹剔透的巨大“雪花”……美轮美奂的舞台惊艳了全世界。可见，科技赋能艺术是北京冬奥会开幕式的一大亮点。

京东方牢记习近平总书记的殷切嘱托，把创新放在第一位，加快了科技自主自强步伐，解决了“卡脖子”的技术短板问题，一个个重大科技项目的突破，不断见证我国科技创新的新高度。成绩背后，是一系列关键核心技术的攻关突破，不断占领行业制高点，开启“屏质取胜”创新之路，行业龙头企业引领屏幕的创新发展。

团队成员深度了解行业目前的新技术、新产品、新模式、新业态，深入了解电子信息产业和北京区域发展中存在的问题难点，特别是精准把握电子信息新技术新产业新业态发展对高素质技术技能型人才的具体需求，深刻感受到了技术创新背后强大的精神力量。价值理念引领与技术技能创新深度融合，能够迸发出强大的力量。关键核心技术的攻克离不开创新，而创新的背后离不开一代代电信人的努力和奋斗、热情和坚守。经过一代代电信人的接续奋斗，我国电子信息产业，走出了一条自力更生、自主创新的发展道路。伟大事业孕育伟大精神，伟大精神引领伟大事业。通过参观，团队成员深深感受到了“人无精神则不立，国无精神则不强”的价值意蕴。

3. 宣讲产业发展成就，开展电子知识科普。该阶段侧重向社会公众宣讲电子信息产业发展史，特别是党的十八大以来电子信息产业的辉煌成就。队员们以扎实深厚的专业素养、鲜活生动的语言表述、图文并茂的史料记载，向村民、学生、幼儿园老师和小朋友们深情讲述“半部电台”的故事；还有同学带着《中国电子工业》的画册，走进了村委会，向村民们娓娓讲述了电子工业经典照片背后的故事，宣讲活动中，同学们精神饱满、声情并茂，听众们认真倾听、积极互动，现场气氛热烈，不时响起阵阵掌声。宣讲期间，我们把电子信息产业的过去、现在、未来连贯起来，让更多的人知道这些故事。特别宣讲了党的十八大以来，电子信息产业的非凡成就，令人鼓舞、倍感振奋。

图 5-11 队员向所在的村委会宣讲电子信息产业辉煌成就

（三）项目总结阶段

汲取奋斗前行力量，笃行产业报国使命。项目进入了收尾的阶段。在教师的指导下，队员进行了活动总结。同学们一起回顾了参与实践活动照片和视频背后的故事，畅谈自己的所见所闻，纷纷感到这次活动使其受益匪浅。作为电子信息类专业的同学，重温红色电子的历史、传承红色电子基因、赓续红色电子精神，知史爱党、知史爱国、知史敬业，更加坚定了大家产业报国的信念。

三、经验与成效

该项实践活动为期两个多月，团队成员不仅在寻访、参观、体验过程中，深化了对在党的领导下电子信息产业发展历程的认知和理解，而且及时将调研成果进行了成果转化，在学生的职业生涯规划和专业能力提升，以及教师的课程建设、学科赛事、实践教学等方面均提供了有力的支撑。

（一）坚定听党话、跟党走的信念，将自身发展融入首都高质量发展

党的领导是推动电子信息产业高质量发展的根本保障。习近平总书记指出：教育、科技、人才是全面建设社会主义现代化国家的基础性、战略

性支撑。① 党的二十大报告第一次将教育、科技、人才整合到一起进行系统谋划，共同服务于创新型国家建设，为我国科技实现高水平自立自强指明了前进方向。这是以习近平同志为核心的党中央洞察大势、立足当前、着眼长远作出的重大战略抉择。

寻访活动中，一张张图片、一件件实物，使大家深化对电子信息产业的重要历史节点、代表人物和重要事件的认识，认识到电子信息产业是积淀了丰富红色资源、深厚红色文化的领域。寻访中，团队成员更加深刻认识到要大力弘扬劳模精神、劳动精神、工匠精神，坚定走技能成才、技能报国之路，将自身发展融入首都高质量发展，切实肩负起新时代新征程党赋予的使命任务，为建设科技强国、实现中华民族伟大复兴贡献青春力量！

图 5-12　实践团队同学参观京东方博物馆

（二）重温行业发展史，打通学校“小课堂”和社会“大课堂”

2014 年 12 月，习近平同志到南京军区机关视察时指出，“要把红色资源利用好，把红色传统发扬好，把红色基因传承好”②。新中国成立以来，北京电子信息产业在各个历史时期的发展历程都孕育了优秀的红色电子文化。学校作为行业办学的高职院校，自身蕴藏着厚重丰富的红色电子文

① 习近平 . 论科技自立自强［M］. 北京：中央文献出版社，2023：289.
② 张政. 红船初心：“红船精神”的理论与实践［M］. 北京：人民出版社，2019：21.

化。校园文化以“红色电子文化”为主题，不仅使思政课程与课程思政融入了“红色电子文化”的色彩，而且校内的实物景观、校史馆等资源也潜移默化地引导我们不断汲取奋进前行的力量。

从学校的“红色电子文化”到中国电信博物馆的“红色电信精神”，再到京东方的“创新文化”，同根同源、一脉相承。此次实践活动，把学校“小课堂”和社会“大课堂”连接起来，我们对产业的认识也从单一走向多元、从局部趋向综合、从碎片化走向系统化，构建了点、线、面有机结合的认知结构。

团队在实践活动中，搜集、拍摄、制作了大量的图片和视频，为后续开展实践活动做了探索和尝试，同时为丰富和拓展学校以红色电子文化为特色的教学资源开发提供了一定的支持。

（三）坚定技术技能成才的信念，争做强国有我的先锋

党的十八大以来，习近平总书记非常重视职业教育，他于 2021 年 5 月 28 日在中国科学院第二十次院士大会、中国工程院第十五次院士大会和中国科学技术协会第十次全国代表大会讲话中指出：“培养更多高素质技术技能人才、能工巧匠、大国工匠。”党的二十大报告提出“深入实施人才强国战略”，特别是将大国工匠、高技能人才纳入国家战略人才力量。这使我们深受鼓舞、无比振奋。从寻访中，我们认识到首都地区实现高质量发展，离不开高技能人才的坚实支撑，高职生未来可期。电子信息产业之所以能够坚持创新引领聚力实现新突破，其中一个重要的原因是他们有一大批倾注匠心匠艺、锤炼技术技能的工匠大师，他们干一行、钻一行，精益求精、追求卓越，成为产业发展的有力支撑。

通过本次暑期社会实践调研活动，同学们远观未来产业的发展，增强了对专业关键能力的认识和理解，对自己未来的职业生涯有了更加深刻的认识，更加坚定了矢志不渝地提升自己的专业技术技能，努力成为高素质技术技能人才、能工巧匠和大国工匠。

17. 红心向党 蓝天逐梦：青年探寻航天精神密码

一、实施背景

2022 年 8 月，教育部等十部门印发《全面推进“大思政课”建设的工作方案》的通知，文件指出，要“坚持开门办思政课，强化问题意识、突出实践导向，充分调动全社会力量和资源，建设‘大课堂’、搭‘大平台’、建好‘大师资’，推动思政小课堂与社会大课堂相结合，推动各类课程与思政课同向同行，教育引导学生坚定‘四个自信’，成为堪当民族复兴重任的时代新人”①。

“经过几代航天人的接续奋斗，我国航天事业创造了以‘两弹一星’、载人航天、月球探测为代表的辉煌成就，走出了一条自力更生、自主创新的发展道路，积淀了深厚博大的航天精神。”② 在不同场合，习近平总书记频频提及航天精神，激励一代代中国人不断奋进、筑梦太空。航天精神是引领我国航天事业接续发展和不断繁荣的强大精神力量，是教育引导广大青年树立正确的世界观、人生观和价值观的重要红色资源。青年学生正处于世界观、人生观和价值观的关键塑造期，因此，深入挖掘航天精神的丰

① 教育部等十部门关于印发《全面推进“大思政课”建设的工作方案》的通知［EB/OL］. 中华人民共和国教育部官网，2022-08-10.

② 习近平在首个“中国航天日”之际作出重要指示强调 坚持创新驱动发展勇攀科技高峰 谱写中国航天事业新篇章 李克强作出批示［N］. 人民日报，2016-04-25（1）.

富内涵和育人资源，用中国航天事业发展中的先进典型、感人事迹及其精神品质，对广大青年进行爱国主义、集体主义和社会主义教育具有重要意义，有利于引导广大青年学子坚定理想信念、练就过硬本领、勇于创新创造、矢志艰苦奋斗、锤炼高尚品格，努力成为堪当民族复兴大任的时代新人。

为深入贯彻落实习近平总书记关于“大思政课”的重要指示批示精神，充分发挥高校思政课立德树人的关键课程作用，坚持不懈用习近平新时代中国特色社会主义思想铸魂育人，马克思主义学院在学校党委的统一安排部署下，先后组织学生参加习近平新时代中国特色社会主义思想大学习领航计划、“青学二十大”红色专项等主题教育，用新时代的伟大实践成就，教育引导广大青年学子传承航天精神、砥砺强国之志、实践报国之行。

二、主要做法

在学校党委的统一安排部署下，马克思主义学院思政课教师指导“传承航天精神 赓续红色基因”调研团队的学生开展了一系列理论学习、实践调研、交流分享，感受新时代航天事业取得的伟大成就，挖掘航天精神的深刻内涵和价值意蕴。

（一）确定研究思路

在思政课教师的指导下，“传承航天精神 赓续红色基因”调研小组围绕是什么、为什么、如何做的逻辑层次，探究新时代航天精神的内涵、价值及其传承。首先，开展实践调查学习活动，“传承航天精神 赓续红色基因”调研小组前往中国科技馆、中国国家博物馆和中国航天博物馆等地进行实地考察，感悟中国航天取得的举世瞩目的成就，挖掘航天精神的深刻内涵。其次，查阅搜集资料及相关文献，借助主题团日、理论宣讲、座谈研讨开展系列专题学习，对“加快建设航天强国”“加快实现高水平科技自立自强”等相关论断进行深入交流，解密中国航天的精神密码，读懂航天精神的价值意蕴。最后，通过调查访谈当代大学生传承航天精神的现状，探究传承航天精神的有效路径，汲取航天精神的磅礴力量，践行青年人的使命担当。

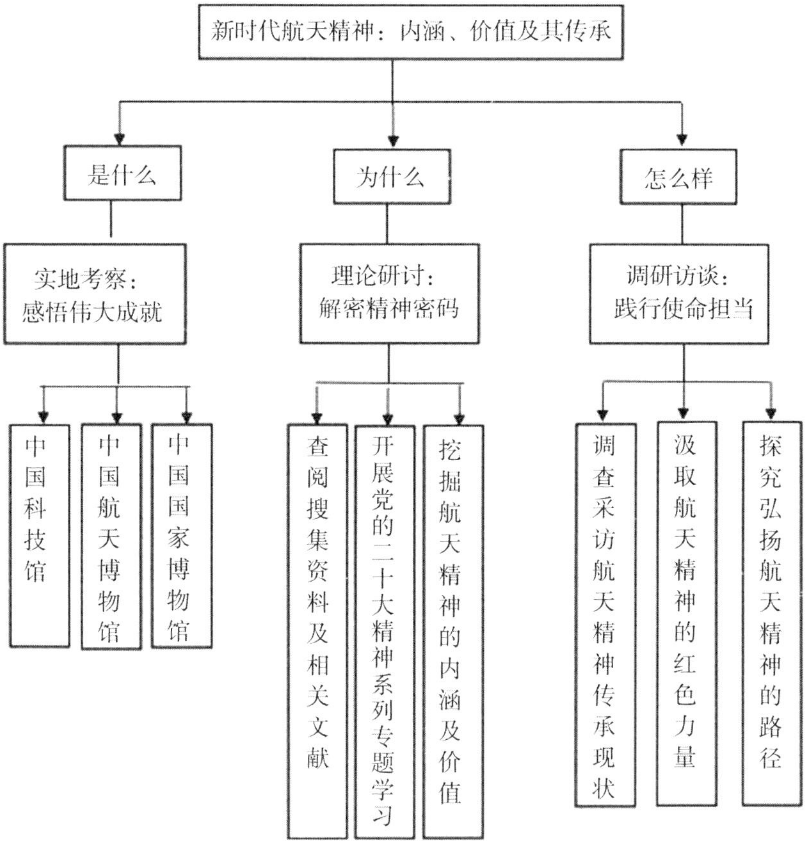

图 5-13 研究思路

（二）明确研究方法

思政课教师指导“传承航天精神 赓续红色基因”调研团队通过实地考察、问卷调查、访谈等方法开展社会实践调查，感受新时代取得的伟大成就，挖掘航天精神的深刻内涵和价值意蕴，探究如何传承航天精神、赓续红色基因。

1. 问卷调查法

为挖掘新时代航天精神的内涵，探究弘扬新时代航天精神的路径，马克思主义学院思政课教师指导“传承航天精神 赓续红色基因”调研小组围绕广大青年对航天精神兴趣如何、对航天精神的了解程度、通过什么渠道进行学习、是否认同航天精神、如何践行航天精神等问题开展调查研究，了解新时代青年传承航天精神的现状。

2. 访谈法

为深入研究传承航天精神的有效途径，马克思主义学院思政课教师指导“传承航天精神 赓续红色基因”调研小组在问卷调查的基础上，以面对面访谈和线上访谈相结合的形式，深入了解大学生对传承航天精神的看法和建议，探寻如何传承一代代航天人身上不畏艰辛、勇毅前行的精神力量。

3. 实地考察法

为深化理论学习成果，感悟精神力量，马克思主义学院思政课教师组织“传承航天精神，赓续红色基因”调研小组先后来到中国科技馆、中国航天博物馆、中国国家博物馆等地进行实地参观考察，探究中国航天事业为什么能。在一张张图片、一件件实物、一个个感动人心的红色故事中挖掘我国航天事业从无到有实现跨越性发展的精神密码，感悟航天精神的时代价值。

三、经验与成效

伟大事业孕育伟大精神，伟大精神引领伟大事业。航天精神是中国航天事业不断实现突破性跨越的基因密码，是以爱国主义为核心的民族精神和以改革创新为核心的时代精神的生动体现，是实现中华民族伟大复兴的强大精神力量，是中国共产党人精神谱系的重要组成部分。因此，深入挖掘航天精神的丰富内涵和红色资源，尤其是在青年群体中传承航天精神具有重要意义。

（一）经验

在开展主题团日、理论宣讲、座谈研讨等系列“学习二十大、永远跟党走、奋进新征程”专题学习的基础上，马克思主义学院思政课教师指导学生通过实地考察、采访以及问卷调查等形式对新时代航天精神的内涵、价值及其传承进行研究。基于对新时代青年传承航天精神的调查分析，就如何传承航天精神、赓续红色基因，坚定报国志向、勇担强国使命，提出以下四个方面的建议。

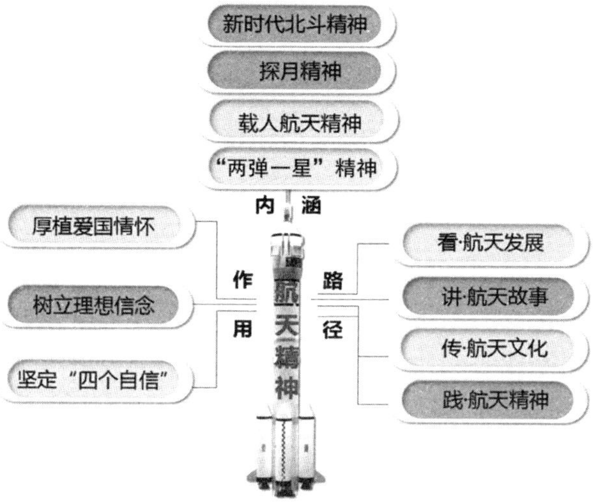

图 5-14 研究结论及建议

1. 看·航天发展

60 多年来，在党的领导下，我国航天事业经过几代航天人的接续奋斗，创造了辉煌的成就。在我国航天事业的伟大实践中，孕育和形成了蕴含航天文化、传递航天精神的各类物质和精神载体。思政课教师应充分利用和深入挖掘航天研究所、发射基地、航天文化教育基地、航天类博物馆等航天资源，用青年学生乐于接受的实践方式增强培育和传承航天精神的直观性和趣味性。

一个实践团。组织学生走进中国科技馆、中国航天博物馆、卫星发射基地等地寻访红色足迹，结合线上线下多种方式，参观中国航天科技成果、学习航天科学知识。在珍贵的文物实物、翔实的档案资料、生动的图片视频和各类实物载体中沉浸式体悟航天精神，深入了解我国航天事业取得的举世瞩目的伟大成就，拓宽青年学生对我国航天文化、航天精神和航天事业的认知视野，让青年学生真正感悟航天精神的时代价值。

一个团日活动。组织学生开展以传承航天精神为主题的系列主题团日活动，围绕中国航天大事件热情讴歌祖国取得的伟大成就，感悟党带领人民在不同时期锻造形成的航天精神，探究航天精神的丰富内涵，让广大青年学生对航天事业的伟大实践、航天精神的核心本质等有更为直观的感受和认知，进而自觉传承航天精神中蕴含着的炽热的爱国情怀和强烈的报国志向。

2. 讲·航天故事

中国航天事业从无到有、从小到大、从弱到强，实现了跨越式发展，创造了一个又一个奇迹。举世瞩目的航天成就背后离不开一代代航天人艰苦奋斗、勇攀高峰的努力，这就是托起中国飞天梦的磅礴力量，是保证中国航天事业永远年轻有力、蓬勃发展的精神密码。思政课教师应引导青年学生们深入走近逐梦苍穹的中国航天人，讲好新时代航天故事。

一个素材库。搭建系统的航天人物素材库，教育引导学生深入挖掘中国航天人的先进事迹，讲述为航天事业做贡献的英雄人物故事。在声情并茂、娓娓道来的航天故事中感悟一代代中国航天人胸怀祖国、服务人民的爱国精神和勇攀高峰、敢为人先的艰苦奋斗精神。围绕对中国航天发展历史、典型人物的深度挖掘，讲述红色故事、感悟红色文化，让学生在一个个航天科技工作者、航天员的成长故事和人生经历中找寻中国航天把满天神话变成现实的答案，获得触及心灵深处的精神力量。并将所有作品成果上传到在线平台，为开展丰富的交流活动提供资源素材，辐射引导更多学生成长为有理想、敢担当、能吃苦、肯奋斗的新时代好青年。

一个宣讲团。学生不仅仅是被动接受教育的对象，应该成为一支主动的宣传力量。指导学生成立“航天精神”宣讲团，组织开展“航天精神”宣讲活动，积极参与到航天精神的宣传和培育中。通过宣讲党的十八大以来，中国航天事业的非凡十年，深切体悟砥砺向上的红色精神力量。一方面，学生们在参与宣讲的过程中可以更加深刻地领悟航天精神的核心本质、航天事业的伟大实践、航天人物的伟大品质，在讲述实践故事、感受实践收获中分享当代青年的坚定理想信念、爱党爱国情怀和对国情社情的正确认识；另一方面，可以带动和启发更多的学生学习和了解航天精神，感悟航天精神的魅力，帮助学生树立今后参与我国航天事业的建设实践的职业理想和抱负。

3. 传·航天文化

深入挖掘航天精神的丰富内涵和红色资源，用航天人无私奉献的高尚情怀感染和打动青年学生，激发他们树立“强国有我”的远大抱负，自觉将个人的青春梦与强国梦、中国梦紧密结合起来；引导学生自觉以航天人为榜样，向航天人看齐，主动学习航天人的卓越品质，投身于党和国家的伟大事业，交出一份精彩的青春答卷。

一个文化活动。指导学生开展“传承中国航天精神”学术论坛、读书沙龙、微团课等文化活动，设计航天主题的短期展览或黑板报，挖掘中国航天在各个历史时期的红色基因。用航天文化熏陶、教育和感染更多的青年学生，厚植家国情怀，筑牢红色血脉，坚定不移感党恩、听党话、跟党走，用实际行动将红色基因代代相传。

一个网络平台。网络是当下年轻人的“标配”，思政课教师可借助新媒体技术，充分利用各种网络平台，大力宣传航天事业的伟大成就、中国航天人的优秀品质、航天精神文化等红色资源，让航天精神渗透到青年学生的学习、生活和娱乐中，以拓展航天精神培育的影响范围，带动更多的青年学生在喜闻乐见中了解航天历史、感悟航天精神、传承航天文化，为青年学生培育和弘扬航天精神营造良好的网络环境。

4. 践·航天精神

历史川流不息，精神代代相传。航天精神蕴含深厚的红色基因，是中国共产党人精神谱系的重要组成部分，是激励一代代青年学子为了实现中华民族伟大复兴而努力的精神支柱。通过组织学生开展常态化系列主题社会实践活动，弘扬光荣传统、赓续红色基因，把新时代航天精神继承下去、发扬光大。

一个志愿活动。组织学生积极参加航天主题的志愿服务活动，为学生参与服务重大航天事件提供有力支持。如撰写解说词、设计布展内容、科普航天相关知识。运用线上线下航天科普等形式，帮助更多学生对我国航天事业发展的历史过程、辉煌成就、航天精神丰富内涵及其谱系等方面形成全方位认知；通过参与相关志愿实践活动等帮助广大青年学生树立服务国家重大战略需要的理想和信念，最终确立投身国家伟大事业的人生职业规划并付诸行动。

一个校园活动。以每年中国航天日为契机，开展形式多样的系列校园活动。在全校范围内组织开展主题征文、演讲比赛、航天知识竞赛、制作航天模型、航天科技成果展、原创主题话剧、欣赏航天影视文艺作品等系列校园活动，有效调动青年学生学习航天文化的积极性和主动性，增强其学习航天精神的趣味性。在系列校园活动中带领广大青年学生学习航天知识，领略航天文化，从航天精神中汲取奋进前行的强大力量，进而引导青年学生将航天精神内化于心、外化于行，勇担航天强国使命、绽放青春绚丽之花。

（二）成效

思政课教师指导“传承航天精神 赓续红色基因”调研团队梳理相关文献资料，开展主题团日、理论宣讲、座谈研讨等系列专题学习；通过实地考察、调研访谈等方式感受新时代中国特色社会主义发展的伟大成就，挖掘我国航天事业实现跨越式发展的精神密码，感悟航天精神的时代价值，探究传承航天精神的有效路径。一方面，有利于激发大学生树立“强国有我”的远大抱负，厚植家国情怀、树立理想信念、坚定“四个自信”；另一方面，有利于调动大学生学习思政课的积极性、主动性和创造性，提升思政课的参与度和获得感。

1. 厚植家国情怀

航天精神的核心就在于爱国主义精神。浩瀚宇宙见证着中国人民强烈的爱国精神，书写着航天人的历史使命和责任担当。传承航天精神，有助于激发大学生的爱国热情，学习中国航天人心怀“国之大者”深切而高远的爱国情怀；弘扬航天精神的爱国主义内核，有助于凝聚大学生积极投身中国特色社会主义事业的伟大实践，以实际行动和优异成绩诠释爱国主义。

2. 树立理想信念

航天精神彰显了一代代航天人的理想信念。任何伟大的梦想，都需要树立坚定的理想信念，一代代航天人矢志不渝，逐梦星辰大海。传承航天精神，有利于激励新时代青年志存高远、砥砺品格、锻炼意志、增强才干，树立担当意识、牢记初心使命，在青春的赛道上奋力奔跑，在服务党和国家的伟大事业中实现人生价值。

3. 坚定“四个自信”

习近平总书记在北京人民大会堂会见天宫二号和神舟十一号载人飞行任务航天员及参研参试人员代表时强调，“我们注重传承优良传统，发扬特别能吃苦、特别能战斗、特别能攻关、特别能奉献的载人航天精神，彰显了坚定的中国特色社会主义道路自信、理论自信、制度自信、文化自信，为坚持和发展中国特色社会主义增添了强大精神力量。”① 通过了解中国航天发展史和中国航天事业取得的历史性成就，有利于引导新时代青年从内心深处认同党的领导、认同社会主义制度优越性，从而坚定道路自信、理论自信、制度自信、文化自信。

① 习近平：努力建设航天强国和世界科技强国［EB/OL］. 新华网，2016-12-20.

18. 党员“积分制”管理法：以拼搏为美，向行动致敬

一、实施背景

党员教育管理是党的建设基础性经常性工作。“要严格党员教育管理，严格组织生活，加强理论教育、形势教育和革命传统教育。”① 党的十八大以来，以习近平同志为核心的党中央高度重视加强党员教育管理工作，推动形成全党从严从实抓党员教育管理的良好态势。2019 年 5 月中共中央印发了《中国共产党党员教育管理工作条例》，对于提高党员队伍建设质量，激发党组织的生机活力，推动全面从严治党向纵深发展，夯实党长期执政基础，实现党伟大执政使命具有十分重要的意义，是新时期全面从严治党，加强规范化党支部建设的根本遵循。为切实强化党员管理，各地级党组织逐渐探索党员“积分制”管理的新模式，作为破解党员管理现实问题的有效举措。在党员队伍中推行党员“积分制”管理工作，打造党员管理示范带动、奖优罚劣、动态管理的新机制，以制度保证党员日常管理的精细化、科学化、规范化，更好推动党员的先锋模范作用和党支部战斗堡垒作用发挥。

当前党员教育管理的手段和方法形式多样，但在基层党支部管理党员中还存在一定程度的问题。一方面从党员层面看，主要表现在部分党员自

① 习近平．在全国组织工作会议上的讲话［M］．北京：人民出版社，2018：14.

党加强政治理论学习的意识不够，在围绕中心服务大局方面的引领意识不够；部分党员存在进取精神和业务技能不强的问题，工作中攻坚克难，开拓创新动力不足；部分党员宗旨意识有所淡化，在密切联系群众、服务群众方面有待提高；在部门重点、难点工作担当方面，部分党员的先锋模范作用不突出。另一方面从党支部层面看，主要表现在对党员的考核评价尺度不够明显、量化考核不够具体，对党员的先锋模范作用发挥缺乏定性和定量的依据和办法，对处置不合格党员缺乏直观依据等问题，在落实党员民主评议和评优评先时偏于感性评价，在一定程度上影响着评议结果等。

如何通过党支部的有效管理解决党员教育管理中面临的实际问题，是党支部当前工作中亟待解决的一项重要课题。党员“积分制”管理是党支部破解当前难题的一项有效措施。党员“积分制”管理是加强规范化党支部建设的一项重要工作，是落实“两学一做”学习教育要求，加强党员教育、管理、激励的一项创新举措，在党员队伍中探索实施党员“积分制”管理，通过量化积分管理考评的方式，实现从定性评价向定量评价转变、从粗放化管理到精细化管理转变，以制度保证党员日常管理的精细化、科学化、规范化，强化党员日常教育管理，增强党员主体意识，切实提升党员队伍的凝聚力和战斗力。

二、主要做法

党员积分制度是以建立一套更加科学、公正、公平、可覆盖、可测量的绩效考核体系为导向，通过多年基层党支部工作实践，探索建立具有高职院校特色的党员综合管理评价体系，在制定和实施过程中要注重在“四个全面”和“四项环节”上进行合理设计规划。

1. 全面统筹，明确建设基本原则

积分制管理的设置要深入贯彻《中国共产党章程》《中国共产党支部工作条例（试行）》《中国共产党党员教育管理工作条例》及规范化党支部建设等文件精神，严肃党内政治生活，严格落实七项组织生活制度、三会一课、经费使用、党费收缴、党员报告制度，做好党员 E 先锋管理等基本规范。在实施中，一是要按照“四讲四有”合格党员基本要求制定考核标准，切实融入业务工作和岗位实践的客观情况，将党建工作和党员岗位业务工作有机结合，根据党员岗位类别的不同，设置考核事项和积分；二是要合理设置操作流程，不断优化分值设定，体现动态管理的特性；三是要坚持问题导向和目标导向，细化考核标准、强化管理责任、严格结果运用，进一步增强党员“积分制”管理的功能性和实效性。

2. 全面量化，合理设置积分指标

针对过去党员考评中存在的评价标准偏于定性不易考量、评价靠主观印象等实际问题，全面量化积分指标，使党员日常工作有目标，年底评价有依据，贡献大小有数据，先锋作用有展现，先锋示范有榜样，评优评先有参考。党员积分可设置基础积分、业绩积分、奖励积分三方面内容，其中基础积分 60 分，业绩积分 40 分，另外设置奖励积分（不设上限），基础积分、业绩积分、奖励积分合计为学年度党员最终积分。基础积分主要体现党员履行基本义务情况，明确党员应达到的基本要求，主要包括政治素质、组织生活、发挥先锋作用、服务群众、道德示范、廉洁奉公等方面的情况；业绩积分主要考核党员在本职岗位履职情况，突出在讲奉献、有作为方面的评价，此项评价要结合不同岗位的实际设定评价指标，客观评价党员实际岗位贡献；奖励积分主要体现党员在履行基本义务之外做出的努力和贡献，实行累计积分，如党员在急难险重任务前勇挑重担、对学校的建设发展和改革创新有突出贡献、承担上级组织部署的重要政治任务并有出色表现等方面。

3. 全面监督，严格规范考评流程

在实施党员“积分制”管理过程中要本着公开透明、公平公正的原则，严格规范考核流程。以学期为单位可采取党员申报、考评组初评、党员大会复评、积分公示群众监督、年终积分等考评流程，确保每条积分都有出处、都有依据，考核结果有信服力。党员每学期末如实向所在党组织申报积分，个人负责申报基础积分及奖励积分两部分，业绩积分部分由支部所辖各职能部门领导负责组织评价，部门内党员无异议后报考核组进行初评；党支部考核组根据党员履行义务、履职情况，按照基础分、业绩分、加分项积分项目初评每名党员的积分情况，召开支部全体党员大会，向全体党员通报党支部初评的党员积分情况，由参会党员进行评议，确定党员积分；支部要对党员积分情况进行公示，接受党员、群众及服务对象监督。每学年末，党支部根据积分公示情况，计算党员学年度积分。通过建立积分台账、学期通报、年度公示等办法，使党员开展的一切活动、所做的一切贡献都体现到年底的最终积分上，用量化积分来回答党员“先进不先进、优秀不优秀”的问题，同时也用量化积分来回答党员“合格不合格”的问题。

4. 全面总结，强化积分结果运用

党员“积分制”管理作为打造党员管理示范带动、奖优罚劣、动态管理的新机制，要强化积分结果的运用，给优秀党员增添干事动力，给落后党员树立学习榜样。更好推动党员的先锋模范作用和党支部战斗堡垒作用发挥，营造党员干事创业、争优创先的良好氛围，党支部可以采用正面激励的方式运用积分结果，如开展星级党员评定，星级评定结果作为学年度评选优秀党员的重要依据，在党员学习培训、后备干部选拔、师德标兵评选、骨干教师培养、资金扶持等方面给予优先考虑和倾斜。星级评定方面，可根据各支部的实际情况设置，如可参考党员年度积分60分以下评定为一星级党员，61~70分为二星级党员，71~80分为三星级党员，81~90分为四星级党员，90分以上为五星级党员。对星级评定为二星级及以下的党员，所在党小组要进行约谈督促；对二星级党员，党支部书记要进行约谈，督促其提高，对一星级党员，要作为相对后进党员进行批评教育、限期整改，低于50分（含50分）的党员，直接纳入不合格党员处置范围，进一步强化后进党员的危机意识。

三、经验与成效

（一）党员“积分制”管理成效

1. 党员“积分制”管理为党支部战斗堡垒作用发挥提供有力制度保障

以我校二级学院独立党支部为例，随着“两学一做”学习教育的深入开展，党员如何在“学”的基础上“做”四讲四有合格党员，并从“五个着力解决”方面抓住“改”这个核心，使教育活动取得实效并将学习成果巩固下来，是党支部“两学一做”活动真正取得实效的关键点。党支部在探索过程中，有效运用积分制管理中的“业绩积分”项考核指标，群策群力，期初召开二级学院党政联席扩大会议，会议围绕“两学一做”学习教育活动中党员如何围绕“五个着力解决”，从坚定共产党人理想信念、牢固树立党的意识、强化党员意识及党的宗旨意识、积极践行社会主义核心价值观、在推动高等职业教育事业发展中建功立业五个方面进行研讨，结合学校“十三五”规划及党建“十三五”规划，总结部门围绕学校中心工作开展的多项重点任务，确定出部门年度重点任务清单并逐项量化，党员们期初对清单任务进行自选自评，支部监督指导，期末量化成绩总结公示。“业绩积分”让党员的先锋模范作用看得见、摸得着、经得住检验，让党员们意识到自身模范作用的发挥，自觉提高服务中心工作的能力，接受群众的监督，让党支部的战斗堡垒作用真正地体现出来，逐步提升了党员在学校发展改革中勇挑重任的主题意识，从而激励党员自觉在推动学校教育事业发展中建功立业。

2. 党员“积分制”管理为党员先锋模范作用发挥提供坚强组织保证

党员“积分制”管理的实施和推行，对全面从严治党主体责任的落实起到了明显促进作用，也收到了良好效果。实行党员积分制后，把党员所办的每一件好事实事、所参与的每一项活动都进行量化计分，并通过积分的多少来体现党员的先进性，党员“提高积分、争当先锋”的意识大大提高。党员作用发挥的好坏和多少都用事实说话，用数字说话，优秀党员、先进分子的评选更加具有说服力，党员评选先进有了尺子、有了依据、有了榜样，更加有效地激发了党员发挥模范作用和创先争优的意识。党员积分制管理激活了基层党组织的细胞，各个层面的党员在群众中亮出了身份，在各类活动中对号入座，找到了适合自己且能发挥作用的“角色”，党员的先锋模范作用得到充分发挥，为学校的建设和发展提供了坚强的组织保证。

3. 党员“积分制”管理为党支部规范化建设提供重要载体支撑

党员“积分制”管理的实施进一步使党支部规范化，建设制度化、经常化和常态化，党员更加自觉主动参加组织生活，认真落实七项组织生活制度，按时自觉参加“三会一课”、主题党日、组织生活会，履行每月报告制度等党内政治活动，正确行使党员权利，履行党员义务，自觉接受群众监督。实行党员“积分制”管理后，党支部也进一步改进和完善了民主评议党员、办事程序等一系列规章制度，推动了党组织规范化运行和党员精细化管理。在实施过程中党员的先进性和自觉性被唤醒，党员们能够主动查找自身不足，参与支部党建创新，积极为支部建设提出合理化建议，为学校发展建言献策；积分制管理也强化了党员的服务意识和责任意识，党员自觉为职工做好事，热情帮助职工解决工作、生活中的困难；在工作和生活中发挥道德示范作用，带头践行社会主义核心价值观，积极参加各类志愿服务、文化宣传、扶贫帮困等活动；工作岗位中廉洁奉公，坚持依法办事，以身作则，廉洁自律。党员积分制管理为党支部规范化建设提供重要载体支撑。

（二）党员“积分制”管理的启示

1. 要结合岗位实际设置积分指标才能真正实现示范激励的作用。

在实施中，一是要根据不同工作岗位的实际，特别是多部门联合组建的党支部，党员所从事的工作岗位不同，具体业务也有所区别，在业绩积分评价方面要体现个性化特点，科学合理设置考核积分项目，设置指标切实融入业务工作和岗位实践的客观情况，将党建工作和党员岗位业务工作有机结合，设置考核事项和积分，考核中既要体现讲政治有信念、讲规矩有纪律、讲道德有品行，也要突出讲奉献有作为，在日常工作、攻坚克难、急难险重等事项方面都能发挥出党员的先锋模范作用，调动党员的工作积极性，推动各项教育事业的发展。

2. 要坚持问题导向实施动态管理才能真正发挥出制度的导向作用

在实施过程中，根据不同时期党的工作的不同要求，结合国家对职业要求发展的现实需求及学校对各部门提出的工作目标要求，不断优化指标和分值的设定。要定期进行考核指标的修订和完善，一般以一个学期或一个学年为一个周期进行党支部考核积分的优化，要切实把指标设置成为推动党支部规范化、科学化、精细化管理，发挥党员先锋模范作用和党支部战斗堡垒作用的有效载体。在修订中党支部要广泛征求意见，切实做到围绕中心服务大局、解决师生关切问题和部门发展需要，为推动发展做好思想和组织保障。

3. 要严格结果运用才能真正增强党员“积分制”管理的功能性和实效性

在积分制管理实施过程中要规范过程考核，实施阶段性评价和总结，强化党员主体意识，自觉落实组织生活制度，强化讲奉献有作为，体现党员的先进性和服务意识。一般可以采用期初组织自我评价、每月或期中进行阶段评价总结，期末进行总分核算公示等方式进行过程管理，考核指标设置科学合理受到党员认可、考核过程及时反馈指导党员持续改进，考核结果公开透明受到党员信赖，严格运用结果受到党员欢迎，切实发挥积分制管理的激励导向作用，并有效激发后进党员查找自身不足迎头赶上的自觉，全面提升基层党支部组织力的建设水平，有效推进了党支部战斗堡垒作用的发挥。

党员“积分制”管理是党支部加强自身组织建设的一项有益尝试，在运用中要紧贴实际、科学管理，使实施过程具备可行性、可操作性和实效性，才能真正达到预期的目标。在将党员“积分制”管理融入基层组织建设的总体工作进程中，党支部用创新的理念谋划新发展，用务实的作风探索新方式，实现了党员日常管理规范化、科学化和精细化，使党支部的党员教育管理工作有抓手、有成效、有力度，切实提升了党员队伍的整体素质，增强了基层党组织的活力。

19. “递进式”党建工作法：助力学校高质量发展

一、实施背景

党的十九大把全面提升基层党组织组织力作为重大政治任务摆在全党面前，对党的基层组织建设作出了新部署、明确了新目标、找准了新定位、提出了新举措，指明了全面加强基层党组织建设的前进方向，强调要以提升组织力为重点，突出政治功能，把企业、农村、机关、学校、科研院所、街道社区、社会组织等基层党组织建设成为宣传党的主张、贯彻党的决定、领导基层治理、团结动员群众、推动改革发展的坚强战斗堡垒。进一步提升基层党支部发展推动力，坚持改革发展推进到哪里，党的基层组织就跟进到哪里，要在推动发展改革中当先锋。

一个支部一座堡垒，“基层党组织要在联系服务群众上多用情，在宣传教育群众上多用心，在组织凝聚群众上多用力，把广大党员、干部和各方面人才有效组织起来，把广大人民群众广泛凝聚起来，成为全面建设社会主义现代化国家而团结奋斗的强大力量”①。要充分发挥党员先锋模范作用。“一个党员就是一面旗帜，党员做先锋、做示范，群众就会跟上来。要加强党员队伍教育管理，教育引导广大党员坚持更高标准、更严要求。努力走在前列，干在实处，当好表率，把党员身份亮出来，把先进标尺立

---

① 本书编写组．党的二十大报告学习辅导百问［M］．北京：党建读物出版社，2022：231.

起来，把先锋形象竖起来。广大师生党员要加强党性锻炼，把广大教职员工和学生最广泛地凝聚团结起来，做到在党爱党、在党严党、在党为党，发挥好先锋模范作用。”①

在党支部建设实践中，积极探索开展以“先锋引领工程、担当奉献工程、凝心聚力工程”为支撑的党建工作体系研究，通过系列品牌项目建设，激励党员立足岗位建功立业。在亮身份、树标准、践承诺中唤醒党员意识；在做新时代“四有好教师”先锋示范岗评选活动中激发党员自觉；在“聚民心 解民意”谈心谈话活动和志愿服务中凝聚群众、赢得群众信任。探索适合高职院校党员积分制评价的一般办法和不同类型党支部的评价标准和评价方式，推进实施党员“积分制”管理，建设高职院校基层党支部组织力的评价标准。通过系列活动的实施不断提升党支部的战斗堡垒作用和党员的先锋模范作用，助力学校高质量发展。

二、主要做法

党支部系列品牌建设有利于提升党支部的组织力和凝聚力。通过创建系列品牌活动，首先，党支部可以更好地发挥战斗堡垒作用，激发党员的积极性和创造性，提高党员的归属感和认同感。同时，系列品牌活动能够吸引更多的群众参与，增强党群关系，提升党支部的凝聚力和向心力。其次，党支部系列品牌建设有利于提高党支部的服务水平和质量。通过系列品牌活动的策划和实施，党支部能够更加深入地了解群众需求，提供更加精准、优质的服务。同时，系列品牌活动能够树立党支部的良好形象，提升党支部的社会影响力和公信力。最后，党支部系列品牌建设还有利于推动事业发展。系列品牌活动能够激发党员的创造力，推动理论创新和实践创新。同时，系列品牌活动能够为群众提供更好的服务和支持，推动各项事业的发展。在党支部建设实践中，积极探索“递进式”党建工作法，激励全体党员立足岗位建功立业。创建以“亮身份、树榜样、做先锋、聚民

① 本书编写组．习近平总书记教育重要论述讲义［M］．北京：高等教育出版社，2020：40.

心”为主题的品牌项目，通过四个步骤递进式推动党员教育管理和监督工作，着力在推动发展、服务员工、凝聚人心、促进和谐方面展现新作为。

（一）“亮身份”

首先，党员亮身份有助于强化党员的身份意识和责任意识。通过“亮身份”，党员能够时刻提醒自己是一名共产党员，要牢记使命、担当作为，积极为人民服务。这不仅能够增强党员的荣誉感和使命感，还能够提高党员的思想觉悟和组织观念。其次，党员亮身份有助于接受群众监督，增强党组织的透明度和公信力。通过“亮身份”，党员能够自觉接受群众的监督和评价，及时发现和纠正自身存在的问题，提高工作水平和能力。同时，这也能够让群众更加了解和支持党组织的工作，增强党组织的凝聚力和战斗力。再次，党员亮身份有助于发挥党员的先锋模范作用。通过“亮身份”，党员能够更好地发挥示范引领作用，影响和带动身边的人积极参与到各项事业中来。同时，这也能够激发党员的工作热情和创新精神，为党和人民事业做出更大的贡献。最后，党员亮身份还有助于推动基层治理体系和治理能力现代化。通过“亮身份”，党员能够更好地参与到基层治理中来，推动形成共建共治共享的社会治理格局。同时，这也能够促进基层治理的科学化、民主化和法治化，提高基层治理的效能和水平。

“亮身份”的方式包括佩戴党员徽章、设置党员先锋岗、公开党员承诺等。这些方式可以让党员时刻牢记自己的身份和责任，增强自我约束和自我管理能力。同时，“亮身份”也有助于加强群众对党员的监督，让群众更加信任和支持党组织和党员的工作。

在实践中各党支部根据岗位性质和特点可以采用多种形式开展岗位“亮身份”活动，通过党建宣传橱窗、党建文化园地、党员先锋示范岗标识制作、党员佩戴党员徽章、党员佩戴工作证等方式开展广泛宣传，树立党员形象，唤醒党员意识，提升党员自觉，倡导党建和思想政治教育工作岗位的教职员工，在教学岗位和管理岗位中主动佩戴党员徽章或党员标志工作证。通过“亮身份”发挥出一个支部一座堡垒，一名党员一面旗帜的作用。

（二）“树榜样”

党支部“树榜样”的目的在于引领党员和群众共同前进，促进基层党组织和党员在改革发展稳定中发挥更大作用。通过树立优秀党员榜样，党支部可以激发党员的积极性和创造力，引导党员学习榜样的先进事迹和崇高精神，不断提高自身素质和能力水平。同时，优秀党员榜样还可以引领群众、组织群众、宣传群众、凝聚群众、服务群众，推动基层党组织和党员在服务群众、推进事业中发挥更大作用。第一，通过树立先进典型，激发党员积极性。通过树立优秀党员榜样，可以激励广大党员积极向先进典型学习，激发党员的积极性和创造力，提高党员的自我约束和自我管理能力。第二，加强思想引领，推动事业发展。优秀党员榜样具有较高的政治素质和业务能力，能够为群众提供更好的服务和支持，推动各项事业的发展。同时，优秀党员榜样还能够引领群众、组织群众、宣传群众、凝聚群众、服务群众，推动基层党组织和党员在服务群众、推进事业中发挥更大作用。第三，强化组织建设，提升组织力凝聚力。通过“树榜样”，党支部可以进一步强化组织建设，提高党支部的组织力和凝聚力，增强党组织的战斗力和创造力。同时，“树榜样”还有助于加强群众对党组织的了解和信任，增强党组织的公信力和影响力。

具体实施中，党支部“树榜样”要坚持以立德树人为根本，把培育和践行社会主义核心价值观融入教书育人全过程，发挥党员先锋示范作用。以“四有好老师”“四有引路人”为评价标准，在坚定理想信念、厚植爱国主义情怀、加强品德修养、增长知识见识、培养奋斗精神、增强综合素质上下功夫，教育引导学生树立正确的世界观、人生观、价值观，坚定对马克思主义的信仰，坚定对社会主义和共产主义的信念，坚定对实现中华民族伟大复兴中国梦的信心，增强中国特色社会主义道路自信、理论自信、制度自信、文化自信，打牢学生成长成才的科学思想基础。

各党支部可以根据工作实际开展以“树榜样”为主题的评选表彰活动，通过组织“寻找我身边的榜样”活动、评选“岗位先锋”“岗位标兵”活动、“学生最喜爱的教师”评选活动、党支部星级党员评选活动等形式，激发党员干事创业激情，树立岗位标兵，发挥先锋岗位的带动示范作用，形成学习榜样做时代先锋的良好工作氛围，为进一步提升基层党支部发展推动力，坚持改革发展推进到哪里，党的基层组织就跟进到哪里，要在推动发展改革中当先锋。

（三）“做先锋”

党支部开展“做先锋”活动的目的在于激发党员的先锋模范意识和创先争优精神，推动党员在各项工作中发挥表率作用。首先，“做先锋”活动能够激发党员的使命感和责任感，提高党员的担当意识和奉献精神。通过开展“做先锋”活动，党支部可以引导党员时刻牢记自己的身份和使命，积极履行党员义务，发挥党员的先进性和模范作用。其次，“做先锋”活动能够促进党员队伍的建设和管理。通过开展“做先锋”活动，党支部可以对党员进行有针对性的培养和教育，提高党员的政治素质和业务能力，增强党员的组织观念和纪律意识。同时，党支部还可以通过“做先锋”活动发现和培养优秀人才，为党和人民事业的发展提供人才保障。最后，“做先锋”活动能够推动基层党组织和党员在改革发展稳定中发挥更大作用。通过“做先锋”活动，党支部可以引领党员积极参与各项工作，推动基层党组织和党员在服务群众、推进事业中发挥更大作用。同时，“做先锋”活动还能够激发群众的参与热情和创造力，促进基层治理体系和治理能力现代化。

在具体实施中，党支部“做先锋”探索通过党员积分制，建立一套更加科学、公正、公平、可覆盖、可测量的绩效考核体系，全面量化积分指标，使党员日常工作有目标、年底评价有依据、贡献大小有数据、先锋作用有展现、先锋示范有榜样、评优评先有参考。在党员队伍中推行党员“积分制”管理工作，打造党员管理示范带动、奖优罚劣、动态管理的新机制，以制度保证党员日常管理的精细化、科学化、规范化，更好推动党员的先锋模范作用和党支部战斗堡垒作用发挥。

各党支部结合本党支部实际情况有针对性地建立党员积分制管理机制。针对过去党员考评中存在的评价标准偏于定性不易考量、评价靠主观印象等实际问题，全面量化积分指标，使党员日常工作有目标、年底评价有依据、贡献大小有数据、先锋作用有展现、先锋示范有榜样、评优评先有参考。

（四）“聚民心”

“要把服务群众、造福群众作为基层治理的出发点和落脚点，完善党建引领的社会参与机制，坚持党建带群建”。① 党支部通过党建带群建工作发挥“聚民心”的作用。党建带群建的目的在于加强党对群众组织的领导，促进党群关系和谐，推动党和国家事业发展。首先，党建带群建能够加强党对群众组织的领导。通过党对群团工作的统一领导，能够确保群团组织始终坚持正确的政治方向，更好地发挥桥梁和纽带作用，为党和国家事业的发展提供有力支持。其次，党建带群建能够促进党群关系和谐。党组织和群团组织都是党和政府联系群众的桥梁和纽带，通过党建带群建，能够加强党群之间的沟通和联系，增强党和政府与群众之间的互动和信任，促进党群关系和谐。最后，党建带群建能够推动党和国家事业发展。群团组织作为党和政府的重要助手，在推动党和国家事业发展中发挥着重要作用。通过党建带群建，能够更好地发挥群团组织的作用，推动各项事业的发展。

在具体实施中，构建党建带工建、党建带团建的“双带”工作格局。以党建带工建，构建和谐互助、充满活力的基层组织；以党建带团建，落实立德树人根本任务。各党支部在“党建带工建”方面，建立党小组与工会小组结对管理，负责所辖范围党员及群众的思想与心理状况、入党积极分子培养、关爱帮扶及化解矛盾等工作。可以面向全体师生开展“人人参与共建家园”创建活动，由每个党小组每学期围绕主题组织策划 1 次活动。如：第一届“最美春天”摄影大赛、美好新生活，喜迎“二十大”作品征集活动、面向师生的创新思维与团队合作“即兴喜剧”坊活动、主题党日活动、班级文化建设、组织师生参观 798 艺术园区等系列活动。“党

① 本书编写组．党的二十大报告学习辅导百问［M］．北京：党建读物出版社，2022：229.

建带团建”方面，党员与任课班级结对，兼任班级思想政治辅导员，负责学生思想引领，参与主题团日，辅助做好班风、学风、班级文化及后进生转化工作。组建部门党建与思政研究会，形成思想政治教育合力。如可以由部门德育与心理教师、党支部支委、学生管理工作团队11人组成，加强学生思想政治教育体系研究、师生队伍培训、形势与政策报告会、党建与思政科研课题研究、论文撰写、组织党课等。统一配备教材，年度为学生开办形势与政策报告会、组织科研课题申报、组织参加学院党建与思政年会论文征集、为《学报》专刊组稿撰写论文、组织参与读一本好书读后感等。

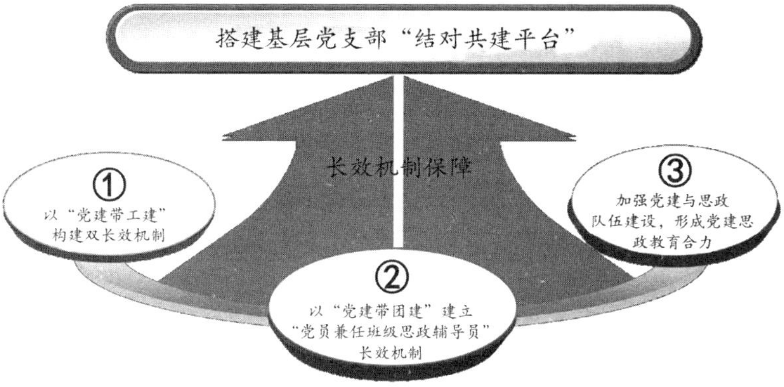

图5-15 党支部“结对共建平台”示意图

三、经验与成效

1. 基层党支部提升发展推动力是一项系统工程，通过“亮身份”，党员能够强化身份意识和责任意识，提高自我约束和自我管理能力；通过“树榜样”，党支部能够树立先进典型，引领党员和群众共同前进；通过“做先锋”，党员能够发挥先锋模范作用，推动事业发展；通过“聚民心”，党支部能够加强与群众的联系，增强群众的信任和支持。各党支部在支部建设中要充分发挥支委作用，调动全体党员参与的积极性，围绕中心，服务大局，推动发展。

2. 全面从严治党向纵深发展，基层党建科学化、系统化、精细化管理制度和举措不断完善，党支部在运用以上四项活动方案时要与时俱进，用最新的党建制度和理论创新成果丰富党支部建设和管理，动态推动党支部建设和发展。坚持问题导向是关键。只有针对存在的问题和困难，创新工作思路和方法，才能取得实质性的进展。在“亮身份、树榜样、做先锋、聚民心”的实践中，基层党组织和党员需要深入了解实际情况，发现问题的根源和症结所在，提出切实可行的解决方案。同时，注重实践探索和总结提炼，不断完善和创新工作方式和方法，取得更好的工作成效。

3. 党员“积分制”管理是党支部加强自身组织建设的一项有益尝试，在运用中要紧贴实际、科学管理，使实施过程具备可行性、可操作性和实效性，才能真正达到预期的目标。在将党员“积分制”管理融入基层组织建设的总体工作进程中时，党支部用创新的理念谋划新发展，用务实的作风探索新方式，实现了党员日常管理规范化、科学化和精细化，使党支部的党员教育管理工作有抓手、有成效、有力度，切实提升了党员队伍的整体素质，增强了基层党组织的活力。

4. 各党支部在方案运用中，要经常性地加强学习和经验交流，这不仅有助于提升党员的理论素养，还能促进党支部之间的互动与合作。通过理论学习，党员能更好地理解党的方针政策，为实践应用提供指导。而经验交流则有助于各党支部取长补短、共同进步。此外，党支部应推动理论研究与实践应用的有机结合。理论研究能为实践提供科学依据，而实践应用又能为理论研究提供鲜活的素材，不断夯实党建基础，丰富党建成果，共同推动党建水平不断提高。

20. 361 工作法：把党建优势转化为发展动力

一、实施背景

坚持党的领导，加强党的建设，是高校基层党支部的“根”和“魂”，也是高校支部建设的独特优势。基层党支部是落实上级政策的“毛细血管”和“神经末梢”。我们要深度研究基层党支部战斗堡垒作用如何更好地发挥，才能使处于高等教育肌体最前沿的“毛细血管”更加畅通、“神经末梢”更加灵敏，形成可以指导实践的研究成果。

马克思主义学院党支部认真贯彻落实党中央的精神，落实上级部门关于加强党的基层建设的具体要求，即“讲政治、讲规矩、讲担当、严监督”的总体要求，以党支部建设为出发点和落脚点，与时俱进地推动党支部的生活内容、方式和制度创新，结合“两学一做”学习教育常态化制度化、基层党支部工作规范化，深化落实“夯实基础、破解难题、抓牢基层、强化监督”的工作方针，紧密结合“筑梦电控人”岗位实践活动和“聚力十三五 共绘新蓝图”等主题活动，激发基层党支部的生机和活力，增强基层党支部的凝聚力和战斗力，通过构筑党支部“361”建设模式，支部党建科学化水平进一步提升，高校基层党支部的党建优势转化为发展动力，为推进教育事业发展提供坚强政治保证。党支部“361”建设模式，即通过 3 支队伍的建设形成联动，推进基层党的建设 6 个优势的转化，努力把基层党支部打造为学校事业发展的先锋队，进一步夯实事业发展的立业之“根”，锤炼兴业之“魂”，把党建工作嵌入业务管理，做到全过程推进中心工作，切实把党的优势转化为支部核心竞争优势，全面提升支部的党建工作水平。

二、主要做法

（一）加强3支队伍建设形成联动，夯实事业发展的立业之“根”，使组织的“毛细血管”畅通起来

3支队伍建设就是要强化党支部书记、党支部委员、党员队伍建设，使党的工作自上而下部属，基层的声音由下向上传递，在纵向上全面贯通，横向上互相联动，夯实组织基础，其核心是建设一支强有力的党支部书记队伍。

一是选准配强支部书记是关键。火车跑得快，全靠车头带；支部强不强，要看领头羊。党支部书记是党的最基层组织的带头人，基层党支部能否在基层体现党的主张和意志，是否具有坚强的战斗力，能否发挥好战斗堡垒作用，在很大程度上取决于党支部是不是有一个得力的支部书记。通过调查研究和实例剖析，在教学科研工作中，支部书记作为基层党组织的“主心骨”，通常都是教学上的尖子、科研上的骨干、管理上的能手、生活中的楷模。无论身处何种业务板块，主责主业为何种角色，在教书育人中，作为最小的战略支点，都能亲为示范、引领担当。因此，要把选准配强支部书记作为支部建设的重中之重，应高度重视将优秀人才放在支部书记岗位上进行锻炼，培养出政治素质好、道德品行好、善作善为、敢于担当、群众满意的支部书记。

二是支部委员责任担当是基础。一人难挑千斤担，众人能移万座山。党支部书记要善于引导、鼓励和调动支部委员积极性，分析和抓住支部委员的特点，利用他们各自的优势特长，充分发挥支部委员的协调联动作用。支部委员应明晰角色定位，履行职责到位，各司其职、民主集中、协调配合，才能充分发挥支部合力，推进支部工作，把党员群众力量凝聚起来。

三是充分发挥党员先锋模范作用是保证。一个支部一座堡垒，一名党

员一面旗帜。发挥党员先锋模范和骨干带头作用既是党组织对党员的基本要求，也是党员义不容辞的光荣使命。党支部要不断提升贯彻力和感召力，教育引导党员认真学习知识、刻苦钻研业务，不断增强党性观念和先锋模范意识，努力成为岗位能手、业务骨干、管理精英，在职工群众中树立起良好形象，以实际行动带领身边的职工群众共同进步，增强党组织凝聚力和战斗力。

3支队伍的协调联动就是在选准配强支部书记的前提下，发挥支部书记的“头雁”作用，引领带动支部委员开展工作，支部委员自觉认真做好支部工作，凝聚群众齐心协力开展教学科研活动，使党员的先锋模范作用能够真正促进党建成果的有效转化。

（二）构筑“6个优势转化”，铸牢教育工作的兴业之“魂”，使最远端的“神经末梢”灵敏起来

高校特有的党建优势需要基层党支部不断筑牢基础、增添动力，为学院中心工作提供坚实组织保障，将党的优势转化为学院核心竞争优势。

1. 将党支部工作责任融入学院工作目标

高校马克思主义学院党支部围绕着“围绕事业抓党建、抓好党建促发展”的目标要求，在支部层面设置了“双目标”管理体系，将支部工作责任与学院工作目标紧密融合，有效地促进了学院的健康发展。

一是支部建设“双目标”管理，即将支部建设目标与学院教学科研目标相统一，把基层党支部和全体党员的作用最大限度地发挥到保证实现学院工作目标上来，将党建工作的落脚点放在把方向、管大局、保落实上，充分调动各方面的积极性，不断提高工作效率和经济效益，只有这样才能“集中力量干大事”，避免产生“离心力”。

二是党支部考核评比与工作实绩相统一。具体方法采取支部自评、党员自评、总支初评、党委考核的一听、二看、三查、四评。听基层党支部书记汇报实施党支部“双目标”管理情况，并召开座谈会听取党员群众的评议意见；看党的工作的原始记录；查个别支部的党小组和基层党员、群众，了解实际工作开展情况；对目标实施程度和实际效果进行总的评价，

然后将考评结果通报各支部，对实现目标管理比较好的单位和个人给予表扬，使考核评比结果与实际效果统一。

三是支部建设的目标内容与目标分值相适配。科学规划、分类设置党支部的具体工作内容，设定与其目标内容相适应的目标分值。党支部目标内容的设置，必须依据党章规定，针对实际，突出重点，把实现学院高质量发展与本职工作统一起来；分值确定，要针对党支部建设的重点和党支部工作的难易程度明确比重，把工作侧重点放在最关键、起主导作用的目标内容上，做到既具有挑战性和可实现性，又具有客观性和可测量性，使支部建设的“软任务”变成教学科研的“硬指标”。

2. 将党的思想工作优势转化为学院的文化动力

把马克思主义学院的党建与思想工作优势转化为文化动力，是马克思主义学院基层党支部一项责无旁贷的任务。马克思主义学院党支部十分重视对学院专项文化建设的指导，广泛开展形式多样的教育活动、组织各支部交流经验、思想碰撞，将党组织活动与青年活动紧密结合，取得了显著成效。一是广泛开展红色教育、理论文化教育、质量文化教育、安全文化教育、廉政文化教育等系列教育活动，强化理想信念精神之“钙”的强魂健魄功能，用先进思想和科学理念引领党支部工作向深处抓，向实里做。二是与不同学院的相关业务党支部常年开展“互帮互学共提升”活动。共建模式主要围绕“组织建设互促、党员干部互动、优势资源互享”的模式展开，就党建工作结合专业院系的要求如何并行开展、立德树人如何融入学院文化理念、日常管理如何实现规范高效、教科研孵化器如何成功定位并提供服务支撑等多方面问题，积极进行探讨与经验分享，优化整合党建资源。三是在青年职工中广泛开展创新助力发展的主题活动，促进青年人成长，建设以促进青年人才队伍成长、提升科技产业创新能力为核心，以支部内各部门青年职工为依托，联合技术、管理等领域开展创新创效研究的青年创新工作平台。

3. 将党员队伍优势转化为学院人才竞争动力

马克思主义学院党支部承载着永葆党员先进性的责任，这与学院对人的要求具有一致性。近年来，马克思主义学院党支部根据对人才资源的需要，严抓管理干部、教师队伍、行政干部三支骨干队伍建设，以先锋党员的标准要求培养人才的责任和担当意识，同时将优秀的党员放到关键岗位上锻炼成长，努力打造具有向心力的核心团队，推动核心模块等成果的品牌化进程，主要采取了“师徒式、压担式、交流式”培养，三支队伍在“责任面前不推脱、问题面前不回避、困难面前不退缩”。“师徒式”指支部委员与学科带头人、骨干教师结成“师徒”，助其进步成长；学科带头人、骨干教师与青年教师成立专业骨干小组，各小组长作为师父，带领青年教师开展精品课程攻关、课题研究等。在“师徒式”的培养模式下，被引领的党员，能通过“师父”的“传帮带”行为在“干中学”，尤其是积累教科研一线“标准要求”和党的建设“程序性决策”方面的知识。“压担式”主要要求管理层面的党员，在工作流程上，制定每位骨干的“重点工作任务大表”，为其量身定做培养方案。“交流式”指每季度至少组织专业人员交流一次经验及心得体会，促进问题的发现及经验的推广。

4. 将党的组织优势转化为学院的行动动力

马克思主义学院党支部是党在高等院校中的基层组织，有完整严密的组织系统。发挥党支部的战斗堡垒作用和党员的先锋模范作用，学院改革发展的行动力才能有充分保障。当党员把“为党工作”放在第一位时，就能展现出克己奉公的岗位魅力，才能对员工产生感染力和号召力。一是“亮身份”，凸显模范带头作用。在重点施工、重要节日的党员志愿服务活动中，实施“党员工程”，通过佩戴党员徽章、悬挂党旗，安全高效优质完成任务，展示党员风采。在党员岗位树立“我是共产党员”标识、张贴党员公开承诺等，时刻提醒党员铭记身份、牢记宗旨，通过组织的行动力，引领党员主动提高站位、自觉带动群众开展工作，受到群众的一致好评。二是“站好岗”，扎实践行岗位职责。党支部鼓励党员，勇担行动之“先”，结合岗位实际，以党员先锋工程、志愿服务等为载体，督促党员“把责任担起来、把作用显出来”，党员要在各自岗位上显身手、起带头、做标杆。三是“提警示”，忠诚干净担当。党支部将党的优良作风和工作传统应用到实践中，筛选言简意赅、内涵深刻的名言警句，制作牌匾，张贴在工作区域醒目位置，时刻提醒党员哪些事情不能做、不该做，做到令行禁止，引领党员走正路、上正道、干正事，有效提升管理效果，促进基层党建与工作的融合。

5. 将党的群众工作优势转化为学院的团队建设动力

党的群众工作优势在于党员带动群众共同发挥作用，即每个党员都成为一面旗帜的引领和发动作用。马克思主义学院的基层组织建设，始终帮助党员牢固树立群众观念，坚持从群众中来，到群众中去，不断巩固、锐化学院的团队优势。一是尊重党员群众在学院中的主体地位、首创精神和实践经验，激发和调动了党员群众的积极性、主动性、创造性。二是推进学院基层民主管理。党支部进一步落实职工的知情权、参与权、监督权，保障职工民主权利。完善职工群众利益协调、诉求表达、矛盾调处和权益保障机制，积极构建和谐劳动关系，维护职工群众的合法权益。三是服务职工落实到位。开展困难职工帮扶救助机制，实施“暖心”活动。马克思主义学院的离退休人员较多，与学院稳定工作密切相关。要立足于全心全意为离退休职工服务，在政策交底、形势任务通告等方面保障他们的知情权，体现组织关心；生活中为离退休职工排忧解难，经常上门看望子女不在身边的老同志，让他们感受到组织的关怀。

6. 将党的自我净化优势转化为学院的廉洁动力

党的二十大报告重申“五位一体”的党的建设总体布局，强调增强党组织自我净化、自我完善、自我革新、自我提高能力。马克思主义学院党支部严格执行“一条主线、三个从严、四个狠抓”的工作原则，把遵规守纪作为各项工作的前提条件，不断强化依法合规管理，加快提升依法治“院”能力和水平，把党的自我净化优势转化为学院的廉洁动力。党支部注重运用正反两方面典型，引导党员干部带头遵守法律法规和学院规章制度，做到按制度执行操作、用制度管人管事，坚持守法红线、不触违规底线，树立了对外依规工作、对内依规管理的学院形象。

三、经验与成效

马克思主义学院党支部以改革创新的精神全面加强党的建设，努力把党支部建设成为政治能力强、凝聚能力强、工作能力强的坚强战斗堡垒，把党员队伍建设成为政治上信念坚定、行动上模范带头、服务上积极作为的教学科研先锋群体，并形成主旋律高昂、正能量充沛、风清气正的良好政治生态。

1. 要把教学科研和改革发展中的难点、热点作为基层党支部工作需要破解的内容。高等院校教育事业的改革攻坚进入深水区，高质量发展是“第一要务”，我们面临的是前所未有的机遇与挑战，这一切都需要党支部在加强组织力上做提升，以此来提升基层组织攻坚克难、闯关夺隘的能力和水平，筑牢基础、增添动力，为工作管理提供坚强组织保障。

2. 要更加自觉地服从服务于学院的教学科研和改革发展。创造性地开展支部工作，直接参与教学科研的重点工作，做到凡是涉及学院改革和教学科研中的重大事项，党支部就要迅速作出反应，主动配合。基层党支部只有直接参与教学科研工作，掌握为教学科研服务的主动权，才能坚持党建与发展紧密联动，助推改革任务的完成和马克思主义学院的建设发展。

3. 坚持以人为本、凝聚职工、共同奋斗。通过搭建舞台、创新载体，让党员在马克思主义学院建设一线发挥先锋模范带头作用，永葆先进性。通过党务公开、院务公开，保障党员的权利义务，用群众智慧破解学院发展的难点。通过细致入微的关怀激励工作，凝聚人心、鼓舞士气、激励斗志，推动学院发展赢来新改变、实现新突破。

4. 基层党支部工作要有创新、与时俱进，形式内容思维上更加适应新的发展要求。在支部的组织生活上，要结合党员的岗位、性格特点，开展党员喜闻乐见的活动，运用微信、微博等移动电子终端新媒体技术，提高全体党员参与的积极性。

21. “融会贯通”工作法：提升党支部参与决策与监督能力

一、实施背景

高校党建工作的主要职责是“围绕中心，服务大局”，高校的根本任务是立德树人，党建工作也应该围绕立德树人这一目标，结合高校教育教学的各项具体业务工作来展开。但现实中，党建工作与业务工作“两张皮”现象时有存在，基层党建工作围绕中心实质性融入不够，“两张皮”的问题一直没有得到有效解决。

聚焦解决“两张皮”问题，紧扣新时代党的建设总要求，高校基层党支部，深入学习贯彻习近平新时代中国特色社会主义思想和党中央的最新精神，紧紧围绕“坚持和加强党的全面领导”这一根本原则，针对问题和不足，进一步强引领、强责任、强融合，构建党建“融—会—贯—通”一体化格局，实施专业化管理、提升科学化水平，按照高质量发展的总体要求和转型发展、创新发展、融合发展、开放发展的新思路，为立德树人取得良好成果奠定坚实基础。

二、主要做法

（一）融合原则：坚持问题导向，奠定“融入”基石

东西南北中，党是领导一切的。学院党支部毫不动摇地坚持党对高等教育的领导，充分发挥基层党组织的政治核心作用，在严格落实党建责任

的基础上，积极探索实践“党管学院”的新方法；坚持问题导向，加强党建工作，主要聚焦内容上“融入什么”的引导性、方法上“如何融入”的指导性、机制上“如何判断是否做到融入”的制导性等方面。在学院管理的各个环节，以依托党员队伍“重拳出击、深度融合”为融合理念，要求支部党员深刻认识当前党建工作面临的形势与任务，必须主动适应新形势新要求，把加强党的建设与推动战略落实有机结合起来，让党建工作成为教学科研高质量发展的坚强保证，并重点提出“坚持政治领导与战略引领相结合、坚持思想理论武装与文化育人相结合、坚持组织建设与人才资源管理相结合、坚持改进作风与破解难题相结合、坚持党风廉政建设与风险防范相结合”的“五个结合”工作要求，通过深化“体制、机制、制度、工作”的“四个对接”，实施全方位与重点性相结合、横向通畅与纵向贯穿相交织的融合活动，实现党务管理对专业工作的重点监督、问题解决。

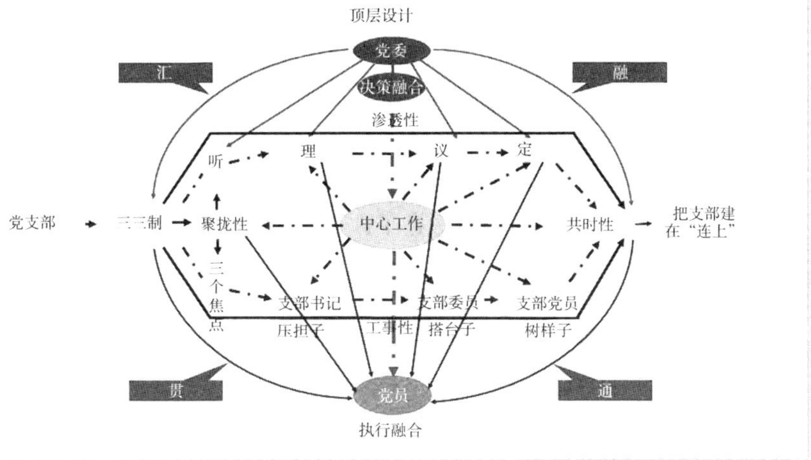

图 5-16 “融—会—贯—通”工作法示意图

（二）融合路径及做法：强化具体管理，保证融合实施

1. 决策部署融合：深化体制对接，形成深层次融合的管理模式

决策部署融合，推动支部党建与教学科研在战略目标上同向一体。要

深刻理解和把握中央关于党对各项工作领导的重大政治原则，始终坚持党的领导、加强党的建设，要做到旗帜鲜明讲政治，确保学院改革发展的政治方向不偏离；要围绕战略的推进落实加强党的建设，把方向、管大局、保落实；要融入工作中心抓党建，在急难险重任务中体现基层党组织的战斗堡垒作用和党员的先锋模范作用。把党建作为统揽全局的总抓手，关键在于建立党建决策参与中心决策的科学方法及有效途径。学院党支部围绕中心工作，紧密对接核心业务，将党的政治先进性与专业管理的核心重点相融合，通过“听、理、议、定”“四步法”，着力抓好共促过程和关键指标，为有序开展分类分层的融入实践提供规范导向和决策指引。

其一，“听”取决策参考。(1) 听从上级决策。学院党支部建立决策部署学习解读工作机制，传达学习决策部署和要求，结合工作实际提出贯彻落实。(2) 听取专家意见。始终坚持在重大教学科研项目开展之前，事先听取有关专家和教师的意见，进行充分论证，必要时形成调研论证书面报告。(3) 听取职工群众建议。面对涉及职工切身利益的重大事项、制定重要的规章制度等重要决策之前，均广泛听取职工群众的意见和建议，始终保持对学术的尊重和对创新的坚持。

其二，“理”顺决策类别。(1) 分类梳理决策类别。学院党支部结合学院业务内容与核心战略，在“三重一大”事项决策之前，根据各类型的决策议题进行分类梳理，按照事关“年度工作安排、教学计划、科研计划、招标采购、组织机构调整、关系到职工群众切身利益”六大决策类型进行分级分类。(2) 制定决策事由议案表。支部按照党委决策议案的主要内容制定《党支部民主决策事由议案表》，列出目标任务、工作责任、时间节点清单，明确责任部门和目标任务，规定完成时限。

其三，审“议”决策事由。(1) 常态事由决策审议。学院党支部根据议题内容召开会议做出集体决策。与会人员在讨论议题时充分发表意见，讨论结束后由主持人集中讨论意见，提出决议或方案，提交会议表决。(2) 特定事由决策审议。涉及需要其他部门协同开展的决策事由，由支部牵头，积极组织相关协同责任部门研究协调解决，经协调确实无法解决的，及时将协调情况、无法解决的原因、相关意见建议等情况报告分管领导出面协调处理，对确有必要做出调整的目标任务安排，支部要在深入调查研究的基础上，报上级党委领导同意后提出调整意见建议。

其四，制“定”决策方案。评价制定决策方案。党支部在深入审议决策事由的基础上，对拟定的每一种决策方案进行综合评价。在评价中，各种方案的优劣性得到充分展示，根据实际情况，在比较、综合、权衡、正确评价的基础上，制定最终的决策方案来实现目标。

2. 汇聚一线融合：深化机制对接，形成全过程融合的工作机制

汇聚一线融合，推动高校党建与教学科研在工作落实上同步同频。如果说党建融入决策主要体现在高层，那么党建融入执行则更多体现在一线，通过融入执行来确保决策层意图在基层实现，增强支部的凝聚力、执行力，确保党建工作与中心工作同部署、同落实、同检查、同考核。学院基层党支部深入开展“三三制”党建工作运行机制，即突出下沉管理对标“三类人员”、深入“三个一线”、落实“三类成果”。一是对标“三类人员”。在具体实践中，对标“领导干部、教研人员、基层党员”三类人群，要求领导干部深入基层一线进行调查研究，了解教学科研第一手资料，亲身参与急难险重工作，提高干部的决策能力、协调能力、应变能力；教研人员深入基层一线，一切从实际出发，理论联系实际，提高教学、科研等方面的综合能力；党员深入基层一线，关注职工思想动态，正向引导职工，提升党员的凝聚力、向心力。二是深入“三个一线”。支部号召全体教职员工“走进一线到现场、深入一线看现物、站位一线思现实”，尤其是党员干部、管理干部要深入一线，加强对教师的管理。以“支部建在一线、学习教育在一线、发挥作用在一线、廉政监督在一线”的工作方法，强化党建引领，抓好思想政治建设、组织建设和党风廉政建设，围绕服务项目建设工作，充分发挥党的政治核心作用、基层党组织的战斗堡垒作用和党员的先锋模范作用。三是落实“三类成果”。从问题导向入手，开展针对性整改落实，问题要反馈、结果要公开、推进要效果。

3. 执行贯穿融合：深化制度对接，形成全方位融合的管理体系

执行贯穿融合，推动支部党建与教学科研在管理体系上协同加强。要将党建工作制度融入教学科研制度的相关流程之中，纳入学院管理制度体系，成为学院管理体系中的关键部分，与教学科研制度同步修订、同步实施。党支部必须贯彻执行民主集中制原则，建立健全和贯彻执行各项党建工作制度。建立健全“智慧党建”制度体系，通过网上平台组织党员干部加强学习，确保全体党员过上正常的组织生活，通过党建激发广大员工的积极性和创造性。党支部组织专门力量进行决策研究，及时出台符合新形势的党建工作制度。在不断探索和实践中，进一步完善制度保障，让基层党组织有制可依、有章可循。要真正做到以抓党建促发展，就得将党支部建设作为最重要的基本建设，树立“党的一切工作到支部”的鲜明导向，将思想政治工作、从严教育和规范管理党员、群众工作等落到支部。

一是提出党建工作新要求，给支部书记“压担子”。实施“三个全部”党建工作制度管理体系，要求“党组织标准化建设全部达标”“支部书记全部承担学院核心业务指标和中心任务”“重点工作问题全部组建支部专项攻关协作组”，组织学院骨干力量，成立攻关协作组，在各学科领域内出真招、出实招，提出新思路、“啃硬骨头”，切实改进工作方法和效率，破解学院改革发展难题。

二是深化支部委员服务队建设，帮支部委员“搭台子”。(1）制定支部委员服务制度，将支部委员服务队作为支部委员实践锻炼的平台，提升支部委员专业能力和先锋意识。(2）持续深化开展政治建设进支部、堡垒作用进支部、委员示范进支部、劳动模范进支部、廉洁自律建设进支部、校园文化进支部、组织温暖进支部的“党建七进支部”服务制度，提升优质党建服务水平，优化教学科研环境，助力学院发展攻坚。(3）常态开展“1个支部委员+N个专业技能”培训，加强跨专业交流，培养一专多能复合型人才，为加快构建“网格化”党建体系提供人才力量。

三是开展争做优秀共产党员活动，让党员“树样子”。以学院核心工作任务和改革创新课题为主线，结合各教研室承担的核心业务指标，针对

各专业领域涉及的重难点问题，制定“有担当、有干劲、有创新”优秀共产党员标准及评分细则，开展争做“三有”优秀共产党员活动，为党员树立标准、做出评价，同时选树典型、表彰先进，营造“比学赶帮超”的良好氛围；创新开展党员干部与员工心连心工程和结对帮扶工作，以“少数人”带动“多数人”，随时倾听职工群众的想法，帮忙解决遇到的问题，员工的归属感和支部的凝聚力自然得以增强。

四是创新“V+”行动实践载体，为党的建设“育苗子”，以“人才驱动”推动创新发展。发现并培育优秀人才，始终是支部党建工作的重中之重。针对青年教师党员的培训培养，学院党支部策划创立“V+”行动实践载体。其中的“V”释义为：“V”是志愿服务（volunteer）、“V”是朝气蓬勃（vigorous）、“V”是形式多样（various），因此，“V+”行动实践载体寓意着——凝聚“青春之人”、发挥“青春之力”、争做“青春之举”。学院基层党支部以“V+”青春党建实践行动为统领，以服务学生为核心，为学院青年教师构建了学习、交流、合作的平台。

4. 工作联通融合：深化工作对接，形成系统性融合的工作合力

工作联通融合，推动党建与中心工作在作用发挥上同步合力。黄沙、石子、水泥、钢筋，没有水，黏合不到一起，只有用水的力量，才能把它们变成坚固的混凝土。党组织在高等院校里就像水，能够增强凝聚力。党建工作与中心工作联通融合，关键是要搞好结合，把党组织要求与学院实际紧密结合起来，通过一系列行之有效的措施，促进学院教学科研任务完成。基层教学科研单位每个时期的工作重点不一样，每个阶段实践活动的主题也会不一样。如何找到活动的切入点、结合点和着力点，在促进本单位科学稳定发展的同时，不断创新工作、提高生产管理水平，是工作融合能否顺利开展的关键所在。学院党支部创新地将基层党建工作聚集于“三个关键点”（工作的重点、工作的创新点、职工群众的关注点）并广泛构筑以“支部建在联上”为基础的党建交流共建模式，从点到线、以线汇面，加大改革力度，扎实练好内功。

三、经验与成效

（一）融合党建理念得以逐步树立

通过近年来的积极探索与实践，学院党支部上下逐渐树立党建工作与业务工作“一盘棋”的理念，学院领导干部和广大党员明确党建方向和价值引领作用，明确自身定位和工作目标，不断强化抓好党建是本职、抓不好党建是失职的思想观念，按照“围绕中心抓党建，抓好党建促发展”的工作方针，坚持创新思路，大力推进党建工作与业务工作的深度融合，努力开创党建工作新格局。

（二）核心引领作用发挥更加凸显

各级党组织、领导干部、全体党员核心意识更加强烈，作用发挥更加明显。支部将“三会一课”、主题党日活动开到党史学习、科技体验、安全生产、学生活动等实践中，现场解决重难点问题74项。党员整体素质大幅提升，凝聚力和战斗力不断增强。支部党员严格遵守标准，按计划完成各项任务指标，充分彰显了学院党员干部勤勤恳恳、拼搏实干的工作状态，勇于创新、奋发有为的精神风貌，爱岗敬业、无私奉献的崇高品格。

（三）要坚持党对一切工作的领导

坚决维护党“把方向、管大局、保落实”的核心领导地位。党支部始终坚持以融合党建为抓手，把党建工作置于国企发展的大局中去谋划，把融入中心、服务大局作为党建工作的“导航仪”，实现了党建工作与学院日常工作的高度融合。未来，支部将固化成果和经验，持续深入开展党建工作与中心工作的新路径、新方法，进一步激发全体干部职工产业报国、振兴民族电子工业的担当使命，创新奋斗，开拓进取，为教育强国建设贡献力量。

22. “五力三步”工作法：党建引领师德师风建设

一、实施背景

百年大计，教育为本；教育大计，教师为本；教师大计，师德为本。2019 年，教育部等七部门印发了《关于加强和改进新时代师德师风建设的意见》，明确指出新时代全面加强教师队伍思想政治工作应坚持党建引领，充分发挥教师党支部的战斗堡垒作用和党员教师的先锋模范作用，全面提升教师思想政治素质和职业道德水平，助推师德师风建设。① 党的二十大报告中明确指出，要“加强师德师风建设，培养高素质教师队伍，弘扬尊师重教社会风尚”②。为全面贯彻落实习近平总书记关于师德建设重要论述和中共中央、国务院印发的《关于全面深化新时代教师队伍建设改革的意见》《深化新时代教育评价改革总体方案》《关于新时代加强和改进思想政治工作的意见》等文件精神，马克思主义学院党支部在学校党委的高度重视和坚强领导下，坚持党建与师德师风建设有机融合，积极探索党建引领师德师风建设的有效做法。

---

① 教育部等七部门印发《关于加强和改进新时代师德师风建设的意见》的通知［EB/OL］. 中华人民共和国教育部官网，2019-12-06.

② 习近平．高举中国特色社会主义伟大旗帜 为全面建设社会主义现代化国家而团结奋斗：在中国共产党第二十次全国代表大会上的报告［N］. 人民日报，2022-10-26（1）.

二、主要做法

经过多年探索与实践，马克思主义学院党支部在严格落实学校师德考核工作机制、充分发挥优秀党员教师模范作用、促进党建与师德师风建设有机融合、定期开展师德教育培训等方面做文章，探索党建引领师德师风建设的方法路径。

（一）严格落实学校师德考核工作机制

为深入学习贯彻习近平总书记关于教育的重要论述，落实立德树人根本任务，大力弘扬广大教师和教育工作者爱党爱国、立德树人、敬业奉献、自信自强的精神风貌，在学校党委的领导下，学校制定了《教师师德考核实施细则》。马克思主义学院党支部坚持学校党委统一领导，严格落实师德考核工作机制，组织全体教师开展师德考核并进行年度师德总结。第一，设立师德考核工作组。师德考核工作组的组长由院长担任，成员由中层干部、支部书记及委员、教研室主任、职工代表等组成，负责组织实施本部门教师的师德考核工作。第二，制定考核实施方案。师德考核工作组结合部门实际制定师德考核实施方案，包括考核工作组的组成、考核内容与具体方式、成绩核算方法、档次认定办法等。

师德考核采取个人自评、同事互评、学生测评、综合评议相结合的方式进行。首先由教师个人结合《新时代北京高校教师职业行为十项准则》等相关文件进行自评，然后由支部召开组织生活会以党小组形式开展同事互评，聚焦师德方面的表现进行总结点评，同时参考学生评教的师德师风评价结果，最后师德考核工作组对照有关规定进行综合分析，并召开党政联席会确定师德考核初步意见和考核档次，考核分为优秀、合格、基本合格和不合格四个档次，对违反师德师风的教师实行“一票否决”。师德考核结束后，由党支部撰写并提交支部师德年度报告，包括师德现状、师德建设与考核情况、存在问题、今后工作重点等，对支部师德建设情况进行阶段性总结。

（二）充分发挥优秀党员教师模范作用

充分发挥优秀党员教师的率先垂范与模范带头作用对师德师风建设来

说至关重要。具有高度的责任感、事业心和奉献精神，受到广大师生赞誉的新时代师德榜样，有利于引导全体教师自觉践行师德规范，提高自身修养和师德水平。

1. 评选师德模范

在学校党委的统一领导下，马克思主义党支部高度重视评选师德模范、挖掘师德典型、讲好师德故事。先后组织开展新时代“四有”好老师先锋示范岗、师德标兵和育人示范岗、“优秀共产党员”“优秀党务工作者”“筑梦电控人”等评选活动，努力发现那些在教育教学岗位上平凡而又伟大的优秀教师。

2. 宣传先进事迹

广泛开展先进事迹宣传，通过授予荣誉、进行表彰、召开事迹宣讲报告会等形式，利用校园网、官方微信、宣传橱窗、视频等形式宣传展示优秀教师的典型事迹，营造崇尚师德、争创师德典型的良好氛围环境，充分发挥师德标兵和育人示范岗引领示范带动作用。① 引导广大教职工向先进典型学习，不断提高自身道德修养，坚定理想信念、厚植爱国情怀、涵养高尚师德，担负为党育人、为国育才使命。

（三）促进党建与师德师风建设有机融合

将师德师风建设与党支部组织生活有机融合，根据党支部的“三会一课”、主题党日、组织生活会、民主评议党员等思想政治教育实践活动进行师德师风建设，以党建有效引领师德师风建设。

1. 与全体党员大会有机融合

召开全体党员大会，由党支部书记对党员一年来的教育管理监督、学习工作生活和发挥先锋模范作用情况进行总结。一方面，引导教师自觉以师德优秀典型人物为榜样，提升自身师德修养，激发广大党员教师积极投身教育强国建设实践。另一方面，更好发挥师德榜样的示范引领作用，广泛学习优秀教师的先进事迹，营造学习宣传先进典型的良好氛围环境。

---

① 刘志礼，韩晶晶．新时代高校师德师风建设：内涵意蕴、现实困境及破解之道［J］．现代教育管理，2020（9）：67-73.

2. 与党小组会有机融合

将师德师风建设纳入每个月的政治理论学习，组织师德师风专题学习讨论。通过抓好政治理论学习，提高党员教师的思想政治觉悟，教育引导党员教师发扬爱岗敬业、无私奉献的精神。以党小组为单位开展师德师风专题政治理论学习，有利于提升党员教师队伍的整体素质，有利于加强全校教师的师德师风建设，从而增强师德师风教育的实效性。

3. 与支部书记讲党课有机融合

通过支部书记讲党课，组织全体党员深入学习党的教育方针及习近平总书记关于教育的重要论述、习近平总书记考察中国人民大学时重要讲话精神、习近平致信全国优秀教师代表等专题内容，引导广大教师把重要讲话精神进一步有效转化为实际行动和扎扎实实的工作效果。通过讲授专题党课，激励党员教师们既做传授知识的“经师”，又做涵养德行的“人师”，坚持为党育人、为国育才的初心使命。

4. 与组织生活会有机融合

通过开展组织生活会，与党员进行谈心谈话，帮助教师提升思想政治素养。在民主评议党员时，坚持以事实为依据、定性与定量相结合，将师德考核摆在党员评议的首要位置，全面客观评价教师的师德表现。① 通过专题座谈会、研讨会、批评与自我批评等行之有效的学习方式，增强师德教育的吸引力、感染力，不断提升师德师风教育效果。

（四）定期开展师德教育培训

马克思主义学院党支部定期开展师德教育培训活动，组织党员教师们围绕习近平总书记关于师德师风的重要论述进行深入的交流讨论，畅谈学习体会，以提升教师的思想觉悟，激发教师提升师德的内生力。马克思主义学院党支部的党员教师们，同时作为思想政治理论课教师，肩负着立德树人的使命，更要用自己的人格魅力、学术造诣、温暖和情感教育引导学生成长为堪当民族复兴重任的时代新人。一方面，要把道理讲深、讲透、

---

① 赵君，蔡亮．新时代高校党建引领师德师风建设的三重维度［J］．思想政治教育研究，2020（38）：134-138.

讲活，不断改善教学方式方法，结合中华优秀传统文化、结合专业、结合学情进行教学设计，达到以理服人、以情感人的效果。另一方面，坚持“四心”育人，对待学生要有爱心、信心、耐心和责任心，不放弃每一位学生，坚持面向人人、因材施教。

此外，通过定期开展师德警示教育大会，引导广大党员教师以案为鉴、以案为警、以案为戒。以教育部网站公开曝光的违反教师职业行为十项准则典型案例为反面教材，对照学校《教师师德考核实施细则》《教师师德失范行为负面清单及处理办法》《学术不端行为认定和处理办法》等文件，强化广大党员教师的责任意识和纪律意识，引导党支部教师明确行为规范、加强自我修养、自觉追求高尚，始终坚守师德红线、纪律底线，杜绝违反师德师风的行为。

三、经验与成效

师德师风建设是系统性工程，必须齐抓共管、分工协作、形成合力。在当前高校党建引领师德建设的现状中，制度体系发挥着基础性作用。① 在完善师德考核制度、充分发挥党支部的战斗堡垒作用、推进师德师风教育培训常态化等方面下功夫，推动师德师风建设常态化、制度化。

（一）完善师德师风考核制度

完善师德师风考核标准，有利于充分发挥师德考核的导向作用，引导广大党员教师自觉贯彻党的教育方针，落实立德树人的根本任务，构建“三全育人”工作格局，推进“五育并举”，着力培养德智体美劳全面发展的社会主义建设者和接班人。

1. 制定师德考核评价机制

《新时代高校教师职业行为十项准则》划定了高校教师职业行为规范，是检验高校师德师风建设成效的重要标尺。各党支部应结合实际情况，以高校教师职业行为十项准则为考核依据，以“四有”好老师内涵为考核标

① 曲帅锋．基层党组织建设与高校师德建设的融合［J］．学校党建与思想教育，2020（4）：42-44.

准，量化考核指标，建立科学合理的师德考核评价体系，坚持公正、公平、公开的原则，评选认真贯彻党的教育方针、忠诚教育事业、带头培育和践行社会主义核心价值观、传递正能量的师德榜样。

2. 建立师德考核激励机制

定期组织师德标兵评选活动，并广泛开展师德师风优秀模范和先进事迹宣传教育活动。建立激励奖励机制，注重对优秀教师的表彰，将师德考核结果与岗位聘用、职务晋升、评优评先、职称评定、绩效考核等方面挂钩，充分调动广大教师立德树人的积极性，激励广大教育工作者以更加饱满的热情投身教育事业。

（二）充分发挥党支部的战斗堡垒作用

2022 年 3 月，我校马克思主义学院党支部获批教育部办公厅公布的全国党建工作样板支部培育创建单位。马克思主义学院党支部贯彻落实教育部“党建示范创建和质量创优”建设要求，在学校党委的领导下，坚守为党育人、为国育才的初心使命。

1. 发挥党员教师的示范引领作用

注重发挥党员教师在政治理论学习、教学业务建设、科研业务建设等方面的示范引领作用，不断激发党员投身特高校建设事业的积极性、主动性和创造性，在思想政治理论课改革创新中展现新作为、彰显新担当。近几年来，党支部的党员教师先后获北京市教学成果一等奖 1 项，连续三年北京市教学能力大赛一等奖，全国黄炎培职教杰出教师奖 1 名，获批国家级课题 2 项及多项市级、校级重点课题等，在学校教学创新团队、互动课堂 50 强、优质课建设中都名列前茅。

2. 用师德榜样激励全体教师

党支部坚持用师德优秀典型先进事迹引导广大教师做“四有”好老师，把学校每届师德评选活动作为加强教师师德师风建设、构建“三全育人”工作格局的专题教育，用师德榜样引导和激励全体教师，加强师德师风建设的自觉性。一方面，通过开展评选优秀教师、树立先进典型等形式发挥师德榜样的带头作用，组织学校教职员工学习师德榜样的先进事迹，切实提高党支部所属教师的自身素养和师德水平，引导广大党员教师积极投身教育教学实践。另一方面，通过召开师德师风专题分享会，开展弘扬高尚师德优秀典型事迹的交流座谈，讲好身边的师德故事，形成榜样在身边、人人可学可做的良好局面，构建以德立身、以德立学、以德施教的良好育人氛围，加快打造一支怀揣理想信念、秉持道德操守、专业知识过硬、身负仁爱之心的教职工队伍。

（三）推进师德师风教育培训常态化

党支部要突出党性教育和政治理论教育，善于运用党的创新理论武装头脑、指导实践、推动工作，教育引导党员遵守党章党规党纪，筑牢信仰之基、补足精神之钙、把稳思想之舵，建设一支党性强、作风正、业务精、工作实的党员教师队伍。① 马克思主义学院党支部高度重视教师师德师风培训，充分挖掘和利用各类培训资源，积极组织教师广泛参与到师德师风研修与实践中。

第一，强化理论培训，全面提高教师思想政治素质。党支部定期开展师德教育专题学习，促进师德教育学习的常态化。通过深入学习习近平总书记关于师德师风的重要论述和“人民教育家”、教书育人楷模、最美教师、优秀教师、模范教师的先进事迹，提高党员教师的政治素质和道德情操，引导广大党员教师坚定理想信念，以培养学生正确的世界观、人生观、价值观以及良好的思想品德为己任，争做新时代的“四有”好老师，从而提高广大教师的师德师风水平。

第二，注重实践研修，筑牢理想信念的思想根基。为教师提供参加培训、学习考察、调查研究、志愿服务等机会，引导教师在党和人民的伟大实践中汲取养分。每年组织教师参加实践研修，通过专题报告、现场教学、讨论交流等方式深入学习贯彻习近平新时代中国特色社会主义思想，更新教学观念，提升教学能力和水平，为落实立德树人根本任务、培养担当民族复兴重任的时代新人做出更大贡献。

---

① 赵君，蔡亮．新时代高校党建引领师德师风建设的三重维度［J］．思想政治教育研究，2020（38）：134-138.

23. “1+4”工作法：助力党支部群众凝聚力建设实践

一、实施背景

党的二十大报告指出，“各级党组织要履行党章赋予的各项职责，把党的路线方针政策和党中央决策部署贯彻落实好，把各领域广大群众组织凝聚好”①。党的群众凝聚力，是党的性质宗旨的重要体现，集中反映为依靠、动员、组织和教育人民群众进行伟大社会实践的能力。在新的时代条件下，我们要进行伟大斗争、建设伟大工程、推进伟大事业、实现伟大梦想，必须不断增强党的群众凝聚力，从而为赢得优势、赢得未来提供坚强力量保证。党的根基血脉在人民，人民力量的凝聚发挥要以组织为保障。增强群众凝聚力是实现初心使命的动力支撑。为中国人民谋幸福、为中华民族谋复兴，是中国共产党人的初心和使命。实现这个初心和使命，不但需要我们党始终与人民同呼吸、共命运、心连心，从而赢得人心、赢得主动，更需要我们党最广泛地把群众组织起来、动员起来、团结起来，从而凝聚意志、汇聚力量。保持党同人民群众的血肉联系，做好人民群众的宣传教育、动员组织工作，是全党一项重大的政治任务，也是衡量党的政治建设取得实效、落到实处的重要依据。

党的十八大以来，通过党的群众路线教育实践活动等一系列部署举

① 中国共产党第二十次全国代表大会文件汇编［M］. 北京：人民出版社，2022：56.

措，广大党员干部进一步增进了同群众的感情，进一步掌握了贯彻党的群众路线的方法，进一步提高了做好群众工作的本领。中国特色社会主义进入新时代，既给增强党的群众凝聚力提供了新的实践土壤，同时也提出了新的要求。“党支部工作必须遵循以下原则，坚持围绕中心、服务大局，充分发挥积极性主动性创造性，确保党的路线方针政策和决策部署贯彻落实。”① 党支部工作要因应群众工作新情况、新特点，积极运用组织资源，充分发挥组织功能，实现组织优势向力量优势的成功转化，从而不断提高党的政治建设水平和成效，更好组织和引领群众听党话、跟党走。在基层工作实践中总结“1+4”工作法，“1”是指以“党建创新立项”为切入点加强党支部群众凝聚力建设，“4”是指围绕实施“党建创新”任务的4个着力点，全面提升党支部群众凝聚力建设成效。

二、主要做法

（一）以党建创新立项为切入点

随着社会的进步和科技的发展，传统党建工作方式已经难以满足现实需求。通过党建创新，我们能够更好地应对新挑战、抓住新机遇，使党建工作与时俱进。首先，党建创新是提升党组织凝聚力的重要途径，创新工作方式和方法，能够使党组织更贴近党员和群众的实际需求，增强党员对组织的归属感和认同感。同时，通过加强与群众的联系，党组织能够更好地发挥战斗堡垒作用，推动各项事业的发展。其次，党建创新有利于提高党组织的执政能力和领导水平。通过实践式党建、多元化评价等方式，党组织能够更加全面地了解实际情况，科学决策、民主决策。再次，党建创新能够促进党内的自我完善和自我革新，提高党组织的自我净化、自我完善、自我革新、自我提高能力。最后，党建创新对于弘扬党的优良传统和作风具有积极意义。通过创新党建工作方式，我们能够更好地继承和发扬党的优良传统和作风，增强党的纯洁性和先进性。同时，党建创新能够激

① 中国共产党支部工作条例（试行）［M］. 北京：人民出版社，2018：6.

发党员的积极性和创造性，推动党的建设新的伟大工程不断向前发展。

为更好地发挥支部的战斗堡垒作用和党员的先锋模范作用，不断提升基层党支部的凝聚力、战斗力和发展推动力。自2008年开始，学校党委每年组织全体党支部开展党建创新立项，严格把关立项内容，由校全体党委委员担任立项评审评委，严格从立项准备、立项的答辩批准、立项中期汇报、立项结题报告等环节帮助党支部把关定向，使党支部在制定年度建设目标上能精准定位，在制定重点任务时能结合党和国家对教育事业发展的最新要求、结合行业发展需要及学校党政发展战略规划目标，分析党支部现状和自身建设的实际，把握党支部在提升组织力、凝聚党员群众、服务中心工作、推动发展方面的主力军作用，为学校的建设和发展提供思想和组织保障，为党支部的建设注入发展活力。党建创新立项作为凝聚党支部党员共识、发挥纽带作用的一项重要工作机制，在解决难题上发挥了积极作用。

（二）以凝聚共识服务发展为前提

习近平总书记在党的二十大报告中强调："全党要坚持全心全意为人民服务的根本宗旨，树牢群众观点，贯彻群众路线，尊重人民首创精神，坚持一切为了人民、一切依靠人民，从群众中来、到群众中去，始终保持同人民群众的血肉联系，始终接受人民批评和监督，始终同人民同呼吸、共命运、心连心。"① 习近平总书记的重要指示从我们党的性质和根本宗旨出发，为走好新时代党的群众路线指明了方向、提供了根本遵循。群众路线是我们党的生命线和根本工作路线，是我们党永葆青春活力和战斗力的重要传家宝。我们要时刻保持对"党的最大政治优势是密切联系群众，党执政后的最大危险是脱离群众"的清醒和坚定，深刻领悟习近平总书记关于党的群众路线的重要论述，始终做到为了群众、相信群众、依靠群众，确保我们党的理论和路线方针政策符合最广大人民的根本利益。

---

① 习近平．高举中国特色社会主义伟大旗帜 为全面建设社会主义现代化国家而团结奋斗：在中国共产党第二十次全国代表大会上的报告［M］．北京：人民出版社，2022：70.

全心全意为人民服务是党的根本宗旨，群众路线是党的生命线和根本工作路线。十八大以来，学院党委始终把加强群众路线学习和实践、切实改进工作作风、服务教学一线、服务广大师生作为党支部建设的基础性和经常性工作。

党支部在探索党建创新立项时充分将党的群众路线与本职工作相联系，能够从全局的高度考虑问题，综合分析支部所辖部门的工作特点，坚持问题导向，立足岗位实际，确定党建创新立项。学校的教育服务质量是全方位的，包括基础生活环境、各类各项管理水平、师资队伍和教学水平、实验实训设施水平、专业品牌和知名度、校园文化等。学校提出了加快提高学院各类各项基础管理服务水平，努力提升学生与社会对我院管理服务工作的满意度的工作要求。党支部召开全体党员大会，本着服务学院中心工作，提升群众凝聚力，发挥支部战斗堡垒作用，立足岗位实际，在服务社会、服务师生中达到内上质量外树形象的目的，不断提升基础管理服务水平，集中讨论支部的党建创新项目，凝聚共识，以此推动支部争先创优活动的开展。

（三）以品牌创建提升全员参与为目标

党支部品牌活动创建有利于提升党支部的组织力和凝聚力。首先通过创建品牌活动，党支部可以更好地发挥战斗堡垒作用，激发党员的积极性和创造性，提高党员的归属感和认同感。同时，品牌活动能够吸引更多的群众参与，增强党群关系，提升党支部的凝聚力和向心力。其次，党支部品牌活动创建有利于提高党支部的服务水平和质量。通过品牌活动的策划和实施，党支部能够更加深入地了解群众需求，提供更加精准、优质的服务。同时，品牌活动能够树立党支部的良好形象，提升党支部的社会影响力和公信力。再次，党支部品牌活动创建有利于推动事业发展。品牌活动能够激发党员的创造力，推动理论创新和实践创新。同时，品牌活动能够为群众提供更好的服务和支持，推动各项事业的发展。最后，党支部品牌活动创建有利于传承党的优良传统和作风。通过品牌活动的策划和实施，党支部能够更好地继承和发扬党的优良传统和作风，推动党的建设新的伟大工程不断向前发展。

本着服务学院中心工作，立足岗位实际，发挥支部战斗堡垒作用和引领发展作用，以提升党支部群众凝聚力为前提，立足本岗，在服务社会、服务师生的本职工作中，努力实现基础管理服务水平的提升。以某高校招生办、图书馆、工会、继续教育学院四个行政部门联合组建的党支部为例：党支部在党建创新立项中确立建设目标为围绕一个主线，服务三个群体，提升两种能力为根本，立足本职工作，对内深入广大教职员工和学生，了解师生的需求、解决实际问题；对外加强联络沟通，宣传树立学院品牌形象。一个主线，即围绕为群众办实事、提升基础服务的满意度为主线；服务三个群体，即服务社会群体、服务教师群体、服务学生群体；提升两种能力，即内上质量，提升基础管理服务能力，外树形象，提升学院的知名度和市场竞争力。

（四）以内容具体重在实践为落脚点

党支部在党建创新立项目标确定后，以围绕一个主线，服务三个群体，提升两种能力为根本明确了三项建设任务。一是在服务学生方面，根据图书馆工作特点，调研了解学生需求，结合学院通用平台素质教育方案中《名著阅读素质教育方案》要求，解决学生盲目借书读书的实际问题。通过整理图书馆素质教育类图书，同时调查学生读者的实际需求，组织支部党员前往图书城现场采集书目，将全部书目进行汇总分析，制作好书推荐阅读书目指导手册折页，指导学生开展素质类图书的阅读，提升学生人文素质、道德素质、心理素质和法纪意识。二是在服务教师方面，根据学校工会工作和实际，关心职工生活，调查在职职工的身体状况、日常体育锻炼的时间、喜欢的运动项目。针对职工的身体状况与喜好，长期坚持组织不同的社团活动。三是在服务社会方面，结合招生和培训部门的工作特点，走访本科院校、同类高职院校学习交流经验；走访教学系了解专业建设情况及教育教学资源，听取教学系对招生工作的意见和建议；联络生源校，了解生源校对招生工作的需求。每学期通过“走出去请进来”的方式加强与生源校、教学系之间的沟通和联系，更好地服务社会、学生及家长，推动招生工作的顺利开展。

（五）以提升师生满意度作为检验党建成果的根本

在落实党建创新项目过程中，明确各建设项目具体时间、项目负责人、项目明确内容、项目成果形式并进行过程管理等，使每一项建设内容都能落实落细，保证质量和效果。以图书馆为例，4 月份，在全院发放学生调查问卷千余份，了解学生需求，进行数据采集、汇总、分析。5~7 月进行素质教育书目采集，采购及制作好书推荐阅读书目指导手册折页，每位党员现场为图书馆采集素质教育用书推荐书目共计 67 种。9 月份新生入学后发放并指导新生开展好书阅读活动。同时也在全校范围内加强宣传，指导学生开展好书阅读。项目成果：制作《素质教育图书馆推荐书目》指导手册折页 3000 册、《图书馆推荐书籍 TOP100》指导手册折页 1000 册，有效解决了学生的实际需求，受到学生们的一致好评；工会通过对我院教职工进行问卷调查，了解我院教职工的体育健身活动现状及其影响因素，寻找引导我院教职工增强健身活动的对策，针对教师特点制定全年“职工健身计划”项目，受到教师们的欢迎；招生培训部门制定“探索市场化招生形势下与生源校的良好合作模式”项目，分析高校生源分布状况，合理定位招生区域和拓展区域，完成我院生源在北京市各区县的招生状况及主要生源地的统计分析。探索市场化下与生源校间的合作模式，形成互动共赢、合作发展、充满活力的局面，走访 10 余所中学，深入了解中学实际需求；走访同类院校，学习先进经验，完成《北京信息职业技术学院生源基地校建设方案》，了解学生发展需要，解决学生、家长和生源校关切。

三、经验与成效

党建创新项目作为支部争先创优活动的载体，本着围绕学院党政工作重点及部门重点工作需要，重在解决本部门工作的重点、难点问题，突出实践创新特点，发挥支部战斗堡垒作用和引领发展作用，以促进部门凝聚力和战斗力建设为出发点，通过立项研究，在发挥支部党员先锋模范作用、凝聚集体智慧、锻炼队伍成长、发挥支部的战斗堡垒作用方面都发挥出了积极的作用。在加强党支部群众组织建设中，基层党支部可以依托党建创新立项为抓手，调动全体党员参与学院建设的积极性、主动性和创造力；通过立项的建设，有助于形成支部全体党员统一思想、明确方向、抓住重点、凝聚人心、求真务实开展工作的落脚点；在有效提高各部门的科学管理工作水平与优化工作作风，提升基础管理服务水平方面都具有积极而深远的意义。

1. 坚持问题导向是创新的关键。只有直面存在的问题和困难，才能有针对性地创新工作思路和方法。在实践中，我们要深入了解实际情况，发现问题的根源和症结所在，提出切实可行的解决方案。同时，要注重实践探索，不断总结经验教训，不断完善和创新工作方式和方法。只有这样，才能取得实质性的进展，推动党建工作不断向前发展。此外，我们还要注重创新工作的可持续性和可复制性。创新工作不是一时的行为，而是需要长期坚持和不断优化的过程。因此，我们要建立健全的制度体系，确保创新工作的规范化和可持续性。同时，要注重总结和提炼创新成果，将其转化为可复制的经验和模式，为其他党支部提供借鉴和参考。

2. 强化组织建设是创新的基础。强化组织建设是党建创新的基础，只有建立健全的组织体系，提高党员素质和能力，才能为创新提供有力保障。在实践中，我们要注重组织建设，完善组织架构，明确工作职责和工作流程。同时，要加强党员教育和管理，提高党员的政治素质和业务能力。此外，还要注重选拔和培养优秀人才，建立高素质的党员队伍。只有这样，才能为创新提供有力的人才保障。同时，我们还要注重发挥组织的整体优势，加强团队协作和配合。只有组织内部协调一致，才能更好地发挥组织的效能，推动创新工作取得更大的进展。

3. 紧密联系群众是创新的根本。只有深入了解群众需求，积极回应群众关切，才能使创新工作得到群众的认可和支持。紧密联系群众是党建创新的根本，只有深入了解群众需求，积极回应群众关切，才能使创新工作得到群众的认可和支持。在实践中，我们要加强与群众的联系，深入了解群众的需求和关切，积极为群众解决实际问题。同时，要注重与群众的沟通和交流，及时反馈工作进展和成果，增强群众对创新工作的信任和支持。

4. 注重实践探索是创新的动力。只有勇于实践，不断总结经验教训，才能推动创新工作不断向前发展。注重实践探索是党建创新的动力，只有勇于实践，不断总结经验教训，才能推动创新工作不断向前发展。在实践中，我们要敢于尝试新的思路和方法，不断拓展创新的领域和途径。同时，要注重实践中的问题解决和经验积累，及时总结经验教训，不断完善和创新工作方式和方法。此外，我们还要注重实践成果的提炼和推广，将实践成果转化为可复制的经验和模式，为其他党支部提供借鉴和参考。同时，要建立健全的激励机制，鼓励和支持党员积极参与创新实践，激发全党的创新活力。

5. 强化制度保障是创新的支撑。强化制度保障是创新的重要支撑，只有建立健全的制度体系，确保创新工作的规范化和可持续性，才能使创新成果得以巩固和推广。在实践中，我们要加强制度建设，制定科学合理的工作规范和管理制度，确保创新工作的有序开展。同时，要注重制度的执行和监督，确保制度的有效性和权威性。此外，我们还要建立健全的考核评价机制，对创新工作进行科学评估和考核，激发全党的创新热情和创造力。同时，要注重创新成果的推广和转化，将创新成果转化为实际工作成效，推动党和人民事业的发展。

24. 东西部帮扶：攻坚克难　自觉担负起党和人民赋予的时代重任

一、实施背景

为深入贯彻落实习近平总书记关于新疆工作提出的总目标要求，以实际行动帮助新疆职业教育解决发展中的困难和问题，为新疆长治久安、经济发展和人才培养做贡献，2018 年 1 月 15 日，学校与新疆石河子工程职业技术学院、新疆生产建设兵团职业技术教育学会正式签署支援帮扶合作协议。为了将支援帮扶工作落到实处，针对新疆地区幅员辽阔、少数民族聚集的特点，学校创新支援帮扶方式方法，充分利用先进的信息化设备设施，通过远程课程教学、优质网络课程资源共享、教师信息化能力提升、技能大赛等多种方式，面向新疆地区开展职业教育支援帮扶，走出了一条利用现代信息技术帮扶边疆少数民族地区职业教育发展和人才培育质量提升的新路。

2018 年 9 月，学校接到石河子工程职业技术学院紧急援助请求，由于该校师资严重不足，边疆维稳责任重大，急需解决思想政治理论课授课师资和教学任务的困境。学校党委高度重视，全面部署，马克思主义学院全体党员克服困难，自觉担负起党和人民赋予的时代重任，发挥党支部战斗堡垒作用。党员教师们牺牲休息时间，利用信息化手段构建同步课堂，援助新疆石河子工程职业技术学院及部分南疆职业院校，连续四年为该校提供远程同步直播、在线精品课，承担全部思政课必修课教学及师资培养。

2020年疫情防控期间，面对学生不能集中学习的实际，学校迅速组织师资力量，在较短时间内开发出优质慕课资源，为学校2100名学生开设线上三门思政必修课，总课时136学时，解决了学生疫情防控期间居家学习和思政课师资薄弱的燃眉之急。

援助工作开展四年以来，在双方的共同努力下，支援帮扶合作工作取得了扎实的成效，利用现代信息技术优势，创新课程教学方式，通过远程同步直播的方式面向石河子工程职业技术学院、新疆生产建设兵团第三师图木舒克职业技术学校开展“毛泽东思想和中国特色社会主义理论体系概论”“思想道德修养与法律基础”“形势与政策”课程教学，累计授课442学时，受益学生（含维吾尔族、回族、哈萨克族等少数民族学生）达万人次，有效地解决了该校和受助地区思政课师资不足问题，很好地实现了优质课程资源向少数民族地区的输出，为少数民族地区学生思想政治教育做出了积极贡献。此项工作得到了教育部教师工作司、新疆生产建设兵团教育局的一致肯定。2020年度集体荣获北京电控“巾帼文明示范岗”荣誉称号。2021年7月，接受中国教育电视台《梦开始的地方》专栏采访，在教育部职成司职业教育提质培优增值赋能专题栏目《梦开始的地方》播出。此项教育模式为东西部教育帮扶合作提供了成功的教育范例。

二、主要做法

（一）制定详细工作方案，确保课程援助项目顺利实施

石河子工程职业技术学院是2018年从中职新升格至高职的一所职业院校，2018年首次招收120名高职学生，秋季学期开学，思政课师资紧缺，紧急向东西部协作高校北京信息职业技术学院提出援助请求。为了帮助对方解决燃眉之急，学校高度重视，精心筹划，主管教学校领导组织马克思主义学院、教务处、继续教育学院等部门领导召开专题会议，部署思政课程援助工作，教务处牵头制定《课程教学援助工作方案》，明确校际沟通渠道、教师选派、课表编排、远程教学设施设备传输、跨区域课堂教学组织管理、学生学习成果评价等工作细节和要求，为思政课程援助工作的顺

利实施奠定了扎实的基础。

（二）发挥党员先锋模范作用，保证课程援助项目高质量落实到位

1. 党员做先锋，选派最优秀的教师团队

选派优秀的教师团队开展课程教学是援助工作的关键，为了落实好本次思政课程教学援助工作，学校高度重视，责成马克思主义学院选派最优秀的思政课教师参与课程教学，仅用两周的时间就完成课程教学援助工作方案及实施细则，马克思主义学院党支部积极选派优秀教师，党员做先锋，在原有教学满工作量的基础上，率先扛起重任，确保 9 月 28 日如期直播开课。首批选派 8 名具有教授、副教授职称及博士学位的优秀思政课教师开展第一期思政课程远程同步直播教学工作，授课团队中 70%的教师获得过北京市教师教学能力大赛一等奖，高水平的教学团队为课程教学工作的实施奠定了扎实的基础。

党员郑老师在接到授课任务时已有身孕，由于时间紧急，援助授课任务师资团队人员不足，她主动申请担任直播授课任务。她回忆说："我觉得每次课上能够给孩子们答疑解惑，帮助孩子们系好人生的第一粒扣子，就是我最大的收获。虽然身体时有不适，但心里却是满满的成就感。"党员王老师对第一次直播课记忆犹新，她回忆说："全程面对空镜头远程直播压力很大，所以每次课都要用 2~3 周的时间打磨，力图用最形象的表达方式、最生动的案例对知识进行讲解。春季是我过敏症最严重的时候，记得我授课的时候鼻咽喉炎症一直不好，为了保证视频直播质量，授课前我提前加倍服用了药物，努力克制着不让自己咳嗽。讲完那次课后，第二天就发烧了。欣慰的是，这次课程在新疆的大屏幕上得到了完美的呈现，学生们反响很好。"

图 5-17　远程直播石河子工程职业技术学院现场

2. 克服困难，科学统筹解决项目实施难题

新疆地处祖国西部，距北京三千多公里，有两个半小时的时差，作息时间与北京有较大的差异，党员老师们克服京疆两地的时差难题，在编制课程表时，将上课时间推迟到北京时间下午四点半以后，保证了新疆援助学校的上课时间。

李老师参与了援疆直播授课任务，她回忆道："我接到新疆直播授课任务时，正好是我的母亲癌症晚期住院，自己身体也比较虚弱，但任务紧急，作为思政教师责无旁贷。在备课时我特别注重针对新疆地区来搜集案例，还记得介绍改革开放内容时，我给学生展示了 1981 年邓小平亲自去石河子棉田视察并肯定家庭联产承包责任制的照片，屏幕那边的学生顿时沸腾了，他们深切感受到党和国家对他们家乡一直以来的关注和扶持。"

图 5-18 走进石河子工程职业技术学院与学生交流

3. 精诚合作，确保远程教学设备信号同步传输

利用信息化设备面向西部职业院校开展远程教学，也是学校支援帮扶的全新尝试。为了确保本次远程课程教学信号同步传输，学校教师发展中心派出一支精湛的技术支持团队，与新疆石河子工程职业技术学院技术人员共同协作，每次上课前半小时，双方技术人员就做好了教学设备信号同步传输测试，为远程课程同步教学工作开展提供了技术保障。

（三）精心设计周密组织，圆满完成课程教学任务

1. 精心设计教学内容，为课程教学质量提供保证

在本次对新疆石河子工程职业技术学院的思政课程教学援助过程中，学校教师创新教学模式，如“思想道德修养与法律基础”教师将“1133”教学模式运用到课程教学中，“毛泽东思想和中国特色社会主义理论体系概论”教师将“五融入”教学法等运用于教学中，采用专题模块教学，每个模块中设计了大量的图片、视频、flash 动画等多媒体元素，寓教于乐，激发学生对思政课程的学习兴趣。

2. 创新课程教学组织和管理方式，保证了课程教学效果

学校对新疆石河子工程职业技术学院思政课程教学援助首次采用了远程同步直播的方式，为了确保课程教学质量，合作双方创新课程教学组织和管理方式，学校主讲教师负责在北京直播室授课，对方学校派出管理教师负责对新疆直播课堂纪律、师生互动、学生讨论、课业等方面的管理。在对少数民族学生开展课程教学过程中，双方教师积极配合，对一些难懂的问题，对方学校管理教师及时通过直播麦克风向主讲教师反馈，双方合作相得益彰，保证了课堂教学的有效性。

3. 心系边疆学生开展教学成效调研，确保思政课教学的质量和实效

为了更精准地了解受助学校及地区对思政课堂的需求，了解当地学情，提高同步课堂教学质量，党支部组织思政教师赴新疆深入帮扶学校，开展学情调研、实践教学成果展示等活动，并深入当地学生家庭所在地进行实地考察，了解新疆社会、民族、经济发展现状。为思政课教师了解新疆学生学情、加强民族团结教育、融入国家治疆战略、有针对性地开展教学提供帮助，也极大地调动了学生们学习的积极和主动性，在新疆学生们中反响强烈。

“老师终于从银幕上走下来了，老师，我可以抱抱你吗?”这是直播授课教师林教授走进石河子课堂，同学们围过来跟她说的最打动人心的话，她至今都很难忘：“我拥抱了每一个学生，孩子们拉着我们的手，邀请我们去她们宿舍，和我们一起交谈未来的梦想，还载歌载舞欢迎我们，拿出家里自制的奶疙瘩一定要老师们尝一尝。如今想起来，还是感动得热泪盈眶，感受到作为一名思政教师的光荣与责任。”

三、经验与成效

1. 课程教学成效显著，教学效果获得好评

课程教学成效显著，教学效果获得好评。四年来，在学校与石河子工程职业技术学院的共同努力下，课程教学成效显著，教学效果获得学生的好评，学生一致认为，任课教师学识渊博、风趣幽默，通过灵活、丰富的

教学方式调动学生学习的主动性和积极性，将枯燥的课本内容转化成通俗易懂的案例、故事，让学生易于理解领会。

李旭辉于 2018 年 9 月考入新疆石河子工程职业技术学院，在这里他第一次接触到远程直播的思政课。他回忆说："我还清晰地记得第一天上直播的场景，那天的课程不出预料地完全满足了我对直播课的期待，老师们展示的课件生动形象，讲课时声情并茂，内容也很吸引我们。特别是直播课期间的师生互动，使我真切地感受到我们的心和北京老师们的是连接在一起的。最让我记忆犹新的是突然有一天，视频里的老师从北京赶来看我们啦。哇！那天同学们都兴奋得'爆炸'了，觉得北京的老师们真的非常在乎我们！"

阿卜杜热依木·托合提来自南疆喀什的农村。他回忆道："入学后得知有北京的教授给我们上直播课时，特别期待也觉得很神奇。最初以为是放视频，当画面里的老师跟我们远程互动时，天呐！我才确定这真的是直播呀！一年的学习让我知道了中国梦、新时代青年的担当，课堂上学到的法律知识在实际生活中特别有用。现在，我已经在实习了，一个月工资 4000 元起，最多的时候拿到了 7000 多元，我特别感谢学校对我的培养，也感谢北京的老师点亮了我的梦想，教给我知识，改变了我的思想，才让我和我的家庭现在的生活变得更好。"

2. 教育扶贫筑梦未来，社会影响力显著提升

经过多年的实践，我校在教学运行、教学管理、课堂教学等方面建立了完善的工作机制，形成了成熟的课程教学援助模式，这种模式得到了教育部教师工作司、新疆生产建设兵团教育局的一致肯定，并推广到兵团农三师图木舒克职业技术学校。

作为新疆方唯一的助教老师，吴老师对自己四年来的成长和进步非常感慨。她说："高校的思政课该如何上，怎样才能成为一名合格的高校思政教师是我当时最渴望得到的答案。2018 年盛夏，我和我的学生们带着满满的好奇心，见到了第一次直播课的老师，带给我们很强的心理冲击，曹教授温文尔雅、面带微笑、知识渊博、娓娓道来，完全就是我心目中一个

高校教师应该有的样子。那个时期，我内心默默认了很多个师父，努力向授课老师们学习。随着课程的推进，我最初从直播中学习，后来又从线上课程中学习，2021 年学校终于招聘到了 5 名思政课教师，我也成长为思政课负责人，由衷地感谢北京的老师们，在支援过程中给予我们太多无私的帮助。”

2021 年起，学校获批教育部教师工作司“东西协作帮扶平台建设研究”项目立项，马克思主义学院在学校党委的领导下，发挥支部战斗堡垒作用，组织教授、博士团队，构建由相关专业领域的骨干教师共同组成的、集教学科研和培训等职能于一体的“名师工作室”，为帮扶地区提供《思想道德与法治》精品课课程资源，组织线上教研活动，开展线上远程直播授课，目前获益教师已超过 5000 人次。2021 年指导石河子职业技术学院并共同参加比赛，获兵团教学能力大赛三等奖。从 2018 年至今，与帮扶地区实现了从“协作帮扶”到“携手发展”。

3. 党支部战斗堡垒作用凸显，自觉担负起党和人民赋予的时代重任

习近平总书记在全国组织工作会议上的讲话中指出：“要严格党员日常教育和管理，使广大党员平常时候看得出来、关键时刻站得出来、危急关头豁得出来，充分发挥先锋模范作用。”① 在承担援疆工作任务中，党员们的先锋模范作用突出，克服种种困难，兼顾校内和校外双重教学任务，克服不同教学进度、不同教学方式、不同教学内容等困难因素，党支部发挥战斗堡垒作用，四年来带动全体教师参与到脱贫攻坚这场伟大的事业中来，发挥专业优势和组织优势，备好每一次课、讲好每一堂课、练好每一项基本功，扎扎实实落实立德树人根本任务，为培养德智体美劳全面发展的社会主义建设者和接班人贡献力量，自觉担负起党和人民赋予的时代重任。

习近平总书记在视察新疆时指出：“新疆社会稳定和长治久安，关系全国改革发展稳定大局，关系祖国统一、民族团结、国家安全，关系中华

① 中共中央文献研究室．十八大以来重要文献选编：上［M］．北京：人民出版社，2014：351.

民族伟大复兴。”① 在脱贫攻坚的伟大事业中，中西部的教育合作终将成为这一伟大变革时代中一束闪亮的光，点亮无数家庭和孩子们心中的梦想，成为师生们一生难忘的记忆。

① 北京大学马克思主义学院中国道路与中国化马克思主义协同创新中心．马克思主义与人类发展：首届世界马克思主义大会论文集：上册［M］．北京：人民出版社，2016：715.

第六章

高校基层党支部组织力建设研究与实践的结论与展望

一、主要研究成果和结论

（一）主要研究成果

1. 深入挖掘了高校基层党支部在提升群众凝聚力中的核心作用。研究指出，高校基层党支部是党在高校的最基层组织，是党联系广大师生的桥梁和纽带。它在提升群众凝聚力方面具有不可替代的核心作用。首先，党支部是高校政治建设的核心力量。通过党的路线、方针、政策的宣传和贯彻落实，党支部引导师生树立正确的世界观、人生观和价值观，坚定理想信念，增强政治认同和情感认同。其次，党支部是团结师生的组织保障。它通过组织开展各类活动，为师生提供交流互动的平台，了解彼此的需求和诉求，增强集体归属感和凝聚力。最后，党支部还为师生提供服务和帮助，解决实际问题，增强师生的获得感和幸福感。总之，高校基层党支部在提升群众凝聚力方面发挥着至关重要的作用。它不仅是党在高校的政治核心，更是培养德智体美劳全面发展的社会主义建设者和接班人的坚实保障。因此，加强党支部建设，发挥其在提升群众凝聚力中的作用，是高校党建工作的重要任务之一。

2. 系统总结了提升高校基层党支部群众凝聚力的策略与方法。研究从思想引领、组织建设、活动创新、服务师生、社会实践等多个维度，提出了具体、实用的策略和方法。这些策略和方法不仅涵盖了传统的工作方式，还结合了现代信息技术手段，旨在提高工作效率和扩大覆盖面。思想引领是提升群众凝聚力的根本。通过深入开展中国特色社会主义和中国梦宣传教育，弘扬社会主义核心价值观，坚定师生的理想信念，增强政治认同和情感认同，这为提升群众凝聚力奠定了坚实的思想基础。组织建设是提升凝聚力的关键。建立健全的制度体系，规范组织生活和工作流程，加强党员教育和管理，提高党支部的组织力和战斗力。选拔有能力、有担当、有作为的干部担任领导职务，提高党支部的组织力和战斗力。这样可以增强师生的归属感和信任感，提高党支部的群众凝聚力和公信力。创新活动载体是提升凝聚力的有效手段。开展丰富多彩、富有实效的群众性活动，如志愿服务、社会实践、文化交流等，增强师生的参与感和互动性。同时，利用新媒体等现代信息技术手段，拓展工作平台和渠道，扩大群众基础和影响力，这样可以增强师生的凝聚力和向心力，提高党支部的群众凝聚力和号召力。

3. 实证分析了策略和方法的实施效果。通过问卷调查、实地访谈等方式，收集并分析了大量数据，对提出的策略和方法进行了实证检验。研究结果表明，这些策略和方法在实际工作中取得了显著成效，有效提升了高校基层党支部的群众凝聚力。在思想引领方面，通过开展各种形式的宣传教育活动，师生的政治觉悟和思想认识得到了明显提高，对党的理论和政策有了更深入的理解和认同。在组织建设方面，通过加强制度建设、规范组织生活等措施，党支部的组织力和战斗力得到了显著提升，党员的先锋模范作用得到了充分发挥。此外，在活动创新方面，通过开展丰富多彩、富有实效的群众性活动，师生的参与度和互动性得到了明显提高，党支部的群众基础得到了进一步扩大。

4. 探讨了高校基层党支部群众凝聚力提升的未来发展方向。研究结合时代发展要求和高校实际情况，对未来高校基层党支部群众凝聚力提升工作进行了展望。研究指出，应进一步推动强化思想引领、创新工作方式、加强组织建设等方面的工作，以适应时代发展的需要。思想引领是未来的重要发展方向。面对复杂的国内外环境，我们需要进一步加强对中国特色社会主义和中国梦的宣传教育，引导师生坚定理想信念，增强政治认同和情感认同。同时，我们也需要关注师生的思想动态，及时解决他们的困惑和问题，以增强党支部的思想引领作用。创新工作方式是未来发展的必然要求。随着科技的快速发展和信息化程度的提高，我们需要充分利用现代信息技术手段，创新工作方式和载体。例如，利用新媒体平台开展宣传教育活动，提高工作效率和覆盖面；通过线上线下的方式加强与师生的互动交流，及时了解他们的需求和诉求。加强组织建设是未来发展的关键任务。我们需要进一步完善制度体系，规范组织生活和工作流程，提高党支部的组织力和战斗力。同时，我们也需要注重培养干部队伍，选拔有能力、有担当、有作为的干部担任领导职务，为党支部的长远发展提供人才保障。

（二）主要研究结论

1. 强化思想引领是提升高校基层党支部群众凝聚力的根本保证。通过深入开展中国特色社会主义和中国梦宣传教育，弘扬社会主义核心价值观，提高师生的政治觉悟和思想认识，坚定理想信念，增强“四个意识”、坚定“四个自信”、做到“两个维护”。可以引导师生树立正确的世界观、人生观和价值观，增强政治认同和情感认同，为提升群众凝聚力打下坚实的思想基础。

2. 加强组织建设是提升高校基层党支部群众凝聚力的关键环节。通过建立健全的制度体系，规范组织生活和工作流程，加强党员的教育和管理，提高党支部的组织力和战斗力。同时，注重培养优秀党员骨干，选拔有能力、有担当、有作为的干部担任领导职务，以提高党支部的组织力和战斗力。这样可以增强师生的归属感和信任感，提高党支部的群众凝聚力和公信力。

3. 创新活动载体是提升高校基层党支部群众凝聚力的重要手段。通过开展丰富多彩、富有实效的群众性活动，如志愿服务、社会实践、文化交流等，增强师生的参与感和互动性。同时，利用新媒体等现代信息技术手段，拓展工作平台和渠道，扩大群众基础和影响力。这样可以增强师生的凝聚力和向心力，提高党支部的群众凝聚力和号召力。

4. 关注师生需求是提升高校基层党支部群众凝聚力的重要切入点。通过深入了解师生的工作、学习和生活情况，关心他们的诉求和权益，积极为师生排忧解难。同时，注重解决师生的实际问题，如教学设备、科研条件、福利待遇等。这样可以增强师生的获得感和幸福感，提高党支部的群众凝聚力和号召力。

5. 加强党风廉政建设是提升高校基层党支部群众凝聚力的必然要求。通过加强对党员的教育和管理，严格遵守党的纪律和规定，加强对权力的制约和监督，防止权力滥用和腐败现象的发生。这样可以增强师生的信任感和认同感，提高党支部的群众凝聚力和号召力。

6. 建立健全的考核评价机制是提升高校基层党支部群众凝聚力的有效保障。通过建立健全的考核评价机制，对师生的政治表现、工作实绩等进行全面、客观、公正的考核评价。通过对考核评价结果的运用，激励师生发挥模范带头作用，激发其积极性和创造力。同时，要加强对考核评价结果的反馈和指导，帮助师生认识不足、改进提高。这样可以提高师生对党支部的信任度和满意度，增强党支部的群众凝聚力。

综上所述，本研究从多个方面系统地探讨了提升高校基层党支部群众凝聚力的策略与方法，并得出了相应的结论。这些研究成果不仅为高校党建工作提供了有益的理论指导和实践借鉴，同时也为培养德智体美劳全面发展的社会主义建设者和接班人提供了坚实保障。在未来，还需要不断总结经验，继续完善和改进提升群众凝聚力的策略和方法，以适应时代发展的需要，更好地服务于党和人民事业的发展。

二、高校基层党支部的发展趋势

随着时代的发展和高等教育的不断变革，高校基层党支部的发展趋势也在不断演变。在新的历史时期，高校基层党支部不仅要发挥传统的政治核心作用，还需要与时俱进，结合时代背景和高校实际，不断创新工作方式和内容。

1. 思想引领的强化

面对复杂的国内外环境，高校基层党支部需要进一步加强思想引领，坚定师生的理想信念。在未来的发展中，党支部需要更加注重对中国特色社会主义和中国梦的宣传教育，引导师生增强“四个自信”，树立“四个意识”。同时，党支部还需要关注师生的思想动态，及时解决他们的困惑和问题，以增强党支部的思想引领作用。

2. 组织建设的规范化与制度化

组织建设是高校基层党支部发展的基础。在未来的发展中，党支部需要进一步完善制度体系，规范组织生活和工作流程。通过建立健全的制度规范，确保党支部的各项工作有章可循、有规可依。同时，党支部还需要加强对党员教育和管理，提高党员的政治素质和组织纪律性。通过规范化的组织建设，提高党支部的组织力和战斗力。

3. 活动载体的创新与实践

活动创新是高校基层党支部发展的重要手段。在未来的发展中，党支部需要开展丰富多彩、富有实效的群众性活动，如志愿服务、社会实践、文化交流等。通过活动创新，增强师生的参与感和互动性，提高党支部的群众凝聚力和号召力。同时，党支部还需要注重活动的实践性和实效性，确保活动能够真正落地生根，取得实际效果。

4. 服务师生的宗旨

服务师生是高校基层党支部的根本宗旨。在未来的发展中，党支部需要深入了解师生的工作、学习和生活情况，关心他们的诉求和权益。通过解决师生的实际问题，如教学设备、科研条件、福利待遇等，增强师生的获得感和幸福感。同时，党支部还需要注重服务师生的长效机制建设，确保服务能够持续有效。

5. 信息化发展的趋势

随着信息化技术的快速发展，高校基层党支部也需要适应信息化发展的趋势。在未来的发展中，党支部需要充分利用现代信息技术手段，拓展工作平台和渠道。例如，利用新媒体平台开展宣传教育活动，提高工作效率和扩大覆盖面；通过线上线下的方式加强与师生的互动交流，及时了解他们的需求和诉求。同时，党支部还需要注重信息安全和隐私保护，确保信息化发展的安全可靠。

6. 文化建设的重视

文化建设是高校基层党支部发展的重要支撑。在未来的发展中，党支部需要更加注重文化建设，营造积极向上的文化氛围。通过培育和践行社会主义核心价值观，弘扬正能量，引导师生树立正确的世界观、人生观和价值观。同时，党支部还需要注重自身文化建设，形成独具特色的支部文化，增强师生的归属感和认同感。

7. 国际化发展的趋势

随着全球化的不断深入，高校基层党支部也需要适应国际化发展的趋势。在未来的发展中，党支部需要关注国际形势和全球问题，加强与国外高校党支部的交流与合作。通过国际交流与合作，拓展师生的国际视野和跨文化交流能力，提升高校在国际上的影响力和竞争力。同时，党支部还需要注重在国际交流中保持政治敏锐性和文化自信，维护国家利益和文化安全。

8. 密切联系群众，增强服务意识

高校基层党支部作为党在高校的基层组织，必须始终坚持全心全意为人民服务的根本宗旨，密切联系群众，关心师生需求，积极为师生排忧解难。未来，高校基层党支部需要进一步增强服务意识，提高服务水平，通过多种方式了解师生的诉求和困难，积极为他们提供帮助和支持。同时，党支部还需要注重服务师生长效机制的建设，确保服务能够持续有效。

9. 发挥战斗堡垒作用，推动高校事业发展

高校基层党支部作为高校党建工作的重要组成部分，必须充分发挥战斗堡垒作用，为高校事业发展提供坚实保障。未来，高校基层党支部需要积极参与高校各项工作，发挥党支部的组织优势和政治优势，推动高校事业发展。例如，党支部可以参与高校教学、科研、管理等方面的工作，为高校发展提供有力支持。同时，党支部还需要注重自身建设和发展，提高

自身素质和能力，更好地发挥战斗堡垒作用。

10. 强化党风廉政建设，提高拒腐防变能力

党风廉政建设是高校基层党支部的重要工作之一。未来，高校基层党支部需要进一步强化党风廉政建设，严格遵守党的纪律和规矩，落实全面从严治党要求。党支部需要加强对党员的廉政教育和纪律约束，提高党员的廉洁自律意识。同时，党支部还需要建立健全的监督机制，加强对权力运行的监督和制约，防止腐败现象的发生。

总之，高校基层党支部的发展趋势是多方面的，涉及思想引领、组织建设、活动创新、服务师生、信息化发展、文化建设和国际化发展等方面。在新的历史时期下，高校基层党支部需要不断创新工作思路和方法，密切联系群众，强化党风廉政建设，发挥战斗堡垒作用，为高校事业发展提供坚实保障。同时，高校基层党支部还需要注重自身建设和发展，提高自身素质和能力，更好地适应时代发展的需要。

三、研究方向和建议

高校基层党支部应注重思想引领、组织建设、活动创新、服务师生、信息化发展、文化建设和党风廉政建设，加强自身建设和发展，为高校事业发展提供坚实保障。高校基层党支部的发展趋势研究方向和建议如下。

（一）研究方向

1. 思想引领与意识形态研究：针对当前国内外形势的变化，研究高校基层党支部如何更好地进行思想引领和意识形态工作，引导师生坚定理想信念，增强政治认同和情感认同。

2. 组织建设与制度创新研究：探讨高校基层党支部的组织建设路径和制度创新方式，包括党员教育管理、组织生活规范化、考核评价机制等方面。

3. 活动载体与平台建设研究：研究如何创新高校基层党支部活动载体和平台，提高活动的实效性和参与度，增强党支部的凝聚力和向心力。

4. 服务师生与民生改善研究：关注高校基层党支部如何服务师生，解

决师生的实际问题，提升师生获得感和幸福感，研究服务师生的有效机制和方式。

5. 信息化与新媒体应用研究：探讨高校基层党支部如何利用信息化和新媒体手段拓展工作平台和渠道，提高工作效率和扩大覆盖面，创新工作方式方法。

6. 文化传承与创新研究：研究高校基层党支部如何发挥文化传承和创新功能，弘扬社会主义核心价值观，培育优秀校园文化。

7. 国际化与跨文化交流研究：关注高校基层党支部如何开展国际化交流与合作，拓展师生的国际视野，提升高校国际影响力和竞争力。

8. 党风廉政建设与监督机制研究：探讨高校基层党支部如何加强党风廉政建设，建立健全的监督机制，提高拒腐防变能力。

9. 战斗堡垒作用与高校事业发展研究：研究高校基层党支部如何发挥战斗堡垒作用，积极参与高校各项工作，为高校事业发展提供有力保障。

（二）研究建议

1. 加强理论学习，提高政治素养

加强理论学习，提高政治素养，是高校基层党支部发展的重要方向。党支部应通过举办理论培训班、座谈会等形式，加强对党员的理论教育，深入学习党的理论成果和路线方针政策，提高党员的政治觉悟和理论素养。同时，应加强对党史、新中国史、改革开放史、社会主义发展史的学习，传承红色基因，坚定理想信念。通过理论学习，党员能够更好地理解党的指导思想，增强“四个意识”、坚定“四个自信”、做到“两个维护”，在实际工作中更好地发挥先锋模范作用。此外，党支部还应建立常态化的理论学习机制，定期组织学习、研讨等活动，加强对党员学习的考核和督促，推动党员不断深化理论认识，提高政治素养。只有具备高度的政治素养，党员才能在实际工作中保持正确的政治方向，始终坚守党的初心和使命。

2. 创新工作方式，增强凝聚力

创新工作方式，增强凝聚力，是高校基层党支部发展的关键。党支部应积极探索适合自身实际情况的工作方式，通过开展主题党日活动、志愿服务、文化交流等多种形式的活动，吸引更多党员参与其中，增强党支部的凝聚力。同时，应充分利用互联网、新媒体等现代化手段，拓展工作平台和渠道，提高工作效率和参与度。通过创新工作方式，党支部能够更好地与师生沟通交流，了解他们的需求和诉求，积极为他们解决实际问题。此外，党支部还应加强对党员的培养和教育，提高党员的素质和能力水平，激发党员的积极性和创造力。通过创新工作方式，增强凝聚力，党支部能够更好地发挥战斗堡垒作用，为高校事业发展提供有力保障。

3. 强化服务意识，践行群众路线

高校基层党支部应强化服务意识，践行群众路线，关注师生的需求和诉求，积极为师生解决实际问题，全心全意为师生服务。首先，党支部应深入了解师生的需求和诉求，通过问卷调查、座谈会、走访慰问等形式，听取师生的意见和建议，为更好地服务师生提供依据。其次，党支部应积极协调资源并给予帮助和支持，解决师生面临的实际问题，如教学设备、生活设施、学术资源缺乏等。同时，党支部还应关注师生的成长和发展，为他们提供培训、进修、交流等机会，促进师生综合素质的提升。再次，党支部应建立健全的服务机制，确保服务工作持续有效。可以设立服务热线、服务邮箱等，方便师生反映问题、寻求帮助。最后，党支部还应加强与师生的沟通交流，及时了解他们的反馈和评价，不断改进服务质量。通过强化服务意识，践行群众路线，高校基层党支部能够更好地凝聚人心、推动发展，为高校事业发展贡献力量。

4. 推进信息化建设，提高工作效率

高校基层党支部应积极推进信息化建设，提高工作效率。随着互联网、大数据、人工智能等技术的快速发展，信息化建设已成为高校基层党支部发展的重要趋势。党支部应加强信息化基础设施建设，建立数字化、智能化的党建工作平台，实现信息共享、数据互通。同时，应加强对党员的信息化培训，提高党员的信息素养和技能水平，使他们能够更好地适应信息化发展的需要。通过信息化建设，党支部可以更加高效地管理党员信息、开展组织活动、发布通知公告等，以此来提高工作效率。此外，信息化建设还有助于加强党支部与师生之间的联系和沟通，及时了解他们的需求和反馈，为改进工作提供有力支持。党支部应不断探索信息化建设的创新路径和方法，加强与高校其他部门的合作与交流，共同推动高校信息化建设的发展。通过推进信息化建设，高校基层党支部能够更好地服务师生、提高工作效率，为高校事业发展提供有力保障。

5. 注重文化建设，培育优秀校园文化

高校基层党支部应注重文化建设，培育优秀校园文化。校园文化是高校发展的重要支撑，是师生共同的精神家园。党支部应积极倡导社会主义核心价值观，弘扬中华优秀传统文化，营造健康向上的文化氛围。可以通过举办文化讲座、文艺演出、文化展览等形式，提高师生的文化素养和精神境界。同时，应支持师生参与文化创新活动，鼓励他们创作优秀的文化作品，展示高校的学术水平和文化魅力。此外，党支部还应加强与校内外文化的交流与合作，引进优秀的文化资源，推动校园文化多元化发展。通过文化建设，高校基层党支部能够更好地凝聚人心、引领风尚，为高校事业发展提供精神动力。同时，文化建设也有助于提高师生的文化自信和自豪感，培养他们成为具有社会责任感和文化素养的优秀人才。总之，注重文化建设、培育优秀校园文化是高校基层党支部的重要职责和使命。党支部应充分发挥自身优势，积极推动校园文化建设，为高校事业发展贡献力量。

6. 加强合作交流，提升国际化水平

高校基层党支部应加强合作交流，提升国际化水平。在全球化的背景下，国际交流与合作已成为高校发展的重要趋势。党支部应积极引导和支持师生参与国际交流活动，拓宽师生的国际视野，提高学校的国际影响力。可以通过组织师生参加国际学术会议、开展国际科研合作、建立国际交流平台等方式，加强与国外高校、研究机构的联系与合作。同时，党支部还应加强对国际形势和政策的研究，帮助师生了解国际动态，提高跨文化交流的能力。通过加强合作交流，高校基层党支部能够为师生提供更多的国际资源和机会，促进学校的国际化发展。同时，也有助于提高师生的综合素质和竞争力，培养具有国际视野和跨文化交流能力的人才。此外，党支部还应积极探索与国外高校共建党支部，加强双方在思想、组织、制度等方面的交流与合作，共同提升党支部的建设水平。通过加强合作交流、提升国际化水平，高校基层党支部能够更好地服务学校发展，为推动高等教育国际化做出积极贡献。

7. 加强党风廉政建设，提高拒腐防变能力

高校基层党支部应加强党风廉政建设，提高拒腐防变能力，保持党的先进性和纯洁性。党支部应建立健全的反腐败机制和制度，加强对党员的教育、管理和监督，引导党员树立正确的权力观、利益观和政绩观。同时，应注重培养党员的廉洁意识和高尚品德，通过开展警示教育、宣传先进典型等方式，营造风清气正的工作氛围。此外，党支部还应积极推进党风廉政的信息化建设，利用科技手段提高反腐败工作的效率和精度。通过建立廉政档案、推行电子监察系统等措施，及时发现和处理违纪违法行为，维护党的纪律和形象。只有不断加强党风廉政建设，提高党员拒腐防变的能力，才能确保高校的健康发展和社会声誉。因此，高校基层党支部必须高度重视党风廉政建设工作，为推动高等教育事业发展做出积极贡献。

总之，这些建议旨在推动高校基层党支部的全面发展，以更好地服务师生和推动高校事业的发展。高校基层党支部应积极响应这些趋势，不断创新工作思路和方法，加强自身建设，提高服务水平和质量，为高校事业的发展做出更大的贡献。

参考文献

一、著作

［1］北京大学马克思主义学院，中国道路与中国化马克思主义协同创新中心．马克思主义与人类发展：首届世界马克思主义大会论文集：上册［M］．北京：人民出版社，2016.

［2］本书编写组．党的二十大报告学习辅导百问［M］．北京：党建读物出版社，2022.

［3］本书编写组．习近平总书记教育重要论述讲义［M］．北京：高等教育出版社，2020.

［4］本书编写组．中共中央关于党的百年奋斗重大成就和历史经验的决议［M］．北京：人民出版社，2021.

［5］邓小平．邓小平文选：第二卷［M］．北京：人民出版社，1994.

［6］邓小平．邓小平文选：第三卷［M］．北京：人民出版社，1993.

［7］关于加强基层服务型党组织建设的意见［M］．北京：人民出版社，2014.

［8］关于深化新时代学校思想政治理论课改革创新的若干意见［M］．北京：人民出版社，2019.

［9］关于推进“两学一做”学习教育常态化制度化的意见［M］．北京：人民出版社，2017.

［10］国务院研究室编写组．十三届全国人大四次会议《政府工作报

告》辅导读本［M］. 北京：人民出版社，2021.

［11］教育部课题组. 深入学习习近平关于教育的重要论述［M］. 北京：人民出版社，2019.

［12］刘珺，彭艳娟，张立军. 社会主义核心价值观与高校思政教育工作理论创新研究［M］. 北京：新华出版社，2022.

［13］毛泽东. 毛泽东文集：第四卷［M］. 北京：人民出版社，1996.

［14］毛泽东. 毛泽东选集：第三卷［M］. 北京：人民出版社，1991.

［15］习近平. 高举中国特色社会主义伟大旗帜为全面建设社会主义现代化国家而团结奋斗：在中国共产党第二十次全国代表大会上的报告［M］. 北京：人民出版社，2022.

［16］习近平. 决胜全面建成小康社会 夺取新时代中国特色社会主义伟大胜利：在中国共产党第十九次全国代表大会上的报告［M］. 北京：人民出版社，2017.

［17］习近平. 论党的青年工作［M］. 北京：中央文献出版社，2022.

［18］习近平. 论党的宣传思想工作［M］. 北京：中央文献出版社，2020.

［19］习近平. 论党的自我革命［M］. 北京：党建读物出版社，2023.

［20］习近平. 论科技自立自强［M］. 北京：中央文献出版社，2023.

［21］习近平. 论中国共产党历史［M］. 北京：中央文献出版社，2021.

［22］习近平. 习近平谈治国理政：第二卷［M］. 北京：人民出版社，2017.

［23］习近平. 习近平谈治国理政：第三卷［M］. 北京：外文出版社，2020.

［24］习近平. 在党史学习教育动员大会上的讲话［M］. 北京：人民出版社，2021.

［25］习近平. 在全国组织工作会议上的讲话［M］. 北京：人民出版社，2018.

［26］中共中央马克思恩格斯列宁斯大林著作编译局．列宁全集：第十四卷［M］．北京：人民出版社，1988.

［27］中共中央马克思恩格斯列宁斯大林著作编译局．马克思恩格斯选集：第二卷［M］．北京：人民出版社，2012.

［28］中共中央文献研究室．毛泽东周恩来刘少奇朱德邓小平陈云论调查研究［M］．北京：中央文献出版社，2006.

［29］中共中央文献研究室．习近平关于全面从严治党论述摘编［M］．北京：中央文献出版社，2016.

［30］中国共产党第二十次全国代表大会文件汇编［M］．北京：人民出版社，2022.

［31］中国共产党章程［M］．北京：人民出版社，1992.

［32］中国共产党支部工作条例（试行）［M］．北京：人民出版社，2018.

［33］中国共产党组织史资料：第九卷［M］．北京：中共党史出版社，2000.

二、期刊

［34］黄艳，罗英，叶芳．校领导上“形势与政策”课实践与思考［J］．成都工业学院学报，2022，25（2）．

［35］李凤．试述提升新时代高校党支部组织力［J］．党史博采（理论），2018（7）．

［36］刘志礼，韩晶晶．新时代高校师德师风建设：内涵意蕴、现实困境及破解之道［J］．现代教育管理，2020（9）．

［37］曲帅锋．基层党组织建设与高校师德建设的融合［J］．学校党建与思想教育，2020（4）．

［38］习近平．思政课是落实立德树人根本任务的关键课程［J］．求是，2020（17）．

［39］赵君，蔡亮．新时代高校党建引领师德师风建设的三重维度

[J]. 思想政治教育研究，2020，38（5）.

三、报纸

[40] 关于新形势下党内政治生活的若干准则[N]. 人民日报，2016-11-03（5）.

[41] 中共中央关于全面深化改革若干重大问题的决定[N]. 中国教育报，2013-11-16（4）.

四、其他

[42] 教育部办公厅关于开展“三全育人”综合改革试点工作的通知[EB/OL]. 中华人民共和国教育部官网，2018-05-25.

[43] 教育部等七部门印发《关于加强和改进新时代师德师风建设的意见》的通知[EB/OL]. 中华人民共和国教育部官网，2019-12-06.

[44] 教育部等十部门关于印发《全面推进“大思政课”建设的工作方案》的通知[EB/OL]. 中华人民共和国教育部官网，2022-08-10.

[45] 教育部关于切实加强新时代高等学校美育工作的意见[EB/OL]. 中华人民共和国教育部官网，2019-04-02.

[46] 习近平：努力建设航天强国和世界科技强国[EB/OL]. 新华网，2016-12-20.

[47] 习近平在首个“中国航天日”之际作出重要指示强调 坚持创新驱动发展勇攀科技高峰 谱写中国航天事业新篇章李克强作出批示[EB/OL]. 新华网，2016-04-24.

[48] 中共教育部党组关于印发《高校思想政治工作质量提升工程实施纲要》的通知[EB/OL]. 中华人民共和国教育部官网，2017-12-05.

[49] 中共教育部党组关于印发《“新时代高校思想政治理论课创优行动”工作方案》的通知[EB/OL]. 中华人民共和国教育部官网，2019-09-03.

[50] 中共中央办公厅 国务院办公厅印发《关于深化新时代学校思想

政治理论课改革创新的若干意见》[EB /OL]. 新华网，2019-08-14.

[51] 中共中央印发《中国共产党支部工作条例（试行）》[EB /OL]. 新华网，2018-11-25.

[52] 中央宣传部 教育部关于印发《新时代学校思想政治理论课改革创新实施方案》的通知 [EB/OL]. 中华人民共和国中央人民政府网，2020-12-18.